하이브리드 스펙트럼

하이브리드 스펙트럼

진 화 하 는 — 문 화 의 — 속 성 들

Hybrid Spectrum

하이브리드미래문화연구소 편

성균관대학교
출 판 부

대중과의 소통을 위해 우리 연구소에서 처음 만들었던 책 『하이브
리드 컬처』가 출간된 지 만3년이다. 그 사이 연구소에는 체제를 갈
음하는 일이 있었다. 2006년 가을 설립된 '하이브리드컬처연구소'가
2011년에 '하이브리드미래문화연구소'로 새롭게 탄생하게 된 것이
다. 이로써 본 연구소는 현재의 문화연구뿐 아니라 미래학과 미래문
화연구에 대한 인문학적 전망도 강화하게 되었다.

　연구소가 처음 설정한 목표 가운데 하나는 교육·출판 등 다양한
경로를 통해 연구의 결과를 대중과 공유하는 것이었다. 첫 번째 책이
그랬듯이 이번 『하이브리드 스펙트럼』 역시 같은 의미로 기획되었다.
이 책에서 다루는 주제들은 하이브리드의 관점에서 현재와 미래의
문화를 폭넓게 이해할 수 있는 실로 현실적인 것으로, 연구소 안팎에
서 아홉 명의 필자가 연구와 집필에 참여하였다. 필자들은 각기 자기

분야에서 연구의 전문성을 담보하면서도 대중과 소통을 원활히 하는 데 초점을 둔 글쓰기를 지향하였다.

연구소의 첫 번째 책 『하이브리드 컬처』는 우리의 시대가 하이브리드 시대로 진입하였음을 문화의 여러 영역에서 밝힘으로써 '하이브리드'를 본격적인 문화 담론의 장으로 끌어들였다. 이후 하이브리드의 경향은 확산되고 보편화되어 이제는 문화의 전반적 현상으로 자리 잡았으며, 예술 영역에서도 경계를 넘나드는 새로운 형식의 창조로서 목격되고 있다.

이렇게 하이브리드 문화를 촉진시키는 요인은 여러 가지를 꼽을 수 있지만, 무엇보다도 급속도로 발전하는 '미디어'를 그 핵심이 되는 동력으로 보는 데 이의가 없을 것이다. 오늘날 세계는 미디어에 의해 네트워크가 중심이 되는 '디지털 컨버전스'의 시대로 진입하였으며, 여기에 글로벌화란 지각 변동을 거치며 다문화 공존의 시대를 맞이하였다. 하루가 멀다 하고 발전하는 미디어는 우리네 일상 깊숙이 침투하면서 커뮤니케이션의 '도구'로서만이 아니라 인간 의식과 행동을 규정하는 핵심 조건으로서 그 의미는 더욱 커지고 있다. 하이브리드의 관점에서 현대 문화를 조망하는 이번 도서 기획에서 미디어와 콘텐츠의 상호 영향관계가 특별하게 강조된 까닭이 여기에 있다.

이 책은 총3부로 구성되었다. 1부 '하이브리드의 담론 구성', 2부 '미디어와 콘텐츠', 3부 '문화의 에너지로서 하이브리드'에는 주제를 아우르는 '여는 글'과 함께 각각 세 편의 글이 실려 있다.

'하이브리드의 담론 구성'의 장은 하이브리드 문화를 개념화하고, 그 체계적 이해에 접근하는 시도이다. 박승억의 첫 번째 글 「디지털 텍스트와 입체적 합리성」은 디지털 텍스트의 출현이 갖는 문명사적 의미를 짚어보고, 활자 텍스트와 디지털 텍스트에 내재한 합리성의 차이를 논구하면서 디지털 문화의 본질과 그 미래의 전망을 제시하는 글이다. 두 번째 글 「하이브리드의 자기조직화」에서 김연순은 하이브리드 문화현상의 핵심 동력인 '혼성화'의 메커니즘에 복잡계이론의 '자기조직화'의 원리를 적용하여, 그 상동적 관계를 해명한다. 또한 하이브리드는 인간의 실제와 가상현실의 혼성에서도 나타난다. 오늘날 미디어 현실에서 가상과 실제의 구분은 더 이상 의미를 갖지 못하며, 그것은 인간 앞에 '혼합현실mixed reality'로 출현한다. 이러한 맥락에서 김응준의 세 번째 글 「인간과 가상공간의 하이브리드-세컨드 라이프의 경우」에서는 현실 시뮬레이션 프로그램인 '세컨드 라이프'를 통해 두 개의 현실이 혼합되는 양상을 살피고, 그것이 어떻게 전통적인 인간 정체성을 넘어서 하이브리드적 '테크놀로지 인간'의 시대를 지향하는지 제시한다.

'미디어와 콘텐츠'의 장에서는 미디어의 발전과 새로운 미디어 기술의 출현이 문화와 콘텐츠에 어떤 영향을 미치는가를 세 가지 주제로 접근한다. 먼저 「신화의 이해와 그 현대적 효용성」에서 김종규는 신화의 인간학적 의미를 되짚어보고, 오늘날 디지털 컨버전스 시대의 다양한 문화 콘텐츠 이미지 속에서 신화가 어떤 식으로 재생되며, 어떤 의미를 갖는지 규명해내고, 나아가 그것이 전통적인 신화 이해의 방식과 어떤 연관을 맺고 있는지 설명한다.

한편 전자 미디어 기술의 발전과 함께 '구텐베르크 은하계의 종말'이 선언되었는데, 그에 따라 디지털 텍스트의 등장과 함께 활자 시대의 종말은 예견된 것이었다. 최근 전자책 단말기나 독서용 디지털 모바일 기기 등이 확산되면서 전통적인 독서 커뮤니케이션은 새로운 국면에 처하였다. 이정준은 「책의 형태학과 의미론: 변천의 원동력, '모바일성'」에서 책의 외형적 변화와 기능 변화의 가장 중요한 요인을 '모바일성'으로 보고, 고대의 토판 기록으로부터 오늘날 모바일 기기에 이르기까지 문자 미디어의 발전을 설명하면서, 종이책과 전자책의 상관관계와 그 미래에 대하여 이야기한다. 이어지는 글은 오늘날 대중문화와 문화산업에서 상당한 비중을 차지하는 스포츠에 관한 것이다. 이정우는 「디지털 미디어로서의 스포츠 비디오게임 그리고 하이브리드」에서 스포츠가 대중문화의 한 부분으로 거듭나는 데 미디어가 지대한 영향을 미쳤고, 또 미디어 콘텐츠로의 변환과정이 여러 플랫폼을 통해 활발히 진행되고 있음을 본다. 스포츠는 더 이상 운동장에서의 신체활동에 국한되지 않으며, 디지털 스포츠라는 새로운 개념에서 다양하게 발전하고 있다. 필자는 디지털 스포츠 게임의 혼종성을 중심으로 미디어와 디지털 문화의 상호관계를 설명하고, 'FIFA 인터렉티브 월드컵'의 사례를 소개한다.

'문화의 에너지로서 하이브리드'의 장에는 문화 혼종, 문화 텍스트 혼합과 관련된 세 편의 글이 실려 있다. 미디어의 발전으로 급속하게 촉진될 문화들의 혼합은 미래 사회의 풍요로운 발전을 위한 동력으로 작동할 것이다. 서로의 경계를 허물고 다양한 요소들이 어우러지는 것은 공동체의 오랜 삶에서 '축제'라는 형식으로 확인되어 왔다. 「축제를 통해 본 탈경계 현상」에서 김화임은 축제가 한 시대를 이

끄는 문화 현상이라는 점에 주목하며, 본래 축제 자체에 내재된 탈경계 현상을 기반으로 오늘날 축제들에서의 탈경계성을 밝힌다. 오늘날의 축제는 과거의 축제에서 두드러졌던, '제의'와 '놀이'가 결합된 잡종문화는 더 이상 아니다. 하지만 축제는 종합예술적인 특성을 갖고 있어서 다양한 장르와 요소들의 결합이 불가피하며, 그 시대의 문화 현상을 총체적으로 드러내는 거울이 되기도 한다. 필자는 이러한 현상의 가장 집약적인 형태로 '음악축제'를 주목하여, 탈경계성의 전통적 의미와 현대적 의미를 모색하고 있다. 이노미의 글 「일본 문화를 움직이는 힘, 하이브리드의 전승과 이상」은 일본 하이브리드 문화에 대한 사례 연구이다. 일본은 외래의 것을 받아들이며, 그것을 혼합하는 과정에서 자국문화의 정체성을 형성시켜 왔다. 필자는 아시아에서 가장 먼저 근대화를 이룩한 '가깝고도 먼 나라' 일본의 힘이 문화적 하이브리드를 시종일관 적극적으로 활용한 데서 나온 것이라 본다. 이 글은 하이브리드의 전승과 이상을 일본 문화의 여러 양상을 통해 제시함으로써 창조적 하이브리드의 힘이야말로 지식정보사회의 원동력이라는 진리를 다시 한 번 확인시킨다. 마지막 글인 안상원의 「과학과 공상의 즐거운 동거」는 오늘날 문화 콘텐츠에서 빈번하게 소비되는 SF에 관한 것이다. 과학기술의 시대에 SF는 더 이상 '공상'의 이야기가 아니라 미래의 전망을 제시하는 '현실적인' 내러티브를 제시한다. 그러나 여전히 문학(문화)에서 주변부의 장르인 SF에는 다양한 방식으로 혼종의 서식이 가능하다. 이러한 혼종의 가능성은 과학시대의 특징을 내포하는 콘텐츠로서 SF가 다양하고 풍부한 서사로 발전할 수 있는 잠재력이기도 하다.

하이브리드의 스펙트럼을 통하여 현대 문화의 다양한 주제를 조망하면서 재차 확인할 수 있었던 것은 끊임없이 진화하는 문화의 속성이었다. 진화의 과정 속에서 어김없이 과거의 가치는 몰락하고 새로운 가치들은 부상한다. 이 책에 담긴 어떤 주제들은 이삼십 년 전 같았으면 그다지 주목을 끌지 못했을 것들이다. 그리고 지금 이 책에서 논의되고 있는 주제 역시 삼사십 년 후에는 또 다른 형태로 변화할 것이다. 미디어와 테크놀로지의 급속한 발달로 인해 변화된 현실은 훨씬 더 빨리 다가올 수도 있고, 그 양상이 예기치 않게 놀라운 것일 수도 있다. 그럼에도 불구하고 숨 가쁜 변화 속에서 주목되고 추구되어야 할 것은 궁극적으로 인간적 가치라는 사실을 간과할 수 없다.

새로운 시대, 새로운 문화 상황에서 인간의 삶은 어떻게 달라질 것이며, 인간적 가치는 어떻게 추구되고, 인간 공동체가 지향해야 할 방향은 무엇인가. 이러한 질문들이야말로 미래문화의 연구를 지속적으로 자극하는 동기로 충분할 것이라 믿는다. 아무쪼록 이 책의 독자들이 우리와 함께 그러한 논의에 참여해 주기를 바라면서, 마지막으로 각 파트의 여는 글을 주신 성균관대학교 철학과의 이종관 교수, 정보통신정책연구원 미래융합연구실 연구위원 황주성 박사, 공주교대 국어교육과의 김창현 교수께 깊은 감사의 뜻을 전한다.

2012년 새해를 맞으며,
하이브리드미래문화연구소 소장 이정준

Hybrid Spectrum

1부

하이브리드의 담론 구성

디지털 파도와
하이브리드의 시대성

이종관

역사는 이제 디지털 파도를 타고 흐른다. 그리고 이 디지털 파도는 파도라는 말이 어울리지 않게 광속에 가까운 속도로 흐른다. 이 과정에서 역사가 흐르는 방식이 바뀌고, 심지어 역사 그 자체마저 증발할 위험에 있다. 역사는 단지 사실의 기록이 아니다. 그것은 우리 의식에 과거가 침투해 들어와 현재를 숙성시키고, 또 그렇게 숙성된 현재가 미래를 그려주는 것이다. 그러나 오늘날 광속으로 흐르는 디지털의 파도 속에서 숙성은 허용되지 않는다. 모든 것은 자리 잡는가 싶다가 어느새 디지털 파도의 변화 속으로 흘러가버리기 때문이다.

　머묾이 사라진 역사, 자기 자리가 증발된 역사, 이 새로운 역사적 전개 속에서, 모든 것은 모든 것과 섞이는 새로운 존재 현상으로 등장한다. 이는 시대를 지칭하는 이름으로, 또 시대를 이끌고 가는, 시대정신 아닌 시대정신으로 그 모습을 드러내고 있다. 바로 융합, 하이브리드, 통섭이 그것이다. 그리고 이러한 새로운 용어들은 디지털 파도를 타고 흐르는 역사 속에서 그 의미가 무르익기도 전에, 문화의 살로 문화에 스며들기도 전에, 광속으로 유통되며 남발되고, 결국 어디서든지 다른 의미로 사용되며, 결국은 그 내용을 묻는 것이 허무한 기표로만 떠돈다.

그러나 이러한 역사의 전개에 저항하는 학문이 있다. 그것은 숙성의 학문, 성찰의 학문, 곧 인문학이다. 늘 그리고 어디서든지 그냥 편승하는 것을 거부하는 학문, 그래서 시대와 불화를 겪는 학문, 시류를 타는 사람들에게는 불편한 학문, 그 인문학이 바로 디지털이 만들어내는 하이브리드 대해서 묻는다. 여기 세 편의 글이 그것이다.

디지털 하이브리드의 시대는 이 시대를 탄생시킨 사람들의 생각과 행동이 이전 시대 사람들에게는 도대체 합리적으로 보이지 않는다는 점에서 우선 당혹스럽다. 하지만 정작 그 비합리적인 디지털 하이브리드 세대들이 이전 세대보다 더욱 스마트하게 빠른 역사의 흐름을 타고 살아나가고 있다는 점에서 흥미로운 아이러니가 발생한다. 첫 번째 글은 여기서 디지털 하이브리드 시대의 문제점을 발견한다. 또한 세계와 인간을 매개해주는 매체가 합리성의 발현에 어떤 영향을 미치는지 인문학적으로 성찰하며 디지털 하이브리드 시대의 합리성의 정체를 밝혀낸다. 이른바 '입체적 합리성'이다.

두 번째 글은 하이브리드의 문제를 정면으로 다룬다. 대체 하이브리드란 말은 언제부터 그토록 빈번하게 회자되어 왔으며, 또 언제부터 학문적 내용을 갖게 되었는가를 묻고 있다. 이러한 성찰은 20세기 후반부터 과학에서 논의되는 자기조직화 이론에서 연원을 찾아가는 논의로 본격화된다. 이렇게 찾아진 연원은 이후 복잡계 이론으로 발전해가는 지식의 지형도를 그려내며, 하이브리드란 말이 단순히 기표로 떠도는 상황에 의미와 내용을 부여하고 있다.

세 번째 글은 디지털 파도를 타고 흐르는 역사의 공간에서 인간이 실제로 몸담고 있는 공간이 아닌 가상의 공간에서 삶이 꾸려지는 현상을 성찰한다. 인간과 가상공간의 하이브리드가 그것이다. 실제로 세컨드 라이프라는 이름으로 우리 삶에 구체적으로 다가와 가상공간으로 끌고 들어가는 이 상황 역시 인문학은 그저 바라만 보고 있을 수 없다. 인간의 주체성은 그곳에서 가상공간의 존재자들처럼 휘발성을 지닐 수도 있기 때문이다. 그러나 이 글은 휘발성의 위협을 이야기하는 대신 자아의 유연화와 다중화를 발견함으로써 인간과 가상공간의 하이브리드에서도 희망을 발견하려 한다.

물론 이 세 편을 글로 디지털 파도가 전개하는 하이브리드의 시대성을 인문학적으로 다 그려낼 수는 없다. 그러나 하이브리드라는 기표가 디지털 파도 속에 의미의 정박지를 찾지 못하고 표류하고 있는 상황에서, 이제 그 말은 이 세 편의 인문학적 성찰을 통해 존재의 집이라는 언어의 본질을 찾아가는 도정에 들어서게 될 것이다.

디지털 텍스트와 입체적 합리성[1]

:: 박승억

프롤로그

이제 교실에는 더 이상 책이 없다. 학생들의 책상에는 작은 공책만한 태블릿 PC 하나만 있을 뿐이다. 모든 교재는 그 태블릿 PC안으로 들어가 버렸다. 교탁 위에는 홀로그램 기술로 표현된 지구본이 허공 위에 떠 있다. 선생님은 흘러간 영화 〈마이너리티 리포트〉에 나오는 한 장면처럼 홀로그램 지구본을 이렇게 저렇게 돌려가며 설명하고, 때때로 그 안을 열어 보이며 켜켜이 쌓인 지층을 설명하기도 한다. 수업은 끝나고, 집으로 돌아가야 하는 학생을 기다리는 교문 밖 자동차에는 운전자가 없다. 학생이 음성으로 목적지를 입력하면 자동차가 움직이기 시작한다.

　그저 맹랑한 상상이라고 웃어넘길 수만은 없다. 불가능해 보이지 않기 때문이다. 조만간 현실이 될 미래 교실의 풍경은 인류의 문명이 어느 지점에 왔는지를 압축적으로 보여준다. 유비쿼터스 기술과 위치기반 서비스LBS가 결합된 스마트폰이 제공하는 증강현실 서비스들은 이미 우리에게 친숙한 일상이 되어버렸다. 우리가 지각하는 현재의 공간 내에 뭔가가 첨가되어 강화되었다는 것을 뜻하는 '증강현실augmented reality'은 우리가 체험하는 현실이 훨씬 더 '풍요로워졌다'는 것을 의미한다.

좀 더 넓게 이야기해서 증강현실을 포함하는 혼합현실mixed reality 기술의 발전은 이른바 디지털 문화산업의 새로운 기폭제가 되고 있다. 혼합현실 기술은 일종의 혼종현상이다. 그것은 인간의 자연적 감각을 통해 구성되고 체험되는 현실에 디지털 기술에 의해 재현된 현실이 뒤섞이는 것이다. 여기에는 모종의 이질성이 작용하고 있지만, 그럼에도 그것 자체는 의미론적 통일성을 가진 또 하나의 '현실'로 체험된다.

이 새로운 현상이 그러나 오롯이 새롭기만 한 것은 아니다. 인간에게 상상력은 현실을 체험하는 필수적인 구성 요소이며, 그 상상력이 디지털 기술에 의해 재현되었을 뿐이기 때문이다. 그런데 이렇게 이질적으로 보이는 두 가지 '재현양식'이 어떻게 하나의 '현실'로 통합될 수 있는가?

유력한 대답은 우리가 '현실'이라고 일컫는 체험의 장이 디지털 텍스트로 채워질 수 있는 공간이라는 점에서 착안할 수 있다. 예컨대, 스마트폰을 이용해 자신에게 마주해 있는 여러 건물들의 정보들을 읽어낼 때, 그가 화면을 통해 읽어내는 정보는 디지털화한 통로를 통해 제공되는 것들이다. 따라서 그 정보 역시 디지털화되지 않는 한 우리가 체험하는 현실의 장場안으로 들어올 수 없다. 즉 그 정보들은 0과 1의 단순한 반복적 순서의 변화에 따라 재구성된 것들이다. 따라서 증강현실을 포함한 혼합현실 기술의 토대는 우리의 감각 정보를 포함하는 모든 정보를 디지털화한다는 것, 다시 말해 모든 것을 디지털 텍스트로 변화시킨다는 것에 기초해 있다.

본래 혼합현실은 인간의 상상력과 욕망이 기술적으로 구현된 가상세계가 '허구성'이라는 한계를 극복하지 못하였기 때문에 제안된 기술적 대안이었다. 그 한계의 핵심은 '현존감presence'이다. 비록 기술적으로 우리의 감각적 요구를 만족시킨다고 하더라도, '행위를 통한 참여'를 체험하지 못한다면, 결국 말 그대로 '가상' 혹은 '허구'의 세계에 머물러 있다는 느낌을 벗어나지 못하기 때문이다. 혼합현실은 가상과 현실이 혼재됨에 따라, 혹은 현실 세계와 디지털화된 세계가 서로 뒤엉킴에 따라 그런 현존감을 제고하려는 기술이다.

이때 우리가 주목해야 할 것은 그런 혼합현실이 어떻게 가능한지를 묻는 일이다. TV 광고에 나왔던 것처럼 스마트폰을 이용해서 자신의 시야에 들어온 현실 공간에 실재하고 있는 건물의 정보를 읽어내는 일, 나아가 허공에 홀로그램을 이용해 대상을 투사하고, 그 대상을 손으로 조작하는 느낌 등은 우리의 자연적 현실과 디지털 기술을 통해 재현되는 감각적 현실이 혼종됨을 의미한다. 이러한 혼종은 우리의 현실이 디지털화되어 있거나, 원리적으로는 될 수 있음을 전제로 한다. 이처럼 혼합기술 현실의 밑바탕에는 우리가 체험하는 다양한 현실들을 디지털 텍스트로 변환할 수 있다는 믿음이 깔려 있다.

모든 것을 디지털 텍스트로 변환할 수 있다는 믿음, 즉 '판텍스트화Pantextualization'이다. 이러한 믿음을 잘 보여주는 상징적인 예가 바로 '마이 라이프 비츠 프로젝트My Life Bits Project'이다. 이는 인간 삶의 모든 것을 텍스트로 저장하려는 기획이다.

"당신이 선택만 한다면 당신이 보는 모든 것들은 카메라에 자동으로 찍혀 당신의 전자 기억 내의 개인 이미지함에 저장될 것이다. 당신이 듣는 모든 것들도 디지털 오디오 파일로 저장될 것이다. 음성 파일뿐만 아니라 영상도 정확하게 스캔되어 당신의 모든 생활은 검색 가능한 텍스트 파일로 저장될 것이다."[2]

인간의 기억은 근본적으로 불완전하다. 모든 것을 다 기억할 수는 없기 때문이다. 그것은 우리의 인지적 정보처리 능력의 한계이기도 하고, 인간의 '뇌'라는 저장장치의 물리적 한계이기도 하다. 디지털 기술은 그런 한계를 극복할 수 있는 유력한 대안으로 여겨지고 있다.

"누구나 마음만 먹는다면 살아가는 동안 디지털 일기나 전자기억을 계속해서 만들어갈 수 있다. 애써 노력할 필요도 없다. 당신이 평소 착용하는 셔츠의 단추, 펜던트, 넥타이 클립, 라펠핀, 브로치, 시곗줄, 팔찌의 비즈, 모자 창, 안경 프레임, 귀걸이에 매우 작은 카메라와 마이크, 위치 추적기 같은 기기를 설치해서 일상을 저장하기만 하면 된다. 정교한 감지기를 몸 안에 이식해서 건강 상태를 체크할 수도 있다. 당신 주변에 있는 도구와 전자기기들에 내장된 다양한 감지기들은 개인 감지기 네트워크로 연결된다. 이것으로 당신과 당신 주변에서 일어나는 모든 일들을 빠짐없이 저장할 수 있다."[3]

디지털 시대의 텍스트는 단지 글만이 아니다. 텍스트의 가장 기본적인 기능은 재현representation에 있다. 소리, 영상 등 과거에는 기억 속의 텍스트로만 남아 있을 수밖에 없던 것이 적어도 원리적으로는 디지털 기술에 의해 저장되고 현재화될 수 있다. 인간의 감각적 경험 전체가 보존 가능하고, 따라서 재현될 수 있는 텍스트가 된다. 다만 그때도 여전히 그렇게 보존된 것들을 어떻게 활용할 것인가의 문제는 남는다. 이 문제는 재현의 차원과는 다른 차원에서 새로운 문제를 던진다. 그것은 합리성의 문제이다.

그저 모든 것을 저장한다는 것은 의미가 없다. 마치 역사가가 과거의 다양한 사료들을 통해서 과거를 재현하듯, 우리가 우리의 삶을 재구성하기 위해 접근하는 과거에는 (단, 디지털 기술에 의한 기억은 자연적인 기억보다는 훨씬 정확하겠지만) 여전히 선택적이며, 이러한 선택의 과정에는 무엇이 중요하고, 무엇이 덜 중요한지를 결정해야 하기 때문이다. 이러한 사정은 비단 '마이 라이프 비츠 프로젝트'와 같은 기억의 문제만이 아니라, 우리 주변을 배회하고 있는 정보와 그 정보처리 과정 일반에 적용된다. 그런 점에서 디지털 시대의 합리성은 과거의 합리성 개념과는 좀 더 다른 관점에서 접근할 필요가 있다.

이러한 사정을 압축적으로 상징하는 것은 우선 텍스트 개념의 변화이다. 합리성 개념은 우리가 체험하는 현실과 불가분의 관계를 맺는다. 이때 텍스트 개념을 조금만 확장해보자. 그래서 혼합현실을 포함하는 다중 현실 자체를 우리가 '체험하는 현실'이라고 가정해 보자. 그리고 어떤 텍스트든, 그것을 해독하기 위해서는 모종의 합리성이 요구된다는 사실을 기억해 보자. 그러면 디지털 텍스트 기반 사회에 요구되는 합리성은 전통적인 합리성과는 다른 관점에서 접근할 필요가 생긴다. 왜냐하면 텍스트 개념이 근본적으로 변했기 때문이다.

1. 디지털 텍스트를 통한 현실의 재구성

문자 중심의 텍스트로부터 판텍스트Pantext로

디지털 기술의 발전에 따라 확장된 텍스트 개념은 존재하는 모든 것을 텍스트화한다. 그것이 글로 되어 있든, 영상이든 상관없다. 미디어를 통해 재현될 수 있는 모든 것은 디지털 텍스트로 전환될 수 있다. 심지어 우리가 낯선 곳을 찾아가기 위해 자신이 서 있는 거리를 스마트폰으로 스캔한다면 길거리의 건물도 텍스트로 간주될 수 있다. 적어도 우리가 텍스트를 정보를 저장하고 전달할 수 있는 미디어로 간주하는 한 말이다. 이렇게 모든 것이 텍스트로 변해버리는 것을 판텍스트화Pan-textualization라고 불러보자. 이러한 판텍스트화야말로 우리가 지각하는 현실을 디지털로 재구성하는 것을 가능케 하는 토대이다.

특히 유비쿼터스 상황에서 증강현실(혼합현실)의 기술적 구현은 이러한 현상을 가속화시킨다. 존재하는 모든 것이 정보를 저장·매개·전달할 수 있는 통로가 될 수 있기 때문이다. 건물, 자동차, 유리

창 등 모든 것이 인간과 정보교류를 할 수 있다. 그리고 그런 한에서 텍스트라고 말할 수 있다.

이러한 사정은 한편으로 인간의 의미론적 가능성을 극적으로 구현해낸 것이기도 하지만, 다른 한편으로는 존재하는 모든 자연물에 '인간적인 의미'를 부여하는 고대 신화적 세계관의 기술적 실현일 수 있다. 예컨대 맥루한은 자신의 책, 『구텐베르크 은하계』에서 이러한 점을 TV 문화로 상징되는 전자시대의 등장과 더불어 지적한 바 있다. 전자 매체들은 활자 매체와 달리 청각적·촉각적 문화를 자극하고, 이는 고대 신화적 문화의 부활을 의미할 수 있다. 존재하는 모든 대상들이 우리에게 말을 걸어오기 때문이다. 마치 물활론적 세계관과 같이, 그저 멈추어 서있는 사물로서가 아니라 서로 소통하며 정보를 교류하는 것이다. 유비쿼터스 상황에서는 그 어떤 것도 그저 '사물'이기만 한 것이 아니다.

이러한 판텍스트화는 무엇보다 신화를 이 세계 바깥으로 밀어낸 근대를 다시금 밀어낸다. 맥루한에 따르면 근대의 문화는 문자를 중심으로 하는 시각 중심의 문화였다. 따라서 텍스트를 해독하는 중요한 감각 역시 시각이다. 반면 디지털 텍스트들은 기술적으로 모든 감각들을 활용하도록 만들어질 수 있다. 그런 점에서 디지털 기술의 발전은 구텐베르크적 문화에 근본적인 변동을 초래하고 있다.

가령, 구텐베르크적 문화에서 텍스트는 무엇보다 활자들의 체계였다. 그러나 우리가 텍스트를 정보의 집적체라고 간주한다면, 활자만이 아니라 그림이나 사물 등 모든 것이 정보를 담지하고 있다고 간주할 수 있다. 그런 의미에서 근대 이전의 문화를 증언하는 것들, 예컨대 종교적인 그림들이나 조각상들 역시 훌륭한 텍스트라고 할 수 있다. 중세 시대 성당 곳곳에 설치된 제단화와 조각상들은 성경이 전하는 역사를 생생하게 그려 보인다.

그러나 그림이나 조각상 혹은 사람들 사이에서 전달되는 구술 텍스트 등은 정보 집적량도 적고, 전달도 용이하지 않다. 그에 반해 활자 텍스트의 용이한 복제 가능성을 생각한다면, 구텐베르크적 혁신이 얼마나 큰 변화였는지는 짐작하기 어렵지 않다. 적어도 정보처리의 관점에서 보면 그것은 일종의 혁명이었다. 따라서 근대의 활자 문화가 활자를 텍스트 개념의 대표 표상으로 내세운 것은 당연했다.

그러나 디지털 기술은 원리적으로 모든 것을 텍스트화 함으로써 활자가 텍스트의 전형이라는 도식을 붕괴시킨다. 이는 무엇보다 활자조차도 0과 1이라는 이진수로 번역될 수 있다는 상황으로부터 비롯한다. 따라서 문자는 더 이상 가장 기초적인 상징이 아니다. 오히려 모든 문자들을 번역해 내는 이진수가 더 기초적이다. 물론 이때의 '기초적'이라는 말은 현실적 체험이나 그런 체험의 의미를 재현해 내는 수단이라는 점을 강조한 것이다. 달리 말해 어떤 재현 수단이든, 그것이 문자든, 그림이든, 소리든 디지털 기호(즉, 0과 1이라는 이진수)로 번역 가능하다. 이러한 디지털 기호의 가소성은 재현 가능성을 극대화하며, 결국 모든 것을 텍스트화하는 일도 가능케 한다. 원리적으로 보자면, 의미를 저장하고 재현하는 모든 수단을 디지털 기호로 환원하는 것이다. 벽돌의 크기가 작아지면 우리가 재현해 낼 수 있는 대상은 많아지고, 또 정교해진다. 마치 레고처럼.

혼합현실을 포함하는 다중현실 기술은 이러한 디지털 기술의 인식론적 환원주의에 기초해 있다. 예컨대, 혼합현실이 기술적으로 구현되는 양상은 다양하다.

① 물리적 실재에 정보들을 덧씌울 수도 있고,

② 모니터를 기반으로 감각 정보를 재편할 수도 있고,

③ 빈 공간에 감각 정보를 투사함으로써 물리적 환영phantom을 만들어 낼 수도 있으며,

④ 전달하고자 하는 정보와 존재 성격이 다른 대상물을 미디어로 활용하여 재현해 낼 수도 있다.

이러한 기술적 다양성이 바로 존재하는 모든 것을 텍스트화 하는 것을 가능하게 한다. 재현 기술의 발전은 곧바로 인간이 체험하는 현실의 그 개념적 의미를 변화시킨다. 다른 무엇보다도 우리가 가장 기초적이라 여기는 감각 체험을 조작할 수 있기 때문이다.

지각 및 감각의 디지털화 : 버추얼 리얼리티의 한계와 그 대안

모든 것이 텍스트가 될 수 있다는 사실은 자연적 인간의 (정보의 생산 및 수용 기관으로서) 지각과 감각이 디지털 기술을 매개로 확장되었다는 것을 의미한다. 맥루한의 지적대로 이는 전자시대, 나아가 디지털 시대의 전형적 특징이다. 그러한 확장 가능성은 물론 재현의 구성 요소로서 디지털 기호의 단순성과 뛰어난 가소성에 기초한 것이기도 하다.

그런데 지각과 감각이 디지털 기호로 번역 가능하다는 것은 우

리가 직접적으로 체험하고 있는 현실이 디지털 기호로 번역 가능하며, 나아가 조작가능하다는 것을 의미한다. 이로써 현실의 한계도 확장된다. 지각과 감각은 우리가 현실을 체험하는 가장 기초적인 인식론적 토대이기 때문이다. 결국 디지털 기술을 통해 지각과 감각이 번역될 수 있다는 것은 우리가 체험하는 현실과 그 현실을 넘어선 가상 사이의 경계가 모호해졌다는 것을 함축한다.

대중들을 사로잡았던 영화 〈매트릭스〉는 이렇게 현실과 가상 사이의 경계가 모호해졌음을 가장 흥미로운 방식으로 주제화했다. 영화 속에는 이중의 징후가 드러나 있다. 즉 전통적인 가상/현실 이분법을 포기해야 하는 시대가 도래했음을 알리는 동시에, 감각이나 지각이 더 이상 현실을 판단하는 지표가 아닐 수 있음을 기술적으로 보여준 것이다.

이는 또한 우리가 체험하는 모든 존재자의 본질적 범주가 유동하고 있다는 것을 의미한다. 어떤 것이든, 인간이 자연적인 감각을 통해 지각하는 대로의 그것만은 아니다. 또한 그 역으로 우리가 상상하는 것들이 실체 없이도 '현실적으로' 재현될 수 있다는 것을 의미한다. 때문에 우리의 현실이 '풍요로워질 수 있는' 가능성 또한 드러난다. 더욱이 대개의 경우 우리의 상상은 우리의 욕망으로부터 비롯되기 때문에, 상상 자체가 하나의 상품으로 간주될 수 있다. 이른바 문화상품들의 상당수가 바로 그런 상품들이다. 그런데 혼합현실 기술의 발전은 그런 '상상'들을 감각적으로 재현 가능한 상품으로 만들어 시장에 내놓을 수 있는 길을 확장하고 있다. 이러한 과정은 일종의 되먹임feedback 작용이다. 그래서 '현실'과 '상상(허구라는 의미에서)' 사이의 경계는 점점 더 빠르게 허물어지고 있다.

물론 우리가 체험하는 현실이 그런 감각적 재현만으로 설명되지는 않는다. 사실 과거에 우리를 매료시켰던 버추얼 리얼리티(가상현실) 기술은 우리가 체험하는 현실 개념을 극도로 확장함으로써, 존재하는 모든 것은 물론이고 생각할 수 있는 모든 것들을 감각적으로 재현해 내려는 이념을 초점삼아 발전해 왔다. 그러나 현재 그러한 이념은 매우 위축되어 있다. 이는 무엇보다 단순한 감각적 재현만으로는 우리의 자연적 현실이 제대로 모사되지 않았기 때문이다.

감각적 체험은 분명 우리의 현실을 구성하는 가장 기초적인 요소들 중 하나이다. 따라서 가상현실 기술이 시각과 청각을 중심으로 한 감각적 체험을 재현해 내는 것은 그 체험자로 하여금 재현된 공간 안에 실재하는 '느낌'을 줄 수 있으리라 기대하는 것은 자연스럽다. 그럼에도 많은 경우 그런 체험이 단지 시지각의 환상으로만 여겨지는 까닭은 마치 우리가 신기루를 잡기 위해 손을 휘젓고는 실망하는 것처럼 좀 더 기초적인 감각, 즉 촉각을 제대로 구현내지 못했기 때문이다. 비록 3D 콘텐츠들이 우리의 감각장을 보이는 그대로 재현해낸다고 하더라도 그 감각장 안의 것들과 서로 '접촉'할 수 없다면, 몰입감을 느끼기 어려운 것이다. 다시 살펴보겠지만 이는 근대를 주도했던 감각, 즉 시각 중심으로 세계를 재편하려 했던 형이상학이 벽에 부딪쳤음을 상징한다.

몰입감 혹은 '현존감presence'은 시각과 청각만으로는 충족되지 않는다. 터치폰과 같이 촉각을 강조한 상품이 각광을 받은 것도 이런 맥락에서 이해할 수 있다. 촉각은 저항감을 통해 '타자'와의 직접적 접촉을 느끼게 해주는 감각이다. 여기에 우리가 주목해야 하는 또 다른 지향점이 숨겨져 있다. 가령 최근의 디지털 기술이 설령 촉각을 재현해낸다 하더라도 그것이 단순히 감각적 충족만을 목표로 할 경우, 여전히 한계에 부딪칠 것이라는 점이다. 촉각이 의미하는 인간 현실은 타자와의 접촉적 관계, 즉 참여와 소통이기 때문이다. 최근의 문화상품들이 직접적인 체험을 지향하는 것도 바로 이런 맥락에서 이해할 수 있다. 이러한 한계를 극복하고자 시도된 기술적 시도가 바로 혼합현실이다.

혼합현실: 디지털 텍스트를 통한 현실의 재구성

혼합현실은 사실상 디지털화한 존재와 텍스트들을 통해 재구성된 현실이다. 좀 더 정확히 말하자면 물리적 실재와 디지털 실재들이 혼종된 상태이다. 더욱이 물리적 실재와 디지털 실재가 디지털 정보를 통해 서로 교류하고 있는 상태이다. 그런 점에서 그동안 '현실'이 '가상'에 대해 갖고 있던 인식론적·존재론적 우선성은 소거된다. 물리적 실재들마저 그것이 우리의 체험 공간 안에서는 디지털 텍스트로 변화될 수 있기 때문이다. 예컨대 우리의 지각장 안에 펼쳐진 현실의 물리적 실재 역시 빛과 전기적 신호로 다시 번역될 수 있는 디지털 텍스트들일 뿐이다. 다시 말해 인간이 경험하는 현실은 디지털 텍스트로 번역될 수 있으며, 거꾸로 디지털 텍스트로 작성될 수 있는 것들은 기술적으로 구현 가능한 현실이 될 수 있다.

그 경우 '우리네 삶에 인과적 영향력을 행사하는 것은 무엇인가'라는 얼핏 답이 뻔해 보이는 질문에 대답하기가 어려워진다. 현실의

세계인가? 아니면 머릿속 상상이 빚어낸 가상의 세계인가? 만약 인
공적으로 구현된 현실이 일상 속에서 자연적인 인과적 영향력을 행
사할 수 있다면, 사실상 현실과 가상이라는 구분은 무너지게 된다. 근
대적 관점에서는 이를 일종의 착란증적 증상으로 간주해 왔다. 그러
나 이제는 이를 새로운 관점에서 고찰해야 할 것이다.

무엇보다 근대를 지배하던 합리성 개념에 근본적인 수정이 가해질
수 있다. 왜냐하면 현실과 가상의 이분법의 토대가 바로 근대적 합리성
이었기 때문이다. 근대, 특히 계몽주의 시대가 신화를 박물관이나 인류
의 원시성 속에 밀어 넣을 수 있었던 것은 그것이 한낱 허구에 불과한
것이었다는 믿음이 있었기 때문이었다. 그러나 디지털 기술의 재현 미
학은 현실과 가상의 경계를 소거함으로써, 그런 믿음이 기술적으로 제
거될 수 있음을 보여주고 있다. 따라서 더 근원적인 물음은 우리가 체험
하는 현실이 어떻게 구성되는지를 묻는 일이다. 말하자면, 본래 인간의
삶은 허구와 실재, 가상과 현실이 혼재되어 있는 세계인지도 모른다. 만
약 인간 삶의 본래 모습이 허구와 실재가 혼재되어 있는 모습이라면, 최
소한 감각적 혹은 지각적 체험을 가지고 현실과 가상을 구분하는 근대
적 형이상학은 붕괴하고 말 것이다. 자연적인 감각이나 지각도 결국은
'있는 그대로'가 아니라 '재현'의 양상들 중 하나이기 때문이다.

2. 디지털 텍스트화와 감각적 통합의 문제

디지털 미디어 기술의 발전과 구텐베르크 갤럭시의 종언

디지털 미디어 기술의 발전은 활자 중심의 시각 문화 사회로부터 통합적인 공감각적 사회로의 이동을 가속화한다. 더욱이 디지털 기술에 의해 확장된 텍스트 개념은 의사소통 양식을 근본적으로 바꾸어 놓음으로써 그러한 문화변동을 가시화시키고 있다. 이를 통해 근대의 선형적 문화는 근본적인 변동을 겪을 수밖에 없다. 무엇보다 활자 텍스트의 선형성에 기초한 근대적 문화는 선형적 세계관을 유도하지만, 비선형적 디지털 텍스트들에 기초한 문화는 마찬가지로 비선형적·다층적·네트워크적 세계관을 요구하기 때문이다.

우선 언어language는, 그것이 말이든 글이든 간에 우리의 감각을 확장한 미디어다. 맥루한이 화이트White, L.를 인용하며 요약한 바에 따르면, 언어는 "인간이 경험과 지식을 용이하게 운반하고 우리가 최대한 사용할 수 있는 형식으로 축적하는 것을 가능케 하는 도구"[4]이다. 언어를 이와 같은 기능적 관점에서 본다면, 디지털 언어야말로 그 기능을 극대화한 것이라고 말할 수 있다. 일종의 문명적 전환이라고 간주할 만하다. 고든 벨은 자신의 책, 『디지털 혁명의 미래』에서 이렇게 말한다.

"인간의 발전에서 다음으로 중요한 터닝 포인트는 '문자 개발'이었다. 문자는 기억의 한계 때문에 더 이상 발전할 수 없었던 농경사회를 한 단계 더 발전할 수 있도록 도와줬다. 문자 덕분에 인간의 지식은 몇 천 년 만에 눈덩이 불어나듯 많아졌고, 최근에는 정보화 시대로 접어들 수 있었다. 20세기 중반에 들어서면서 디지털 컴퓨터는 기억을 돕는 창고 역할을 하며, 우리가 어떻게 지식을 관리해야 하는지에 대해 급속도로 새로운 변화를 유발했다."[5]

기술적으로 우리는 상상할 수 없을 정도로 많은 양의 정보를 아주 작은 물리적 공간에 저장할 수 있으며, 그런 지식들을 효과적으로 분류하고, 사용할 수 있는 시스템들을 갖출 수 있다. 비록 그런 지식들 가운데 어떤 것이 어떻게 이용될 것인지와 관련한 합리성의 문제는 남아 있지만, 적어도 과거와 비교할 수 없을 정도로 커다란 변화가 일어났다는 것은 분명해 보인다.

이러한 변화가 가능한 것은 물론 그 정보들을 모두 디지털화 할 수 있었기 때문이다. 그런데 만약 앞서 말한 것처럼 정보의 저장과 처리, 그리고 그에 따른 재현 양식의 변화가 시대적 문화를 구분하는 중요한 분기점이라면, 분명 맥루한이 지적한 것처럼 구텐베르크 식의 우주는 종말을 맞았다고 말해야 할 것이다.

구텐베르크의 은하계가 종언을 고한다면, 그 은하계의 구성원리가 근본적으로 변화한다는 것을 의미한다. 예를 들어 미디어라는 개념 속에 함축된 '매개' 개념의 변화를 보자. "르네상스 이래로 우리 문화는 시각 미디어에 대해 두 가지 뚜렷하게 대립되는 기대를 보여 왔다. 한 가지 측면에서 재현의 목적은 투명하게 보여주는 것이다."[6] 즉 근대적 세계에서 언어 혹은 책이라는 미디어는 그것이 전달하고자 하는 정보를 가능한 한 투명하게(있는 그대로) 만들어 줄 때 의미가 있다.

근대가 허구를 그저 허구로만 바라본 까닭은 그것이 원본을 갖지 않는 것이었기 때문이다. 반면 사정이 그렇다고 해서, 다시 말해 매체가 '허구'를 만들어낸다고 해서, 사람들은 그 매체 자체가 사라지길 바라지는 않는다. 볼터에 따르면 오히려 사람들은 매체에 둘러싸이길 원한다. 그들은 매체를 다시 매개하는 하이퍼 매개를 갈구한다. 다시 말해 매체를 단순한 매개의 수단으로서만이 아니라 매체 자체를 즐기기 시작한 것이다.[7]

이러한 이중적 욕망은 오늘날의 디지털 환경에서 어렵지 않게 찾을 수 있다. 다중현실은 디지털 매체를 통해 3D화면의 시지각·청각·촉각 등 다양한 감각들을 활용하여 가능한 한 투명하게 매개하고자 한다. 반면 각종 스마트 기기들의 발전은 투명한 매개라는 본래의 목적 외에도 매체 자체를 즐기고 향유하려는 고유한 욕망을 반영한 것이기도 하다.

그런 점에서 디지털 기술의 발전이 유도한 변화는 이중적이다. 그하나는 미디어 개념의 변화가 인간의 삶이 체험하는 시공간의 성격을 변화시키고 있다는 것, 즉 체험하는 세계의 구성원리가 변하고 있다는 것이고, 다른 하나는 그러한 변화에 연동해서 무엇이 참된 것인가, 혹은 무엇이 우리의 삶을 더 잘 설명해 주는가의 문제와 관련된 합리성 개념이 변하고 있다는 것이다. 물론 이러한 변화에도 불구하고 변하지 않는 것이 있다. 예컨대, 하이퍼 매개를 즐기려는 욕망과 마찬가지로, 인간 욕망의 구조 자체는 변하지 않고 있다. 디지털 기술의 혁신적 변화는 오히려 우리의 근원적인 욕망을 더욱 극단화시키고, 좀 더 조밀하게 충족시키려고 한다. 그런데 이는 하나의 역설이다. 왜냐하면 디지털 혁명이 모든 것을 다 바꾸는 듯이, 심지어 세계의 구성 원리조차 바꾸는 듯이 보이지만 실제로 그 변화는 변하지 않는 뭔가를 위한, 일종의 수단적 변화에 머물기 때문이다.

여기에 묘한 역설이 성립한다. 가령, 디지털 기술의 발전은 분명 근대라는 시각 문화로부터 공감각적 문화로의 이행을 가능케 한다. 맥루한의 말처럼 근대라는 시대가 오히려 시각만을 강조한 왜곡된 문화였는지도 모른다.[8] 그렇다면 디지털 기술의 발전이 오히려 우리를 시간적으로 역행하게, 다시 말해 근대 이전의 신화적 세계로 복귀시키는 것인가? 그 해답은 기술의 발전이 무엇을 위한 것인가라는 물음에 어떻게 대답하느냐에 달려 있다.

예컨대 기술의 발전은 언제나 욕망의 충족과 관련이 있다. 따라서 기술의 현격한 발전은 욕망 역시 현격한 수준으로 충족시킬 것이라고 기대하게 한다. 그러나 프로이트와 라캉의 말처럼 욕망의 완전한 충족은 끊임없이 지연된다. 과거와는 비교할 수 없을 정도로 자연스럽고 몰입감이 느껴지는 감각적 재현 기술의 발전에도 불구하고, 우리는 계속해서 '좀 더'를 요구하기 때문이다.

디지털 텍스트의 문명사적 의미 :

시각적 문화로부터 공감각적 문화로의 이행적 역설

근대 사회가 여러 가지 방면에서 혁명적일 수 있었던 이유는 인쇄술의 발전을 통해 본격적인 활자 중심의 사회가 되었기 때문이다. 지식과 정보의 편재성은 활자라는 수단을 통해 가능해진다. 더욱이 그 이전 사회와는 비교할 수 없을 정도로 말이다. 따라서 이러한 사정에 의지해서 유추한다면 디지털 텍스트에 기반한 문화는 중세로부터 근대로의 이행처럼, 새로운 문화변동을 '불가피하게' 초래할 것이다. 그리고 오늘날 우리가 디지털 기술을 매개로 체험하는 것들은 그런 변화를 분명하게 보여주는 듯하다. 무엇보다 뛰어난 재현 기술의 발전은 그런 변화를 체감하게 한다. 홀로그램을 통해 사물을 우리 앞에 재현해 내는 기술은 과거의 사람들에게는 그저 마법이었을 것이다. 게다가 단순히 이미지와 소리만이 아니라, 촉각적 느낌마저도 기술적으로 재현해 낼 수 있으리라고 예측되고 있다. 따라서 디지털 텍스트를 기반으로 하는 재현 기술은 분명 활자 중심의 시각 편향적 문화로부터 공감각적인, 보다 현실에 가까운 재현을 가능케 한다. 그런데 이러한 공감각적 문화는 적어도 맥루한의 설명을 따른다면 사실상 근대 이전으로 회귀한 것이나 마찬가지다. 다만 재현 양식이 우리의 요구나 욕망에 훨씬 더 잘 부응한다는 점에서 다를 뿐이다.

근대가 시각 중심의 문화로 편향될 수 있었던 것은 활자가 갖고 있는 정확성과 정보의 집적성과 전달의 용이성 때문이었다. 그러나 그런 편향은 불가피하게 우리에게 내재해 있는 어떤 근원적인 욕망, 예를 들면 상상을 있는 그대로 재현하고픈 욕망들을 왜곡시킬 수밖에 없다. 가령, 어젯밤 꿈을 설명한다고 해 보자. 꿈은 스토리를 가진 이미지들이다. 근대적 재현 양식은 그 꿈을 문자로 재현해 낼 수밖에 없다. 그런 점에서 평면적이다. 기껏해야 우리는 망막이라는 평면에 그려진 꿈을 3차원적으로 '해석'해 낼 수 있을 뿐이다. 그러나 오늘날의 재현 기술, 특히 다중현실적 기술은 내가 꾸었던 꿈을 단순히 평면으로 표현하는 것이 아니라 입체적으로 표현할 수 있게 해 줄 것이다. 홀로그램을 통해 꿈 속으로 걸어들어 갈 수 있기 때문이다.

따라서 발전된 기술이 오히려 과거로 되돌아 간 듯한 역설처럼 보이는 구조, 즉 시각 중심의 근대 문화로부터 디지털 기술에 의지해서 근대 이전의 공감각적 문화로의 '회귀'라는 역설은 일종의 착시 효과이다. 우리의 본성에는 언제나 그런 재현의 욕망이 있었기 때문이다. 따라서 디지털 기술은 유예되었던 욕망으로의 회귀나 부활이 아니라, 인간 욕망을 충족시키는 기술의 더 근원적인 성취로 볼 수 있다.

그러나 그러한 표면적 역설 이면에는 또 다른 대립이 있다. 디지털 텍스트에 기반한 문화가 표면적으로는 공감각적이지만 실제로는 근대 활자 문화를 지배했던 선형적 합리성의 극단에 있는 이진법적 문화라는 점이다. 달리 말해 맥루한이 말한 전자 시대의 공감각적 문화가 사실은 고대 신화적 세계의 문화가 부활한 것이 아니라, 그런 문화가 기술적으로 다시 한 번 재현된, 하이퍼 매개의 상황에 있을 뿐이라는 것이다. 그렇다면, 여전히 우리의 욕망은 유예되고 있다고 해야 할 것이다. 이는 디지털 문화 시대의 삶의 양식을 설명하는 중요한 함축을 내 놓는다.

디지털 기술이 재현의 기술을 극대화하면서 우리로 하여금 주어진 현실을 넘어서는 더욱 강력하고 풍성한 현실 개념을 내놓지만, 그 현실은 여전히 우리에게 갈증을 불러일으키는 것이다. 재현 기술이 더 강력해질수록 그 갈증은 더욱 심화될지도 모른다.

다만 어떤 경우든 분명한 사실은 우리가 체험하고 있는 현실이 바뀌고 있다는 것, 그것이 우리의 근원적인 욕망을 상징하는 신화적 공감각의 세계이든, 신화적 세계로 위장된 디지털 세계이든 우리가 체험하고 있는 현실이 변하고 있다는 사실이다. 이는 근대 세계를 지배한, 무엇이 참된 세계인가에 대한 판단을, 그리고 그런 판단을 지배하는 합리성 개념을 흔들어 놓는다.

3. 공감각적 텍스트화와 합리성의 문제

활자 매체 시대의 합리성

근대 문화를 떠받친 활자 중심의 텍스트는 선형적이다. 예컨대 의미를 담아내는 수단으로서의 문장은 음절로, 다시 그 음절은 음소로 환원된다. 따라서 활자로 이루어진 거대한 텍스트는 음소들의 나열로 번역될 수 있다. 텍스트의 이러한 구조는 시대적 합리성 표준도 규정한다. 즉 활자 텍스트를 이해하는 기준과 방식이 곧 합리성의 기준이 된다. 가령 활자 텍스트를 이해하기 위해서는 시작과 끝이 분명한 일종의 논리적 구성을 이해하고 따라야 한다.

예를 들어 어떤 문제를 해결하는 지식을 알려주는 글을 생각해 보자. 그것은 한 편의 논문일 수도 있고, 방대한 분량의 책일 수도 있다. 형식은 어떻든 그 글들은 문제를 보여주고, 그 문제를 분석한 뒤, 문제를 해결하기 위한 대안들이 무엇이 있는지, 그 대안들 중에 어느 것은 되고, 어느 것은 안 되는지 등을 나열해 나간다. 이러한 일련의 과정은 일종의 도식으로 파악된다. 이 도식은 물론 선형적이다. 해결책을 말하고 나서 문제를 말하는 법은 없다. 그런 글이 있다면 강조를 위한 사소한 트릭일 뿐이다. 우리의 사유는 그런 역전을 허용하지 않는다. 결과가 원인 앞에 놓여 있을 수는 없기 때문이다. 선형적 인 과관계처럼 텍스트를 만들고 이해하는 과정도 선형적이다.

이렇게 텍스트를 이해하는 과정은 곧 사유하는 양식에도 영향을 미친다. 근대적 사유의 특징이 논리적이고 선형적인 것은 바로 이런 탓이다. 따라서 만약 디지털 텍스트가 활자 텍스트와 근본적으로 다 른 구조를 가진 것이라면, 그리고 새로운 문화가 디지털 텍스트에 의 존한다면, 그 문화의 합리성 표준도 달라질 것이다.

맥루한이 보고한 사례는 이러한 사정을 단적으로 설명해 준다.[9] 아프리카 원주민촌에서 윌슨 교수는 원주민들의 위생 상태를 개선하 기 위해 간단한 영상물을 만들어 상영했다. 그 영상물의 내용은 고인 물을 처리하는 방법, 비위생적인 주변을 정리하는 일 등을 담고 있었 다. 그러나 실제로 원주민들이 주목했던 내용은 그런 메시지들이 아 니라 화면에 우연히 지나간 닭이었다.

맥루한은 비문자적 사회인 아프리카 원주민들은 그 영상물이 전 하고 있는 내용을 일관성 있게 읽어나갈 수 있는 훈련이 되어 있지 않다고 간주했다. 맥루한에 따르면 "문자 해독 능력은 사람들에게 이 미지를 볼 때 초점을 갖고, 그것을 중심으로 보는 능력을 부여하고, 그리하여 우리는 전체적인 이미지나 그림을 한 번에 보고 그리도록 한다. 비문자적 인간은 이런 습관을 갖고 있지 않으며, 그래서 사물을 볼 때 우리처럼 보지 않는다."[10]

문자, 혹은 활자적 세계와 그렇지 않은 세계의 거주민들이 세계 를 보는 방식이 다르다는 맥루한의 통찰은 감각적 경험과 수학이 그려낸 세계를 구별하는 근대 과학 혁명을 연상시킨다. 갈릴레이로부터 뉴턴에 이르기까지 근대 과학 혁명의 성과 중 하나는 우리의 감각적 체험이 실제 세계와는 다를 수 있다는 사실을 폭로한 것이다. 우리의 눈에는 분명 지구가 멈추어 서 있고 태양이 도는 것처럼 보이지만, 실제 세계는 빠르게 자전하며 동시에 태양 주위를 무서운 속도로 회전하고 있는 지구 위에 펼쳐져 있다.

따라서 우리가 체험하는 현실 너머에 참된 세계가 존재하며, 진리는 바로 그곳에 있다는 믿음은 현실과 가상 사이의 선명한 이분법을 낳는다. 그리고 가상의 세계는 당연히 현실 세계에 인과적 영향력을 행사할 수 없다. 왜냐하면 그 두 세계는 완전히 이질적인, 하나는 진짜이고, 다른 하나는 그저 이미지의 재현에 불과한 세계이기 때문이다.

그러나 앞서 살펴 본 것처럼 오늘날의 혼합현실 기술은 가상과 현실 세계 사이의 상호작용을 통해 '허구'의 세계와 '실제' 세계를 혼종시키고 있다. 따라서 '허구'의 세계가 '실제' 세계에 인과적 영향력을 행사하는 것이 전혀 낯설지 않다. 이런 의미에서 근대적 합리성, 무엇이 참된 것인가를 결정하는 시스템은 더 이상 작동하지 않는 것처럼 보인다.[11]

맥루한에 따르면, 신화적 세계로부터 근대 세계로의 이행에는 활자 기반 문화의 등장과 관련이 있다. 가령, 활자화된 텍스트를 보자. 하나의 활자 텍스트가 완결된 구조를 가지려면, 시작과 끝이 있어야 한다. 본론 뒤에 서론이 나오고, 서론 뒤에 다시 결론이 나올 수는 없다. 또 물리적인 관점에서 책은 일종의 폐쇄된 공간, 즉 첫 페이지로부터 마지막 페이지까지 완결된 의미체일 것을 요구한다. 이러한 텍스트를 읽고 해독하는 능력, 즉 처음부터 마지막까지 하나의 의미 완결체를 만드는 훈련이 바로 우리의 근대적 합리성이다.

이러한 의미에서 근대의 합리성은 철저하게 선형적이다. 원인과 결과의 연쇄 역시 원칙적으로 단선적이다. 실제로 어떤 사건이 일어나는 것은 고도로 복잡한 인과의 연쇄망이지만 우리는 (인간의 지적 능력의 한계를 보여주는 것이기도 하지만) 그 중 하나의 경로를 선별해 낸다. 나머지 것들은 부수적일 뿐이다. 더욱이 활자 중심 문화는 우리가 현실을 재구성하는 다른 감각들, 가령 청각이나 촉각들을 의도적으로 외면하게 만든다. 정보와 지식은 시각을 통해서 검증받아야 하기 때문이다. 책은 바로 그런 시각 문화의 상징이다. 청각이나 촉각적 정보가 보존되고 전달되려면, 시각이라는 수단의 매개를 거쳐야 한다. 문자 혹은 활자로 기록되어야 하기 때문이다.

반면 디지털 텍스트는 이런 사정들을 바꾸어 버린다. 예를 들어 디지털 미디어의 텍스트인 하이퍼텍스트를 생각해보자. 색인Index기술을 확장한 하이퍼텍스트는 저자가 글을 쓴 방식과는 다른 독서 방법을 가능케 한다. 그것은 '원본'의 표준적 길을 무시할 수 있게 해준다. 달리 말하자면 원래의 저자가 마련한 읽기 방식으로부터 벗어나 전혀 새로운 주제와 새로운 분석을 만들어 낼 수 있다.[12] 과거 근대의 활자 텍스트가 가졌던 닫힌 선형적 체계는 열린 소산적 구조로, 혹은 원리적으로 무한한 노드를 가진 네트워크 구조를 가진 텍스트가 된다. 말하자면, 하이퍼텍스트는 "단일한 단락, 페이지 순서 대신 여러 가지 경로를 제공함으로써, 색인은 책을 트리 구조에서 네트워크로 탈바꿈시킨다. [⋯] 어떤 단일 주제가 다른 주제들을 지배하지도 않는다. 엄격하게 종속되는 대신 우리는 텍스트 공간을 누비듯이 지나가는 경로를 갖게 된다."[13]

물론 이러한 하이퍼텍스트의 특성은 디지털 기술이 만들어낸 결과이다. 그것은 근대의 텍스트 해독의 선형성을 붕괴시킨다. 맥루한의 말처럼, 근대 문화의 선형적 합리성이 근대를 지배한 텍스트 읽기에서 비롯된 것이라면, 그와 마찬가지로 디지털 네트워크 속의 하이퍼텍스트 읽기는 근대와는 다른 종류의 합리성을 낳을 것이라고 예상해 볼 수 있다. 그리고 그런 예측은 틀려 보이지 않는다.

공감각적 텍스트로서 디지털 텍스트의 합리성 :
입체적 합리성

근대의 활자 텍스트가 단선적 읽기를 강요한데 반해, 디지털 텍스트로서의 하이퍼텍스트가 네트워크적 읽기를 가능하게 한다면, 그에 유비해서 근대의 선형적 합리성 역시 입체적 합리성으로 변모할 것으로 예상할 수 있다. 예컨대 수요와 공급 곡선이 교차하는 가격 결정 균형점을 생각해보자. 근대 경제학의 핵심을 이루는 이 가정은 기본적으로 선형적이다. 실제로 시장 내에서 존재하는 수많은 소비자들을 조사해서 점으로 표현하면 여기저기 흩어져 있는 소산적 구조로 표현될 것이다. 그 이유는 개개인의 상황 판단력, 경제적 조건, 그때그때의 감정적 상황 등 온갖 변수들이 작동해서 수요가 결정되기 때문이다. 그럼에도 우리는 그런 점들을 통계적으로 균질화시키고 평균화해서 단선화한다.

이런 종류의 근대적 모델링에서 개체는 단지 집단을 이루는 균질한 구성요소일 뿐이다. 그런 점에서 개체의 요구는 획일화되고, 단지 선형적 연산의 소재일 뿐이다. 근대 사회는 바로 그런 연산에 의해 지배되어 왔다. 그런데 만약 우리가 각각의 점들을 일일이 고려할 수 있는 시스템을 갖게 된다면 어떻게 될까?

디지털 기술을 기반으로 하는 의사소통 시스템은 좌표 평면 위에 소산된 점들을 모두 연결시킴으로써 과거의 단순 곡선을 지워버리고 복잡한 망 구조로 만들어 버린다. 개개의 점들은 그 고유성을 지닌 각각의 노드들로, 따라서 새로운 경로를 만들어낼 수 있는 교차로로 기능한다. 이러한 시스템은 근대의 선형적 체계와 달리 고도의 복잡성과 창발성을 산출해 낸다. 그 경우 창발성은 달리 말해 선형적 체계로는 설명되지 않는 새로운 현상들을 의미한다. 이는 각각의 노드로 작용하는 개체들이 새로운 경로들을 만들어내는 하이퍼텍스트 구조에 기인한다. 더욱이 각각의 노드가 고유의 권한을 가지므로 그 노드들이 어떤 매개변수에 민감성을 갖느냐에 따라 시스템이 보여줄 수 있는 다양한 연결이 결정되기 때문이다.

이러한 의미에서 디지털 사회 혹은 디지털 하이퍼텍스트가 대변하는 문화는 입체적 합리성을 요구한다고 말할 수 있다. 입체적이라는 표현은 경로의 무한성을 의미한다. 우리가 오직 두 개의 직선만 가지고 있을 때 만들어낼 수 있는 공간은 2차원, 즉 평면이다. 반면 매개변수가 증대된 다차원적 공간에서 여러 직선들이 서로 상이한 경로를 갖는 공간은 입체적이다. 이를 텍스트 개념과 연관시키면 다음과 같다. "인쇄 텍스트가 정적이라면, 하이퍼텍스트는 독자들의 접촉에 반응한다. 독자들은 다양한 독서 경로를 따라서 하이퍼텍스트

속을 움직일 수 있다."[14]

오늘날 디지털 공간에 구현되는 하이퍼텍스트는 단순히 문자만이 아니다. 그것은 영상일 수도 있고, 소리일 수도 있으며, 혼합현실에서 등장하는 건물이나 자동차일 수도 있다. 이런 점에서 과거에 선형적으로 단순화하던 시대와는 다른 고도의 복잡성을 반영하는 것이 오늘날 디지털 문화에서 요구되는 합리성이라고 말할 수 있을 것이다. 이러한 합리성 개념의 변화는 문화적 행동 양식의 변화를 수반한다. 이는 한편으로 당연한 귀결이기도 하다. 왜냐하면 합리성은 어떻게 행동하는 것이 '좀 더' 좋은 것인지를 결정하는 선택의 효율성을 의미하기도 하기 때문이다. 물론 볼트의 함축적인 표현, "다중 선형성과 상호작용성이 정말로 하이퍼텍스트를 인쇄보다 더 나은 것으로 만드느냐 하는 문제는 문화적인 논쟁거리"[15]일 수 있다. 그러나 그러한 가치 평가와는 별도로 우리 시대의 문화가 변화하고 있다는 사실 자체는 부인할 수 없다.

고도로 복잡해진 디지털 네트워크 사회는 자연적 생태계에 유비할 수 있다. 근대의 선형적 합리성이 생태계를 단선적으로 환원함으로써 많은 문제들을 양산했듯이, 실제로 복잡한 우리의 현실을 관찰의 편리를 위해 단순하게 환원하는 것은 오히려 대상의 본질적 성격을 왜곡하는 것인지도 모른다. 상호작용의 망으로 구성된 자연적 생태계에서 미시적인 변화가 체계 전체에 영향을 미칠 수 있듯이 디지털 네트워크 사회 역시 시스템 구성요소들인 개인들의 미시적인 변화가 사회적 트렌드를 결정해 버릴 수도 있다.

다만 자연적 생태계와 디지털 생태계 사이의 차이는 (사실은 이것이 매우 중요한 차이인 것처럼 보이는데) 한쪽이 아주 오랜 시간을 필요로 하는 데 반해, 디지털 생태계는 매우 즉각적이라는 데 있다. 디지털 기술이 시간과 공간을 압축해 버렸기 때문이다. 따라서 디지털 생태계는 시스템의 하부를 이루는 개별 에이전트agent, 즉 개인과 그런 개인들이 무리를 이루는 집단으로서 메타 에이전트들의 변화 양상을 거의 실시간적으로 반영할 가능성이 높다. 즉, 각각의 에이전트들이 시스템의 노드로서 고유의 경로를 가지는 한, 그들의 행위 경향을 결정짓는 다양한 매개변수들에 따라 시스템 자체의 유동성도 높아지고, 시스템의 균형을 맞추기 위한 피드백 역시 신속하고 민감해질 것이다. 결과적으로 디지털 컨버전스 사회는 개인과 집단, 혹은 더 큰 시스템 사이의 관계가 마치 자연적인 생태계가 그렇듯이 공진화할 가능성이 높다.

이러한 변화를 도식으로 정리하면 다음과 같다.

체계	요소 - 기계론적 체계	네트워크적 - 전체론적 체계
모델 특성: 매개변수와 복잡성의 증가양상	일차함수적/선형적	상관차원적/비선형적, 복잡계적
반응양식	단일 목적에 대한 기능간 정합적 효율성/선형적 균형성 강조	다중 목적에 따른 다중적 효율성/파동적, 간섭적, 되먹임적 구조, 공명성 등 강조
형이상학적 특성	가상과 현실의 선명한 구분 / 단일 현실	가상과 현실의 구분 희박/ 다중 현실
개별 에이전트 특성	현실지향적/선형적 가치체계에 따른 행동양식(집단적 가치체계)	체험지향적/다중적 가치체계에 따른 행동양식 (에이전트 개별적 가치체계)

메타 에이전트 특성	대중(mass), 경직된 피드백	다중적으로 분화된 허드(herd), 매개 변수에 민감한 피드백
체계 특성	선형적 도식에 따른 예측가능	창발성 증가로 인한 불확실성 증대 / 공진화
체계변동 속도	일차함수적	지수적

4. 디지털 텍스트 산업에 대한 전망

디지털 텍스트 문화와 신부족화

인쇄 활자 문화에 기초한 근대 문화는 민족과 국가의 문화였다. 반면 디지털 텍스트 문화는 근대 이전의 부족문화를 부활시킬 가능성이 높다. 현장성을 중시하는 구어적 문화는 의사소통 조건의 동질성을 확보한 사람들끼리 새로운 부족문화가 트렌드화할 가능성이 높기 때문이다. 예를 들어 애플사의 제품을 선호하는 그룹들 혹은 트위터, 페이스 북 등 새로운 SNS 서비스를 공유하는 집단들이 그렇다. 그들은 모종의 가치 체계를 공유하는 동질적 집단들이다.

이러한 메타 에이전트들의 등장은 주로 의사소통 양식의 다양성을 적극적으로 활용하고, 그것을 집단의 정체성을 확립하는 기준으로 활용함으로써, 고유의 부족문화를 만들어낼 가능성이 높다. 만약 이러한 문화가 하나의 트렌드처럼 작동한다면, 그 의사소통 양식의 다양성은 곧 삶의 양식의 차별성으로 드러날 것이고, 그들의 의사소통 양식에 적합한 텍스트에서 드러나는 합리성이 그들의 행위를 결정짓는 표준적 가치체계가 될 수도 있다.

예컨대 하이퍼텍스트와 같은 네트워크적 디지털 텍스트, 그리고 트위터의 텍스트 같은 모바일 텍스트들은 대체로 길이가 짧다. 이는 속도가 생명인 디지털 사회의 특성이기도 하지만 그런 사회 속에서 성장한 에이전트들이 함께 공진화한 결과이기도 하다. 반면, 이러한 문화와는 다른 메타 에이전트들은 그와 같은 속도에 현기증을 내고 정반대의 올드old 텍스트들을 선호할 수도 있다. 이렇게 다양한 부족화는 디지털 기반 콘텐츠 산업이 겨냥해야 할 소비자층이 고도로 분화한다는 것을 의미한다. 문제의 핵심은 이러한 분화에 어떻게 대응하느냐일 것이다. 이미 애플의 어플리케이션 마켓이 보여준 것처럼, 생태계적 아이디어를 차용할 수 있을 것이다. 즉 개인을 균질화시켜 획일성을 강요할 것이 아니라, 각 개인의 개성이 살아 있으며, 그 개성들이 만날 수 있는 공간을 만들어내야 한다. 바꿔 말하자면, 시장을 지배하는 것이 아니라, 시장을 그저 소유하기만 하는 것이다. 시장 내의 질서는 그 참여자들이 스스로 만들어 낸다.

디지털 텍스트 기반 문화가 새로운 종류의 부족 문화를 형성한다면, 그에 적합한 시장 접근 전략이 존재할 것이다. 근대적 상품 문화의 상징인 수퍼마켓은 공급자 중심의 시장이다. 소비자는 공급자들이 펼쳐 놓은 가판대 위에서 자신의 선택을 강요받는다. 디지털 콘텐츠 산업의 소비자는 훨씬 더 유연하다. 나아가 그들은 프로슈머이기도 하다. 그들에게 필요한 것은 기성품이 아니라, 자신들이 향유할 수 있는 콘텐츠가 함께 경진될 수 있는 시장이다. 마치 오래 전 과거처럼 수공품들을 자유롭게 가져와서 판매할 수 있는 낡은 시장이 필요하다.

공감각적 지식문화의 상품화와 라이프로깅Life-logging 산업

전자책 등 새로운 미디어들은 그 의사소통 양식의 변화에 따라 콘텐츠들의 변형을 압박하고 있다. 예컨대 문화산업의 중요한 한 축을 담당하고 있는 스토리텔링 산업도 공감각적 콘텐츠로 전환될 수 있는 텍스트들을 중시하거나, 최소한 그런 방식으로 변환시키려고 노력하고 있다. 이때 주목해야 할 현상은 단순히 감각의 재현만으로는 우리의 욕구를 만족시키기 어렵다는 것이다. 예컨대, 촉각의 요구라면 단지 촉각적 감각만을 재현하는 것이 아니라 촉각이 인간에게 어떤 의미인지를 이해한 콘텐츠의 생산이 필요하다. 앞서 살핀 것처럼 우리가 재현의 욕망을 갖는 것은 그것이 단순히 시지각이나 촉각에 의존하는 감각적 재현만을 원하는 것은 아니다. 오히려 그런 재현 이면에 담긴 보다 근원적인 욕망을 감각이라는 외화된 기관을 통해 표출하는 것이라고 말할 수 있다. 따라서 오늘날처럼 디지털 재현 기술을 이용해 다중현실을 상품화하는 시대에 필요한 것은 감각적 재현이 지향하고 있는 인간 삶의 심층적 의미를 이해할 수 있어야만 한다.

예컨대, 이런 재현의 욕망을 잘 보여주는 것이 라이프로깅 서비스이다. 라이프로깅은 '기억'에 관한 산업이다. 우리의 모든 삶을 저장해 두는 것, 즉 '기억'은 인간의 가장 근원적인 재현의 욕구와 관련이 있다. 최근 마이크로소프트사의 기획인 '마이 라이프 비츠 프로젝트'는 이런 욕구를 일종의 상품으로 만들고 있다.

에필로그

결국 디지털 컨버전스 기술에 기반한 다중현실 사회에서는 인간의 원초적인 욕망들과 함께 인간이 향유하고자 하는 다양한 종류의 지식문화들이 끊임없이 상품화할 가능성이 높다. 다만 그런 상품들이 생각해야 할 조건들은 인간 삶의 현실을 얼마나 잘 반영하고 있느냐다. 왜냐하면 개인이나 사회에 부정적인 영향을 미칠 수 있는 상품들은 시장 내에서 시장의 자기정화 시스템에 의해 걸러질 것이기 때문이다. 미디어가 스마트해지면, 소비자도 스마트해질 가능성이 높다. 그래서 그들은 훨씬 더 높은 수준의 윤리성을 요구할 수도 있다. 물론 이러한 전망은 지나치게 낙관적인 적인 것인지도 모른다. 빛이 있으면 그림자도 있듯이, 새로운 텍스트 기반 문화가 근대적 합리성을 뒷전으로 밀어내고 등장시킨 새로운 합리성은 파괴적으로 작용할 수도 있다. 예컨대 현실과 상상 사이의 경계가 허물어지고, 상상하는 모든 욕망을 기술적으로 재현할 수 있을 때, 우리는 이제껏 인류가 사회적으로 금기시하며 억눌러 온 파괴적인 욕망들이 아주 은밀한 상품으로 쏟아져 나올 수도 있다. 욕망은 언제나 더 강한 자극을 필요로 하기 때문이다.

하이브리드의
자기조직화[1]

:: 김연순

프롤로그

결합의 가치와 의미가 일찍이 오늘날처럼 높이 평가된 적이 있었던
가! 십 년 전만 해도 전문화·세분화는 시대의 당연한 흐름이었다. 그
로 인해 발전을 거듭하며 성과를 내놓은 학문과 과학기술이 오늘을
있게 했고, 인간의 삶은 나날이 편리하게 변화해왔기 때문이다. 물론
많은 문제점이 드러났고, 그것은 여전히 현재 진행형이다. 그렇다고
전문화와 세분화의 추세가 약화된 적은 없었다. 그러던 것이 최근에
이르러 불과 몇 년 사이에 매우 빠른 속도로 반전하고 있다. 지난 세
기 말 이래로 섞임을 강조하는 용어들—퓨전, 통섭, 융복합, 크로스오
버, 디지털 컨버전스 등—이 다양하게 활용되면서 시대의 변화를 예
고했다. 그 용어들의 공통적인 것은 결합의 원리이고, 결합의 원리는

21세기의 문명화 전략의 핵심으로 인식되고 있다. 그것을 중심으로 변화는 사회 각 영역에서 표출되고 있으며, 다양한 변화를 표현하는 개념들 중에 하나가 혼종과 잡종으로 번역되는 하이브리드hybrid이다. 이미 19세기 말 이래 멘델Gregor Johann Mendel에 의해 생물학 영역에서 사용된 이 개념은 코요테나 노새 등의 잡종동물과 지속적인 연구로 다양화되는 잡종식물들을 비롯해서 오늘날 첨단기술에 의한 '하이브리드카'에 이르기까지 다양한 범주에서 활용되고 있다.

　시대가 변하고 절대적으로 여겨졌던 것들이 역사의 뒷장으로 넘겨지며, 새로운 현실도 다시 역사의 이면으로 사라진다. 그 사이에서 인간은 변화를 맞이하고 역사는 또 그렇게 밀려가지만, 어느새 속도는 더 이상 과거와 같지 않다. 기술이 속도의 쾌감에 빠져들고 시간의 조급증에 휩쓸려들면, 인간은 그 속도를 헤아릴 겨를조차 없다. 이런 과정에서 동질적이고 결코 변하지 않는 틀을 중시하던 기존의 가치관은 점차 약해졌고, 잡스럽다고 가치 폄하되었던 하이브리드 개념은 새로운 시대 맥락에서 선호되기 시작한 것이다. '기술복제시대 Zeitalter seiner technischen Reproduzierbarkeit' 이래 지속적인 발전을 거듭해 온 미디어의 진화는 '하나의 지구촌'이란 꿈같은 결실조차 과거로 만들어버렸다. 인간은 이제 모든 것을 수렴시키는 결합의 원리를 통해 최고의 효율을 탐하고 있다. 이에 대해 이미 지난 세기에 맥루한은 이종교배에서 창조적인 에너지를 간파하고 시대의 흐름에서 제시되는 하이브리드의 활성화를 변혁의 단계로 간주했다.

　미디어의 진화에 힘입어 오늘날의 인간은 주어진 현실 너머에 또 하나의 현실을 연장시켜냄으로써 실제현실과 가상현실의 상호작용 속에서 현실의 확장을 실현시켰다. 변화는 더 이상 일시적으로 폭발하듯 스쳐가는 것이 아니라, 끊임없이 삶에 스며들며 지속적으로 이어지고 있다. 변화하는 현실은 기술의 발달을 통해 복합적으로 인간의 감성을 일깨우며 이성을 새로이 자극한다. 현실 너머에 현실이 실재하고, 탈신체적 공간에 엄존하는 모든 것은 피부로 느낄 수 있는 현실보다 더 생생하게 현실적으로 느껴짐으로써, 인간은 자신이 발을 딛고 서 있는 현실을 더 이상 전체로서 받아들이기 어렵게 되었다. 예전처럼 총체적으로 볼 수 있는 현실은 더 이상 존재하지 않기 때문이다. 조각난 거울처럼 맞출 수조차 없이 해체된 현실에서 인간은 자신의 모습을 총체적으로 파악할 수 없게 된 것이다. 분명한 것은, 그것은 인간 욕망의 산물이고 그 욕망은 자본의 이해와 맞물려 인간의 외부 자연뿐만 아니라 인간 자신까지도 대상화하리라는 것이다.

그렇다면 하이브리드는 어떻게 형성되는가? 결합한다는 단순한 개념의 내용은 무엇인가? 본 글의 목적은 하이브리드의 형성과정에 대한 탐색이며 그 원리로서 자기조직화에 대한 이해이다. 자연과학에서 활발하게 연구된 내용을 참조하여 하이브리드의 기본 원리로서 자기조직화를 추적하고자 한다.

1. 학문 간 하이브리드

인간은 무엇인가란 문제는 매 시대마다 시대의 변화와 함께 새롭게 규명되어왔다. 호모 사피엔스, 호모 파베르, 호모 루덴스 등 시대를 막론하고 그 시대를 이끄는 정신에 의해서 인간은 자신을 새롭게 규정해왔고, 그만큼 인간의 규정 문제는 가변적이다. 그러기에 인간에 대한 본질 규정을 비롯해서 인간의 이해는 결코 정답을 내릴 수 없는 문제이며, 인간 존재 가체가 단일한 규정으로 충족될 수 있는 존재가 아님은 늘 이야기되어온 바이다. 더욱이 본성이나 본질을 통해 인간을 규정짓고 단일한 개념으로 설명해내려는 것은 더 이상 유효하지 않으며, 인간을 단순히 어떻다고 규정지으려는 태도는 이미 진부한 일이 되었다. 시대정신에 따라 신의 종이자, 이성적 동물이고, 전능한 기계로 그 이해를 계속 달리해왔기 때문이다.

　중요한 것은 규정을 통해 이론화하고 그 이론을 통해 원하는 방향으로 인간의 이해를 구현하고자 하는 '욕망'이다. 시대의 변화에 따라 새롭게 제기되는 인간 이해는 그 이면에 은밀히 감추어진 욕망의 표현인 것이다. 근대인이 다른 동물과 차별성을 제시하기 위해 신으로부터 받은 자신의 이성에 절대적 가치를 부여했다면, 첨단 과학기술에 의한 문명화 과정에서 인간은 이제 이성적 동물이기보다 기계와 비교해서 우월한 능력자이기를 갈망한다. 인간은 기계의 높은 효율성 앞에서 자신을 신과 같이 전능한 생각을 펼치는 기계이고자 하는 것이다. 이러한 형이상학적 의식의 변화로 인해서 인간은 "이제는 더 이상 인간과 기계가 완전히 다르다는 생각을 유지하기 어렵다는 점"[2]에 이르게 된다.

　이러한 현상은 인간의 정신과 신체에 기계를 융합시키려는 의식을 일깨우고 있다. 실제로 이것은 호주의 행위예술가 스텔락Stelarc(본명은 Stelios Arkadiou)과 영국 레딩대학의 케빈 워릭Kevin Warwick에 의해 실험적으로 연구되고 있다. 이를 테면 고정시킬 수 없는 인간에 대한 본질 규정은 인간 자신의 생물학적 근본 한계에서 벗어나 진화하고자 하는 인간의 욕망을 재구성하는 것이며, 그것은 이론화 작업을 통해 유포·확산되는 것이다. 이것을 통해 오늘날 인간은 과학기술의 힘을 빌려 자신을 이제까지와는 달리 더 나은 인간 형태로 강화하고자 한다. 이것을 위해 인간은 기술선택적인 진화를 추구하고 있다. 이때 존재를 강화시키기 위한 방법으로서 최근 높은 효율성을 증명해 보이면서 주목받고 있는 것이 결합이란 방법이고, 다양한 결합의 방법 가운데 하나가 하이브리드이다.

　결합 원리는 결합의 구성인자들 간의 상호작용에 의해 성립되고, 그 상호작용에 근거해서 자발적으로 질서를 만들어내는 것이 자기조직화Selforganization이다. 말하자면 자기조직화란, 구성 인자들이 서로 작용하여 영향을 주고받음으로써 자발적으로 환경에 적응하고 변화하는 메커니즘을 통해 새로운 질서를 형성해내는 것을 뜻한다. 이러한 질서체계는 하이브리드의 성립과정에서도 예외없이 전개된다. 실제로 자기조직화를 발견할 수 있는 경우는 자연현상을 위시해서 사회경제 현상에 이르기까지 다양하게 제시될 수 있다. 흔히 언급되는 예는 환경변화에 본능적으로 반응하는 곤충들의 재조직화에 따른 번식이다.

자기조직화가 세간의 이목을 받게 된 시기는 20세기 중반 이후이다. 특히 벨기에의 화학자 일리야 프리고진Ilya Prigogine은 소산구조를 설명해내면서 자기조직화를 주장했고, 독일의 물리학자 헤르만 하켄Hermann Haken은 수렴의 효과에 의한 자기조직화의 상승효과를 시너제틱스synergetics 이론에서 체계화시킴으로써 자기조직화의 이해를 심화시켰다. 더 나아가 미국의 생물학자 스튜어트 카우프만 Stuart Kauffman은 생물의 돌연변이를 우연으로 설명하는 것을 넘어서서 자기조직화와 창발에 의한 필연으로 설명하였다. 이처럼 자기조직화란 자율적으로 증가할 때 '새로운 질서'를 보증하는 과정을 일컫는다. 흔히 열린 구조에서 이루어지는 자기조직화는 상호작용, 변화와 창발 그리고 피드백 등의 과정을 거친다. 이것은 하이브리드의 과정에도 적용된다.

동질적인 것의 분화는 분화된 인자들을 각기 이질적인 것으로 만들고, 이것이 분화될수록 개별 인자들은 다시 서로 작용하면서 복잡성을 띠게 된다. 이런 복잡성은 컴퓨터의 진화에 힘입어 해명되면서 자연과학을 중심으로 그것에 대한 과학적 원리를 풀어내고 있다. 과거에 복잡성은 인문학자들에 의해 정신과 그 표현물의 관계에서 복잡하게 뒤얽힌 상황으로 연구되었다. 인문학적 연구는 많은 성과를 얻었음에도 불구하고 과도한 관념성으로 인해 실용적인 이해가 어려웠고, 그러하여 인문학 내의 울타리 안에 갇혀버렸기에 타학문과의 소통도 쉽지 않았다. 더욱이 이미 자연과학과 인문학의 괴리는 시간이 흐를수록 심해져서 어떤 접점도 발견할 수 없는 상황에 놓여 있다.

이러한 상황에서 자연과학은 다른 차원에서 복잡성을 연구하였다. 특히 컴퓨터의 발달로 가능해진 복잡성 과학은 많은 성과를 얻었고, 지속적으로 다양한 학문 영역에 영향을 미치고 있다. 지난 세기말 이래로 유행처럼 번진 학문들 간의 경계허물기 태도가 그것에 긍정적으로 작용하였다. 이런 학계 분위기를 타고 자연현상에서 느끼는 복잡성이 사회·경제·문화에서 느끼는 복잡성과 별반 다르지 않음이 인식되기에 이른다. 이에 프리고진은 "전반적으로 문화 본연에 관한 문제들과 특수하게는 과학에 있어서의 개념적인 문제들 사이의 강력한 상호작용"[3]을 모색하고자 했다. 앨빈 토플러Alvin Toffler는 이것을 분열된 "조각들을 다시 맞추기"[4]로 간주하면서 자기조직화 이론을 통해 자연과학과 인문학이 다시 통섭할 수 있으리라는 여지를 내비쳤다.

오늘날 강력하게 요구되고 있는 통섭의 기본 원리는 '결합'이다. 이런 의미에서 하이브리드는 이질적인 것들의 결합체계로서 통섭에 포괄된다. 서로 다른 현실들, 각기 다른 기기들, 자연과학과 인문학, 심지어 인간과 기계까지 이질적인 것들의 결합 자체가 하이브리드이며, 이것이 끊임없이 전개되면서 확대되는 것이 복잡성이다. 오늘날 복잡성 과학의 특성들 중에 하나인 자기조직화 이론은 바로 하이브리드 과정을 거치지 않고는 생각할 수 없다. 말하자면 하이브리드는 복잡성의 중요 계기이며, 그 안에서 자발적으로 이루어지는 상호작용에 의한 자기조직화는 하이브리드의 과정이기도 하다.

2. 자기조직화의 메커니즘

하이브리드는 전혀 다른 부분들이 결합을 통해 만들어내는 전체이다. 그 전체는 끊임없이 외부의 이질적인 부분들과 섞이면서도 고유한 질서를 형성해내는 부분들의 전체이다. 그렇다고 해서 여기서 제시하는 전체는 단일한 것도 부분들의 합도 아니다. 하이브리드는 각부분들의 특성을 보존하면서 그 부분들을 합한 것 이상을 실현해내기 때문이다.

순수의 틀을 넘어

인간 중심적 인식이 발현되면서 신의 품에서 떨어져 나온 인간에게 불변의 절대, 순수, 정화주의적인 것, 중심주의적인 것 등은 꾸준히 하이브리드를 평가하는 가치척도로 작용해왔다.[5] 순수성에 근거한 결정론적 사고의 관점에서 보자면 혼성성이니 복잡성이니 하는 것은 모두 그 자체로 의심스러웠던 것들이다. 하이브리드가 절대적인 것을 상대적인 것으로, 그리고 동질화를 이질화로 교란시킬 수 있으므로 가치토대를 위협하는 걸림돌이었던 것과는 달리, 단일화는 토대 강화를 위한 힘의 결집으로 이해되었기 때문이다. 그러므로 하이브리드를 받아들인다는 것은 일종의 모험이기도 했다. 그러나 불가피하게 복잡해진 현대는 이 두 개념에서 오히려 역동적인 에너지를 발견하고 긍정적인 발전의 가능성을 찾았다. 해체와 결합, 무질서와 질서 등 본질적으로 전혀 다른 구조들은 거시적으로 보자면 각기 전체로서 '하나'에 포함되고, 미시적으로 보자면 각각의 것들은 하나의 전체 속에 고유한 가치를 가지기 때문이다.

하이브리드는 개별요소들이 전체에 흡수되기보다 공존의 가능성을 모색한다. 여기서 하이브리드는 이것과 저것의 이중적인 논리와 이것은 되고 저것은 안 되는 분리주의적 배타성을 지양한다. 하이브리드는 '이것뿐만 아니라 저것도'의 방식으로 공존을 지향하기 때문이다. 이것은 차이를 인정함으로써 가능하고, 그런 인정에서 출발하는 하이브리드는 곧 동일하지 않은 것을 타자화하고 경계짓는 분리주의적이면서 이원론적인 인식과 대립된다. 이원론적 인식은 끊임없이 '나'와 '너'를 분리해내고 이질적인 것과의 상호작용을 원천적으로 부정하므로 현실적인 다양한 국면들이 시간의 경과에 따라 서로 섞이면서 결합되는 것을 결코 받아들이지 않기 때문이다. 이런 의미에서 하이브리드는 동질적인 것이나 위계적인 것의 대립 개념이라기보다 이원론과 대립되는 개념으로 간주된다.[6] 따라서 이원론적 인식이 분리주의적 논리에 근거한다면 혼성적 인식은 순수의 틀을 넘어선 결합의 논리에 근거한다.

이러한 결합의 논리가 실현되기 위해서 하이브리드는 부분들의 결합을 가능케 하는 열린 체계를 전제로 한다. 열린 체계는 주위환경과 긴밀한 관련을 가지면서 체계 내부의 개별요소들 간의 상호작용이 지속될 수 있도록 견고한 경계를 낮춘 체계이며, 다름으로 인해 낯선 개별요소들 간의 연결 · 접속을 가능케 하기에 그 자체로 탈경계적이다. 말하자면 열린 체계는 서로 경계를 낮추고 개별요소들 간의 소통을 용이하게 해주므로 하이브리드를 가능케 해주는 토대가 되는 것이다. 분리주의를 넘어서서 실현되어야 하는 결합의 논리는 바로 열린 체계의 조건에서 시작될 수 있기 때문이다. 그러므로 하이 브리드는 결합의 논리를 통해, 한편으로는 중심과 주변을 분리하는 힘의 역학관계에서 자유롭고, 다른 한편으로는 다름을 인정하고 가치를 부여함으로써 차이에 의한 대립에서 자유롭기 때문에 전혀 다른 차원으로 발전하는 새로운 질서를 창출해낼 수 있는 것이다.

자율적인 상호작용

결합을 지향하는 하이브리드는 이질적인 것들 간의 자발적인 작용에 의해 성립된다. 그러나 겉보기에 간단히 보이는 그 현상의 내부에는 다르기 때문에 일어나는 개별요소들 간의 갈등으로 인하여 불안정성이 팽배하고, 불안정의 정도가 높을수록 상대적으로 안정과 변화에 대한 강한 욕망은 복잡한 갈등 속으로 파고들면서 질서를 추구한다. 여기서 변화를 지향하는 갈등은 이질적인 개별요소들의 자기조직화에 이르는 필연적인 과정으로써 중첩과 교차를 통해 얽혀지는 복잡한 상황에서 연출된다. 조화롭게 섞이기 전에 필연적으로 거쳐야 하는 중첩과 교차 상태는 서로 다른 개별요소들이 서로에 대해 거리를 둔 관계양식이다. 말하자면 이것은 익숙해 있는 각각의 기존 원리에 따라 제각기 겹쳐지고 포개어지면서 서로에 대해 겉도는 상태인 것이다.

겉돌면서 시작되는 갈등의 구체적 요인으로서 다름과 차이는 자연스러운 섞임을 방해한다. 다름과 차이로 인해 수용이 꺼려지고, 그것으로 인해 갈등이 초래되기 때문이다. 그러므로 다름과 차이로 인한 갈등은 존재 자체에 대한 인정을 통해 해소될 수 있다. 인정의 문제에 묶여 갈등이 극복되지 않는 한, 하이브리드의 길은 요원해지며 개별화된 요소들 간의 이질화만 강화될 뿐이다. 이런 의미에서 갈등은 하이브리드의 과정에서 넘어서야 할 관문으로서 해법은 다름과 차이에 대한 인정일 뿐이다. 인정을 통해 관문을 넘어서게 되면 점차 개별요소들의 자발적인 상호작용이 일어나고, 그 상호작용을 통해 개별요소들이 자신을 매개로 스스로를 유지하고 조절해가면, 그것에서 질서가 생성된다. 이른바 개별요소들은 상호 간의 충돌과 적응의 과정에서 관계를 형성하고 임의적으로 발생하는 상호작용에 의해 혼란스러운 상태가 표출되더라도, 그 내부에서는 새로운 질서가 형성된다는 것이다. 개별요소들의 상호작용을 통해 자발적으로 만들어진 질서의 결과가 하이브리드인 것이다.

　중요한 것은, 상호작용을 통해 자기조직화된 하이브리드가 획일화를 지향하는 과정이 아니며, 그것에 의한 탈경계가 의미와 가치를 넘어선 절대적 것도 아니라는 것이다. 하이브리드의 자기조직화는 원래의 개별요소들과는 다른 형식적 변화를 형성해내는 새로운 질서화일 뿐이기 때문이다. 따라서 변화를 지향하는 하이브리드의 정당화는 질서화된 체계에 놓이는 것이 아니라 그것을 촉진시키는 환경에 놓인다. 말하자면 하이브리드는 전혀 다른 맥락과 요소들이 적절한 환경에서 자발적으로 일어나는 상호작용을 통해 형식적인 변화는 물론 내용적 변화를 겪으면서 상대적으로 가치를 얻는 과정이다.

변화의 동인으로서 상상력
형식적 내용적 변화를 겪으면서 일어나는 하이브리드는 과정 전체를 포괄하는 결과도 함축한다. 결과로서 하이브리드는 자기조직화의 핵심적 특징이기도 한 창발Emergenz과 다르지 않다. 여기서 간과되지 말아야 하는 것은, 결과적으로 이르게 된 "창발현상은 전체적인 의도를 가지고 세세하게 조직된 현상이 아니라는 점"[7]이다. 달리 말하자면 개별요소들의 속성과는 다르지만 새로운 것을 창발시킨 하이브리드는 갑자기 출현한 자연발생적인 변화인 것이다. 이것은 한편으로 자기조직화에 의한 재생산을 통해, 다른 한편으로 그것의 결과로 얻어지는 변이의 메커니즘을 통해 촉진되는 진화의 한 단계이다. 과거와 달리 하이브리드가 오늘날 그 가치를 인정받고 있는 것은 창발을 추구하는 시대환경에 따른 것이기도 하다. 분화와 해체의 경직된 분리현상이 한계점에 이르게 되자 효율의 극대화가 요구되면서, 하이브리드의 좋은 활동 배경이 된 것이다.

하이브리드의 효율성은 결합의 상상력에 의해 이루어진다. 이질적인 개별요소들의 예측하기 어려운 상호작용에서 상상력은 실질적인 결합의 기능을 수행한다. 결합은 상상력의 자유로운 속성에 따라 우연적으로 이루어진다. 상상력은 본질적으로 어떤 인과관계도 고려함 없이 자발적으로 종합하고 조직화하는 능력이기 때문이다. 이러한 특성에 근거해서 상상력은 이질적인 요소들 간의 상호작용에 적극적으로 관여하여 형식과 내용의 변화를 가져다주는 창의적 결합에 결정적으로 작용한다. 이때 중요한 것은, 그 과정에서의 결합이 "상상력의 본성과 관련해서 임의로 진행되는 것이 아니라는 것이다."[8] 하이브리드의 성공여부는 중첩되고 교차된 이질적인 개별요소들의 공존가능성을 유추해낼 수 있는 사고력을 필요로 하기 때문이다. 전혀 새로운 결합의 가능성을 찾아내는 "상상력의 작용은 전체의 맥락에서 결합의 확실성을 줄 수 있는 통찰력을 필요로 한다. 상상력의 활동에 의해 가능해진 이질적인 것들 간의 희미한 얼개를 전체의 그물구조에 비추어 결합해낼 수 있는 사고능력"[9]이 바로 하이브리드의 창발에서 중요하며, "이것은 본성상 경계없이 넘나드는 상상력의 자율적 활동만으로는 결합의 가능성을 확신하기 어렵기 때문이다. 명확히 실현단계로 확정지을 수 있는 것은 결합가능한 연계구조의 맥락을 볼 수 있는 사고이다."[10]

그렇다면 임의적으로 진행될 수 없는 결합의 상상력에서 결과한 하이브리드는 의도하지도 않고 세세하게 조직하지도 않은 창발의 콘셉트와 모순되지 않는가? 그 모순은 공존의 가능성을 위해 전체를 통찰해야 한다는 '제한적인 상상력'의 자기목적성에 기인한다. 본래 상상력의 본성은 무목적성이기 때문이다. 여기에 하이브리드의 딜레마가 자리한다. 하이브리드는 더 이상 자발적인 현상이 아니며, 기술문명의 전략에 따라 인위적인 현상으로 전환되기 때문이다. 절대적인 가치들이 사회분화와 함께 변화를 겪고 약화되면서 자연스럽게 증가되었던 하이브리드는 이제 기술력에 의해 조작가능해지고, 섞임의 가능 정도에 따라 강화되고 있다. 이제 기술융합에 대한 이해에 근거해서 결합의 관찰자적 범주가 형성되고, 그것에 따라 하이브리드 자체가 이념화될 수 있게 된 것이다. 문명화와 관련해서 하이브리드는 어떤 목적이나 지향해야 할 바를 실현하기 위해 전략화 되어버림으로써 창발의 순수성은 이념화되고 있다.

3. 변화의 비가역성

하이브리드의 자기조직화는 주체적이고 자발적인 상호작용을 통해 이질적인 것들이 자율적으로 결합되는 과정이다. 그러나 이것이 문명화 전략이 되면서 하이브리드 과정에 인위적인 의도가 개입되었다. 그 과정에서 기존의 것에 대한 파괴보다 상호작용 속에 잠재되어 있는 새로운 결합의 생산성이 주목받고, 해체를 통한 소멸보다 상호작용에 의한 효율성이 중시되었다. 해체를 통해 분화되는 한 측면에서 보자면, 이것은 동시에 결합을 통해 진화하는 것도 있음에 대한 자각에서 비롯된 것이다. 이러한 자각은 전략화된 하이브리드를 강화시킨다.

안정된 질서의 상태에서 순환적이던 개별요소들이 내외적인 자극에 의해 점차 혼돈스러운 상황에 빠져들고 시간이 갈수록 상호작용에 의해 자생적으로 조직화될 때, 그 다음 상태를 예측한다는 것은 불가능하다. 여기에 우연이 작용하기 때문이다. 혼돈스러운 상황에서 절대적인 법칙들에 대한 생각이 약화되고, 개별요소들이 우연의 작용으로 더욱 흔들리게 되면 절대적인 법칙들에 대한 생각은 마침내 상호작용에 관한 생각으로 바뀌어간다. 이러한 과도기적 상황에서 상호작용은 활발하게 전개된다. 마침내 전반적인 상태가 변하고 하이브리드가 완료되면, 결과적으로 얻어진 하이브리드는 상호작용이 발생하기 이전의 단계로 환원될 수 없다. 이것은 '접시 안 물에 떨어진 암청색 잉크 방울'이 물에 떨어지기 이전 단계로 환원될 수 없음과 같은 것이다.

하이브리드 과정의 전후 관계는 환원불가능성이 작용한다. 하이브리드 과정에서 개별요소들의 끊임없는 상호작용에서 발생하는 우연은 마침내 새로운 질서가 창발된 이후에는 그 이전 단계로 되돌아갈 수 없는 필연과 공동체적 관계를 형성하게 된다. 하이브리드 과정에서의 우연과 필연은 서로 화해할 수 없는 대립적인 관계이기보다 한 운명 속에서 공존하는 동반자로 맞물리는 것이다.[11] 우연과 필연의 강력한 상호관계는 '새로운 질서의 생성'을 매개로 하이브리드에서 동반자적 관계를 이루기 때문에, 우연의 상호작용과 필연의 환원불가능성의 긴밀한 관계가 하이브리드를 심화시킨다.

하이브리드의 과정은 새로운 질서가 창출됨과 함께 소멸된다. 그러나 그것은 또한 다시 이질적인 것과의 만남을 시작할 수 있는 시작점이 되는 하이브리드를 향한 새로운 싹이기도 하다. 만약 질서의 창출 이후 그 질서가 관습화되고 동질화되면서 경직되면, 그 질서 내에서 하이브리드는 더 이상 작용할 수 없기 때문이다. 변화가 진정되고 개별요소들이 변화된 질서에 지속적으로 적응함으로써 새로운 질서가 관습화되면, 이러한 평형상태는 자연스럽게 동질화와 단일화를 추구하게 되고 다시 하이브리드와 대립적인 상황에 놓이게 되기 때문이다. 평형상태의 질서는 우선 체계 유지를 위한 통제를 강화하고, 통제가 작동되기 시작하면 질서의 안과 밖의 구분이 명확하게 이루어진다. 경직된 닫힌 체계로서 틀의 경계가 견고해질수록, 다시 소통 가능한 열린 체계는 요구받게 된다. 그러나 자기조직화의 진행 이후 체계화되고 익숙해지면서 그 자체로 고착된 질서는 하이브리드의 역동성과 모순되며 더 나아가 하이브리드 자체를 배척하게 된다.

하이브리드는 단일한 통합을 지향하며, 동질성의 회귀와 전체론적인 통제를 꾀하는 것이 아니라, 복잡하게 뒤얽혀진 상호 간 특성들을 획일적으로 일원화시키지 않으면서 소통과 발전을 지향하기 때문이다. 바로 여기서 하이브리드의 탈고착화의 의미가 구축되며 끊임없이 변화를 추구하는 존재적 특성이 드러난다. 탈고착화에 기인한 하이브리드의 역동성은 본성상 끊임없이 새로운 질서와 조직을 추구한다.

에필로그

하이브리드는 수많은 개별요소들이 서로 섞이면서 형성된다. 그 개별요소들의 각 층위는 자율적인 상호의존성에 의하여 역동적인 관계를 가지며, 그들 간의 쌍방향 소통을 통해서 하이브리드 현상이 일어난다. 이렇게 소통과 결합의 논리에 근거해서 하이브리드는 과거에 인간의 주변 환경에서 이루어져왔다. 그러나 이제 그것은 인간 자신에게 집중되고 있으며, 그로 인해서 인간과 기계의 하이브리드화는 21세기의 화두가 되고 있다. 이를테면 한편에서는 기계의 힘을 빌려 인간 존재를 확장시키고 강화시키고자 한다. 정신을 매개로 실제와 가상을 연계시키고 신체를 매개로 유기체와 비유기체의 소통을 꾀함으로써, 인간은 첨단기술에 힘입어 복잡하게 얽혀지는 하이브리드의 자기조직화를 실행하려는 것이다. 또한 다른 한편에서는 윤리적 관점에서 인간과 기계의 하이브리드화를 비판하면서 이것에 의해 위협받게 될 인간 존재의 존엄성을 고수하고자 한다. 인간과 기계의 결합은 결국 인간성을 파괴하고, 종으로서의 인간에 대한 위협으로 확장되는 존재의 문제이기 때문이다. 이론적인 측면에서 하이브리드의 자기조직화는 이런 입장들을 가로지른다.

　그러나 문제는 기술문명이 발달함에 따라 하이브리드가 문명화 전략으로 사용되고 있다는 사실이다. 자생적인 현상으로서 하이브리드는 오늘날 목적과 의도가 개입된 인위적인 현상으로 관철되고 있으며, 그 안에 조작의 가능성이 숨어 있다. 그와 관련해서 공존의 가능성을 위해 전체를 통찰해야 하는 '제한된 상상력' 또한 하이브리드의 자발적인 조직화 과정에서 무차별적으로 사용되고 있다. 인간과 기계의 하이브리드가 그 예에 해당된다. 따라서 관찰자의 판단에 따라 하이브리드에 대한 근본적인 이해가 달라지는 것이다. 효율성의 극대화를 위해 시너지 효과를 지향하는 현시점에서 하이브리드의 결합논리는 원칙이나 일정한 범주 및 전형 등에 준하여 판단되기보다 그것들을 넘어서 의도가 우선적으로 작용하는 결합의 상상력에 의존하기 때문이다. 따라서 혹자는 그 안에서 무한한 희망을 보는가 하면 혹자는 유래없는 절망을 예견하기도 한다. 양극화된 하이브리드의 평가를 곱씹으며 21세기의 인간은 이론과 실제에서 자신과 세계에 대한 존재적 물음에 답을 내려야 하는 무거운 과제를 갖게 된 것이다.

인간과 가상공간의
하이브리드

―세컨드 라이프의 경우

:: 김응준

프롤로그, 디지털 라이프

어느덧 아날로그라는 용어는 우리 사회에서 점차 사라져가고 있다. 아날로그 세대라는 용어도 유행에 뒤쳐진 세대를 지칭하는 용어로 흔히 사용되고 있다. 이런 변화의 중심에는 디지털 세대와 디지털 테크놀로지가 있다. 이 자리에서 이 변화를 평가하거나 논할 수는 없다. 하지만 분명한 것은 그 누구도 이러한 흐름을 거역할 수 없다는 것이다. 디지털 커뮤니케이션, 온라인 상거래, 온라인 게임, 온라인 교육 등 컴퓨터를 기반으로 하는 디지털 테크놀로지가 우리 시대 삶의 토대를 이루고 있음은 자명하기 때문이다. 전통적인 인간의 면대면face to face 방식의 의사소통도 이제 과거의 향수물이 된 듯하다. 필름을 바꿔가며 촬영하고 인화지에 인화하던 아날로그 방식의 사진기는 디지털 카메라에게 자리를 내주었으며, 약간의 잡음과 함께 즐기던 아날로그 음반은 이제 디지털 음원에 자리를 내주고 추억 속으로 사라졌다. 이렇듯 0과 1이라는 최소 비트를 단위로 하는 디지털 신호체계는 단순한 전자신호를 넘어 인간의 삶과 결합되고 융화되어 더 이상 전자신호를 통해 인간의 삶이 이루어진다는 것을 인지하지 못할 정도가 되었다. 오히려 전자신호 덕분에 인간의 삶이 윤택해지고 커뮤니티 또한 활성화되고 있다는 것을 이제는 인정해야 할 것이다.

전 세계적인 디지털 네트워크 구축 그리고 디지털 매체를 활용한 가상공간의 등장은 삶의 편리함을 제공하고 있는 것은 분명하다. 지구의 다른 쪽에 위치한 동료나 친구들과 가상공간에서 실시간으로 접촉하는 것은 인간이 경험하지 못한 새로운 가능성이며, 나아가 전통적인 시간과 공간개념에 일대 변화를 몰고 왔다. 지역이나 국가의 범주를 넘어 전 지구를 동시 생활권으로 묶어버린 이 디지털 네트워크는 인간이 발명한 최신예의 테크놀로지임은 분명하다. 상호연결성, 가상공동체, 공동 지적자산 등으로 대변되는 디지털 매체는 인간의 삶과 의식 영역의 확장이라는 선물을 우리에게 가져다 주었다.

그러나 인간의 문화와 디지털 테크놀로지라는 두 단어는 언뜻 보면 서로 공존하기 어려운 이질적 특성을 지닌 것처럼 보인다. 문화를 인간의 고유한 산물이라고 가정할 수 있다면, 테크놀로지는 인간이 아니라 기계나 기술을 연상시키기 때문이다. 하지만 문화의 시대이자 테크놀로지의 시대인 21세기는 문화와 테크놀로지라는 이질적 특성이 상호 융합될 것을 요구하고 있다. 삶의 질을 높이고자 하는 노력이 있는 곳에 디지털 테크놀로지는 선택이 아니라 필수이자 전

제조건이 되고 있다.

　나아가 디지털 테크놀로지에 기반을 둔 가상공간에는 국경이나 인종 등 인간의 선험적 판단기준이 존재하지 않는다. 여기에는 오로지 디지털 테크놀로지를 기반으로 하는 인간의 새로운 문화체험과 실제 현실, 사회 그리고 문화적 결과물들의 시뮬레이션이 존재한다.[1] 이제는 디지털 가상영역이 우리 인간의 삶에 어떠한 영향을 미치고 있는가 하는 단계를 넘어 인간과 디지털 혹은 디지털과 인간이 상호 공존하며 상호 연결되는 하이브리드 단계로 진입하고 있는가에 대한 숙고가 필요한 시점이다.

1. 디지털과 휴먼, 하이브리드

1980년대 중반 이후 등장한 하이브리드라는 용어는 주로 이질적인 매체를 활용하여 예술작품을 만들고자 하는 노력을 지칭하였다. 그러나 이제 이 용어는 테크놀로지 분야를 넘어 문화영역에 이르기까지 광범위하게 사용되고 있다. 여기서 주목해야 할 점은 전통적인 시각에서 볼 경우 너무 이질적이어서 서로 결합되거나 섞일 수 없다고 간주되던 재질 혹은 매체가 섞이기 시작한다는 것이다.

　하이브리드에 대한 다양한 견해가 있는데, 일례로 신디아 굿맨 Cynthia Goodmann은 퍼포먼스 예술과 비디오의 결합, 에드몽 쿼쇼 Edmond Couchot는 상이한 이질적 요소들 간의 융합 그리고 나아가 이를 통한 현실인식을 하이브리드로 보고 있다. 한스 울리히 렉Hans

Ulrich Reck은 하이브리드를 헤테로적인 것들을 인정하는 것이며 동시에 양극화의 사고와 결별하는 것으로 파악한다. 장 루이스 보아 Jean-Louis Boissier는 인간의 실제적인 삶과 테크놀로지에 기반을 둔 가상영역의 연결과 조합을 하이브리드로 바라보고 있다. 또한 린다 허천Linda Hutcheon은 포스트모던 담론에서 하이브리드를 강조하는데, 근대 사상은 모든 가능성 가운데 한쪽 측면에 관해서만 논의한다고 주장한다.[2] 즉, 인간은 차이를 인지하지만 그 차이를 상호 연결하여 인식하는 능력은 부족하다는 것이다. 이러한 예에서 알 수 있듯이 하이브리드를 둘러싼 논의의 핵심은 이원적인 분리보다는 연결과 콤비네이션을 중요시한다는 점이다. 다시 말해 이질적이며 이원적인 것을 감싸 않을 필요성이 대두된다. 하이브리드는 "이것 또는 저것" 이라는 양자택일이 아니라 "이것과 저것", 즉 모든 것을 인지할 수 있는 대상으로 바라보기 위한 연결과 접속을 시도한다. 이 논리가 성립되기 위한 전제는 상호 배타성 혹은 분리원칙주의가 아니라 이질적인 것에 대한 상호 개방성과 상호 교류가능성이다. 이렇게 보자면 하이브리드는 이원론적인 구분과 분리에 대한 일종의 대립개념이라 할 수 있다.

다른 한편으로 포스트모더니즘이 지니고 있는 다양한 특성 가운데 파편화 현상과 하이브리드화 간의 연계성을 주목해 볼 수 있다. 포스트모더니즘이 바라보는 해체와 파편적 특성은 단절과 고립으로 머무는 것을 넘어 하이브리드적인 상호 연관성을 유지할 수 있다. 그러므로 하이브리드라는 용어가 개념화되기 위해서는 나름대로의 논리를 지녀야 한다.

"오늘날의 형식구조로 말하자면 하이브리드는 일종의 결합 네트워크를 뜻한다. 그러므로 포스트모더니즘이 주체와 중심을 해체시키고 타자를 존재론적으로 수용하면서 무한히 서로 분리되고 갈라지며 다양한 가치를 정당화시켰다면, 포스트모더니즘에서 논리적 자양분을 얻는 하이브리드는 차이를 창의적 에너지로 삼는 역발상 전략으로 새로운 결합을 모색한다. 이것이 바로 상식을 깨고 새로운 문화의 패러다임을 형성해 내는 하이브리드의 결합 논리인 것이다." [3]

인간과 기계, 인간과 디지털 매체, 팝음악과 오페라, 프로듀서와 컨슈머, 인간 삶과 삶의 시뮬레이션 등 이질적 영역이 뒤섞이는 모습을 쉽게 볼 수 있는데, 이 이질적인 콤비네이션이 이제 우리 사회와 문화의 구성요소가 되었다는 것은 부정할 수 없는 사실이다. 하지만 이질적인 두 요소가 연결되기 위해서는 상호 개방과 연결 그리고 뒤섞임이 뒷받침되어야 한다. 오프라인에서의 삶이 디지털 영역으로 연결을 시도하는 것은 인터넷이라는 용어로 쉽게 이해될 수 있다. 하지만 반대의 경로, 즉, 디지털에서 오프라인으로 이어지는 경로, 나아가 두 영역이 서로 혼합되는 경로가 나타나고 있는가에 대한 검증이 필요하다. 간단히 말해 이 문제는 오프라인과 온라인의 인터랙티비티가 보증되는가, 그리고 이에 대해 하이브리드라는 용어를 적용할 수 있는가 하는 점이다.
　　디지털이라는 용어가 등장한 것은 기술발전 과정과 밀접히 연결되지만 이것이 일상 속에서 사용된 것은 그다지 오래되지 않았다. 1960년대 마이런 크루거Myron Kruger가 가상환경이라는 용어를 처음으로 사용했고, 1980년대 들어서면서 이 용어는 윌리엄 깁슨 William Gibson 등 소위 사이버펑크 작가에 의해 빈번히 사용되었다. 그리고 이제 이 개념은 누구에게나 익숙한 용어로 자리 잡았다. 컴퓨터로 대변되는 디지털 매체를 활용한 이 디지털 가상공간은 인류에게 상당히 신선한 커뮤니티 가능성을 제시한 것임은 분명하다.

디지털 영역은 지속적인 정보요구와 정보공유의 확대로 인해 접속자가 증가하며 이로 인해 그 영역을 스스로 팽창하고 있다. 철저히 개인적인 공간일 뿐 아니라 동시에 정보 공유의 마당이기도 한 이 디지털 가상공간은 인간과 인간 그리고 인간과 기술이 서로 만나는 공간이고 그 결과라는 점에서 더욱 독특한 특성을 얻는다.

디지털 기술이 만들어낸 가상현실이란 일반적으로 컴퓨터 전자 신호체계를 통해 창조된 인조공간이며, 이 인조공간에서 인간이 현실감을 느끼는 것으로 광범위하게 접근해 볼 수 있다. 대표적으로 언급될 수 있는 것이 컴퓨터 시뮬레이션이다. 항공 우주 조종사 양성과정에서 가상 시뮬레이터는 실제 항공 환경과 동일한 환경과 상황을 제공하고 있으며, 연수자는 시뮬레이터에서 얻은 지식과 경험을 실제 상황에 그대로 적용할 수 있다. 이것은 가상영역에서 얻어진 내용이 물리적 현실세계와 완전히 일치하며 작동될 수 있다는 것을 의미한다. 즉, 장 보드리야르Jean Baudeliard의 견해대로 시뮬레이션이 인간 생활의 한 축으로 자리 잡은 것이다. 보드리야르의 설명에 따르면,

"모든 실재가 코드라는 하이퍼 리얼리티, 시뮬레이션이라는 하이퍼 리얼리티에 흡수되고 말았다. 이제는 실재의 원리가 아니라 시뮬레이션의 원

리가 사회생활을 지배하고 있다."**4**

    유한한 존재인 인간의 물리적인 신체 조건과는 달리 가상 시뮬레이션을 구성하는 것은 0과1의 수학적·기계적 특성이다. 결국 가상현실은 물리적·수학적 테크놀로지 영역과 심리적·사회적 인간 현실 사이의 '연결Verbindung'이라고 만프레드 파슬러Manfred Fassler는 주장한다. 그는 '자연적natürlich' 현실과 '인공적künstlich' 현실 사이의 차이점과 연결 가능성을 인정하는데, 그에 따르면 우리 인간은 두 가지를 '인식론적으로 구분epistemic cut'하고 있다.**5** 또한 이 두 이질적 영역의 연결과정은 디지털과 인간의 단순한 물리적 연결을 의미하는 것이 아니다. 두 영역의 인터랙티비티는 단순 연결과 전송이라는 단계를 넘어 실제 현실의 의미와 해석을 요구한다. 현실영역에서 호출되는 인포메이션들과 그 호출 모드는 인포메이션의 다양한 의미들을 동반할 수밖에 없는데, 이 동반되는 의미가 곧바로 인간사회의 사회공간이 되는 것은 아니다. 즉, 현실영역과 인간의 육체가 쉽게 물리적으로 연결되는 것은 아니다. 오히려 인터랙티비티는 사회정체성을 담지하고 있거나 내포하고 있는 인간의 자기 정체성이 투영되는 과정이라 할 수 있다. 이런 의미에서 본다면, 이 과정은 인간과 디지털 매체 간의 인터랙티비티라 할 수 있으며, 이 이질적 영역을 연결하는 하이브리드 과정은 인간-디지털-인터랙티비티의 상태를 표현하고자 하는 것이다. 인간의 병리학적·인식론적 그리고 기계적·수학적 믹스 형태가 나타나는데, 이 믹스는 일종의 코드화와 부호를 통해 구체화될 수 있다. 결국 하이브리드화는 인간과 디지털 매체가 상호 연관되어 작동하는 사회적 행동으로 이해될 수 있는 것이다.

물론 가상현실이 인간의 실제현실과 완벽하게 동일해야 비로소 의미를 지닌다고는 할 수 없다. 오히려 가상현실은 실제현실과 대비될 때 비로소 그 의미를 얻을 수 있다. 가상세계를 실제현실과 완벽히 동일하게 만든다면 가상영역은 고정되고 더 이상 어떠한 변화도 없이 고착되고 말 것이다. 이런 상황에서 우리는 가상영역을 삶의 한 대상으로 파악할 뿐, 더 이상 인터랙티비티를 기대할 수 없다. 인간의 문화가 그렇듯 가상과 실제의 인터랙티비티는 지속적인 변화와 흐름을 전제할 경우 가능하며, 문화현상으로서 하이브리드 또한 마찬가지이다.

인간이 지닌 가장 큰 한계는 유한한 존재라는 점이다. 유한한 존재인 인간이 꿈꾸는 영원한 삶 혹은 영원한 것을 추구하는 마음은 디지털 테크놀로지를 이용한 가상 영역에서 점차 구체화되어 가고 있다. 이 꿈의 공간은 우리에게 익숙한 리얼리티가 아니라 사이버 세계의 가상 리얼리티이다. 어쨌든 인간은

"단순히 인간 감각의 확장이라는 수준을 넘어서 의식의 유기적 연장이라고 부를 수 있을 만큼 직접적으로 밀접한 관계를 맺는 단계에 이르렀으며, 물리적 현실을 디지털 부호로 재현하는 컴퓨터의 시뮬레이터 기능은 가상현실이라는 제2의 리얼리티를 산출하게 되었다."[6]

그리고 생명의 탄생, 죽음, 질병과 같은 육체적인 한계를 넘어서고자 하는 인간의 욕망은 인터넷과 같은 디지털 영역에서 새로운 희

망을 찾았다. 하지만 이와 동시에 모더니즘적인 인간의 자기이해 또한 그 유용성을 잃어버리고 말았다는 점도 기억해야 할 것이다. 그러므로 셰리 터클Sherry Turkle이 지적하듯 기대치 않은 새로운 상황이 발생한다.

> "네트워크에 로그온 한 뒤 사람들은 지금까지 전혀 해보지 못한 다양한 역할을 체험한다. 심지어 성별이 바뀌는 일이 있다. 새로운 성적 욕망의 세계도 개척할 수 있으며, 자신이 단일 자아를 갖고 있다는 환상이 깨지는 아픔을 겪기도 한다."[7]

무엇보다 사이버 공간의 익명성은 새로운 사회적 역할을 시험해 보는 계기가 되며, 새로운 정체성 형성의 동기가 된다. 인공지능 연구자들 또한 기계를 인간의 시각에서 바라보기보다는 멀티적인 다중시각에서 바라본다. 인간이 사용하는 단순 도구로서의 기계, 즉 인간의 의식과 의지가 투영된 대상에서 이제는 인간과 기계라는 멀티의 다중 층위를 볼 수 있다. 따라서 이 과정에서는 인간의 새로운 자기이해 그리고 사회성이 생성될 수 있다.

1980년대만 하더라도 기계에 대해서는 상당히 회의적인 평가가 지배적이었다. 이러한 회의를 무너뜨린 구체적인 결정물이 바로 디지털 매체, 즉 인터넷의 등장이다. 이제 컴퓨터는 단순 기계가 아니라 인간의 커뮤니케이션을 가능하게 하고, 인간과 기계의 기술적 인터랙션을 가능하게 하는 일종의 매개체로 등장한다. 그래서 가상성과 현실성, 생물학적 육체와 기술적 기계 사이에 있던 차이를 구분하는 경계들은 사라진다. 도너 해러웨이Donna Harraway의 『사이보그 선언문』은 생물체와 기계의 이분법이 파괴되기 시작함을 알리는 신호탄이었다.

결국 가상공간은 그 동안 인간이 내적으로 희망해온 또 다른 리얼리티가 구현되는 곳이라고 생각해볼 수 있다. 실존하지 않던 유토피아가 이제 실존하는 리얼리티가 될 수 있는 가능성이 생긴 것이다. 테크놀로지의 발전은 인간과 테크놀로지와의 공존을 요구하고 있다. 디지털 기술은 인간의 실제 삶의 영역으로, 인간은 가상 디지털 영역으로, 그리고 이 이질적인 두 영역을 자유롭게 오가는 균형적인 상호 교류는 인간과 디지털 매체의 하이브리드적 상호 교류의 가능성을 요구하고 있는 것이다.

2. 세컨드 라이프의 경우

세컨드 라이프

2003년 린든랩에 의해 처음 선보인 세컨드 라이프(Second Life=SL)는 수많은 아바타들이 모여 사는 온라인 가상공간이다. 누구에게나 열린 이 가상공간은 참여와 공유의 콘텐츠이다. SL은 열린 테마, 유저 제작 콘텐츠 그리고 실제 세계의 시장경제원칙이 적용된다는 점에서 유저들에게 상당한 매력을 얻고 있다.[8] 또한 현실과의 유사성을 높여주는 3D 기술과 유저들 간의 커뮤니케이션 및 인터랙션 가능성, 나아가 유저에 의한 지속적인 변화 가능성은 SL이 보여주는 특성들이다. 이 가상공간은 유저들의 자유로운 활동공간이며 자신의 행복을 추구할 수 있는 '제2의 삶의 공간'이다. SL 공식가이드는 이 점을 강조하고 있다.

"세컨드 라이프는 인간들에 의해 착안되었고 인간들에 의해 창조되고 있다. [⋯] 세컨드 라이프에서는 오로지 자신만의 개인적인 행복을 추구하는 데 집중할 수 있다. [⋯] 가상세계에서 진정한 행복을 추구하는데 방해가 될 수 있는 유일한 것은 현실세계 뿐이다."[9]

그림 1_ 세컨드 라이프 로고

이 콘텐츠를 매력적으로 만드는 것은 무엇보다 유저들이 직접 콘텐츠를 제작한다는 점이다. SL의 성공은 커뮤니케이션 가능성과 더불어 전통적인 시간과 공간의 제약을 완전히 뛰어 넘으며, 나아가 가상 시뮬레이션과 실제 물리적 세계간의 유사성과 상호 일치성이 두드러지는 것에 뿌리를 두고 있다. SL은 웹 2.0이라는 플랫폼 그리고 유저들이 상호 연결되고, 손쉽게 사용할 수 있는 소프트웨어 제작 툴을 기반으로 구성되며, 유저들은 이 가상공간에 자신의 대리인이라고 할 수 있는 아바타를 통해 접근한다. 세컨드 라이프 공식가이드에 따르면,

> "세컨드 라이프는 가상의 환경이다. […] 그렇다면, 세컨드 라이프가 당신에게 어떤 의미를 가질까? 그 대답은 바로 당신이 거기에서 무엇을 하고 싶은지에 달려있다. […] 세컨드 라이프는 레크레이션recreation의 장소이지만 동시에 재창조re-creation의 장소이기도 하다. […] 세컨드 라이프는 창조력을 발휘시키는 즐거운 세계이지만, 실익과 노동의 세계이기도 한 것이다. 세컨드 라이프는 모든 사람의 세계이다. 따라서 어떻게 생각하든 그것은 모든 사람의 자유인 것이다."[10]

다시 말해 이 콘텐츠는 인간의 실제 삶을 디지털 가상공간에 그대로 시뮬레이션하고 있는 재창조의 공간이며, 유저들은 SL에 오프라인의 삶을 디지타이징하고 있는 것이다. 따라서 온라인과 오프라인의 연결과 상호교류 가능성 그리고 이 이질적인 두 영역의 하이브리드는 이 콘텐츠가 존재하기 위한 전제이자 필수조건이다. 그렇다면 디지털 가상공간이 어떻게 인간의 대안적 삶의 공간이 될 수 있는

가? 유저는 자신이 위치한 물리적 현존 공간 이외의 영역에서 무엇을 기대하는 것인가? 이 가상공간을 어떻게 자신의 '제2의 삶의 공간'으로 만들 것인가라는 점은 철저히 유저의 결정에 의한 것이다.

그림 2_ 세컨드 라이프 내의 경회루와 숭례문의 모습

질 들뢰즈Gilles Deleuze와 펠릭스 가타리Felix Guattari는 사이버 공간을 욕망으로 가득한 세계이며, 뿌리 없는 식물처럼 떠돌아다니는 자유로운 항해자의 공간이자 일종의 유목민의 세계로 보고 있다. 이 공간은 끊임없는 접속과 연결의 조직망이며, 이 공간에서 유저들은 서로 연결되어 자신의 욕망을 쏟아낸다.[11] 이 견해는 유저들이 SL을 '제2의 삶'의 공간으로 만들 수 있는 단초를 제공한다. 다시 말해 SL이라는 가상공간은 물리적 현실세계에서 이룰 수 없던 욕망이 표출되는 공간이자 현실세계의 연장이라는 측면을 모두 가지고 있다. 그러므로 SL에서 발생할 수 있는 모든 가상 상황은 물리적 현실세계와 연결될 가능성을 내포한다. 나아가 온라인에서의 가상적 삶의 공간은 물리적 현존 공간의 삶과 불가분의 관계를 맺을 수 있다.

SL 공식 가이드는 SL 내부의 가상현실이 우리 현실에 영향을 미칠 수 있음을 설명하고 있다.

> "SL은 공상을 현실로 만드는 완벽한 장소라고들 한다. 그렇다. 기존의 자기 모습과 완전히 다르게 변신하거나, 그냥 자신이 원하는 모습을 추구하는 데 있어 SL만한 곳이 없다. [⋯] 시간이 지나고 SL에 유입되는 사용자가 증가하면서, 재미있는 현상이 발생한다. 그것은 SL을 현실세계로부터 따로 분리된 장소로 생각하는 것이 아니라, 인터넷에서 할 수 있는 활동의 연장, 또는 오프라인에서 하는 활동의 연장으로 생각하는 사용자가 증가하고 있다는 점이다. 만약 이것이 사실이라면, SL의 지속적인 성장은 가상세계 뿐 아니라 월드와이드웹 전반, 나아가 우리를 둘러싼 현실세계와의 관계에서도 중요한 현상이 될 수 있다."[12]

SL을 현실과 동떨어진 공간으로 구분하는 것이 아니라 오히려 한 부분으로 바라보는 것이다. 오프라인과는 완전히 다른 나, 또는 온라인에 오프라인의 삶을 연장하는 경험은 물리적 인간의 의식과 삶에 영향을 미치며, 나아가 온라인과 오프라인의 하이브리드적 상호 교차 및 교류 가능성을 내포하고 있는 것이다.

하지만 단지 가상 시뮬레이션 공간인 SL에 실제세계의 유저들은 어떻게 접속하는가? 이때 유저의 인격묘사와 가상영역에서의 동일화 인물로 등장하는 것이 아바타이다. 현실세계의 유저는 다양하게 변화하는 아바타를 통해 자신을 표현할 수 있다. 아바타는 유저들에게 자신이 거기에, 즉 나는 물리적인 현실세계의 모니터 앞에 있지만

'제2의 삶'의 공간, 바로 그곳에 있다는 느낌을 마련해준다. 가상세계에 자신을 드러내고 구체화시키는 아바타의 변화 가능성이 SL에서는 상당히 높다. 그러므로 이 현실 시뮬레이션 가상공간은 유저들이 현실세계에서 실현하거나 실현하지 못한 욕구들이 나타날 수 있는 공간이 된다.

다른 한편으로 웹2.0이라는 테크놀로지에 기반을 둔 SL은 유저가 직접 참여하여 자신의 콘텐츠와 아이템을 제작하고 공유한다. 또한 이곳에서는 물건을 만들어 사고 팔 수 있으며, 토지를 소유할 수도 있고 나아가 그 안에서 통용되는 린든 달러라는 화폐를 현실세계의 화폐로 환전할 수 있다. 결국 SL에서는 전통적인 생산자와 소비자의 경계가 불투명해지며, 나아가 온라인과 오프라인의 경계 또한 불투명해진다. 즉, 생산과 소비, 온라인과 오프라인의 인터랙티비티가 형성되는데, 단순 소비 형태에 정향되어 있던 유저는 생산자라는 정체성의 변화를 체험하며, 온라인과 오프라인을 넘나드는 하이브리드적 정체성을 체험하게 된다.

물론 온라인과 오프라인의 연결이 SL만의 창조물은 아니다. 이 연결 가능성은 디지털 시대에 이미 익숙한 표현이며 테크놀로지의 발전과 진화를 기반으로 하고 있다. 이해를 돕기 위해 온라인과 오프라인의 연결에 대한 기술적 발전과정을 잠시 살펴보기로 하자. 월드와이드웹의 등장은 컴퓨터를 매개로 디지털 영역과 인간의 실제영역 사이에 다리를 놓아주는 획기적인 역할을 하였다. 하지만 웹 서비스 기반 네트워킹은 사실상 콘텐츠 제작자 혹은 웹 마스터가 제공하는 서비스를 유저들이 이용하는 수준이었다. 이러한 단계에서 한 단계 진화한 것이 소위 MMORPG형태의 온라인 게임이다. 여기서 유저는 순진한 소비의 유저가 아니라 가상 게임에 참여하는 적극적인 유저로 변모한다. 이 과정에서 생산자와 소비자인 유저 사이에 일대 변혁이 생기는데, 바로 인터랙티비티이다. 이 단계는 유저가 콘텐츠를 스스로 조작하며 나아가 제작할 수 있는 가능성이 두드러지는 단계이다. 다시 말해 UCC(=User Created Contents)의 단계인 것이다. 그러나 전통적인 이분법적 관점에서 보자면 소비자인 유저가 콘텐츠를 생산한다는 것은 모순이다. 하지만 SL에서 볼 수 있는 UCC 단계는 이보다 더 적극적인 것으로 보아야 한다. 생산과 소비의 이질적 영역을 자유롭게 넘나들며 연결하고 있는 UCC는 인터랙티브한 하이브리드로의 진입을 알리고 있다.[13] 왜냐하면 이 공간에 주어진 플랫폼은 유저들의 놀이 공간이라기보다는 유저들이 자신의 실제세계를 스스로 디지털 가상공간에 제작하는 것이기 때문이다. 따라서 전통적인 생산과 소비, 온라인과 오프라인이라는 이분법적 잣대가 여기서는 필요 없다. 여기에서 볼 수 있는 것은 구분과 차이가 아니라 연결과 조합 그리고 하이브리드적인 혼합과 통합이다.

인터넷으로 대변되는 디지털 문화의 특징 가운데 하나는 피드백 효과이다. 유저의 지속적인 피드백은 콘텐츠의 꾸준한 업데이트를 가능하게 하였다. 그렇다고 해서 이 변동이 완벽하게 유저의 자유로운 간섭을 보장하는 것은 아니다. 유저는 제한된 영역에서, 즉 생산자로부터 제공된 범위 내에서 자신이 직접 가상공간의 콘텐츠를 제작할 수 있었다. 하지만 SL에서는 유저가 보다 더 직접적으로 콘텐츠를 제작하고 공유하며, 나아가 사고 파는 등의 경제행위를 통한 이윤창출도 가능하다. 이처럼 디지털 가상공간과 실제세계가 거의 동일한 모습을 보일 수 있는 토대를 제공하는 것은 유저의 지속적이며 자유로운 피드백 그리고 유저와 유저 간의 연결과 커뮤니티 가능성이다. 여기서는 실제세계에서의 인간들 간의 만남, 상거래, 의식주 심지어 성행위에 이르기까지 모든 것이 디지털화되어 있다. 따라서 어느 유저든지 SL에서 자신의 가상세계를 즐기고자 한다면, 오프라인에서처럼 파트너가 필요하다. 그러므로 SL구성과 활성화의 가장 중요한 요소는 바로 유저들 간의 연결인 것이다.

유저와 아바타

SL에서는 프로그램 구성 내용물 뿐 아니라 콘텐츠의 응용과 제작까지도 유저가 규정한다. 일례로 이 가상공간에 있는 건물, 차량, 가구 등 모든 것이 유저의 창작물이다. 심지어 아바타가 입는 옷조차도 유저의 창작물이다. 이런 적극적인 유저참여 가능성은 상당한 인기를 모았던 여타의 시뮬레이션 콘텐츠들, 예를 들어 'The Sims Online'과 같은 콘텐츠는 유저가 제작할 가능성을 열어두고 있지만 상당히 제한적이며 무엇보다 제작사가 내용과 내용물을 미리 규정하는 콘텐츠이다. 이에 비해 SL에서 유저 참여 가능성은 비교할 수 없을 정도로 높다. 유저는 온라인상에서 일종의 게임콘텐츠를 즐기고 있다기보다는 하나의 또 다른 세계를 자신이 만들어가고 있다는 느낌을 받는다. 유저는 SL세계의 소유자이자 동시에 창조자이다.

"실제로 백만 명의 멋진 사용자들이 이 멋진 세계를 창조해냈다. 그들은 매일 자동차, 옷, 성채 등 기타 상상할 수 있는 모든 종류의 사물을 무수히 추가시킨다. 사용자들이 매달 지출하는 돈은 거의 5백만 달러에 달한다. 이 금액은 린든랩에서 만든 것을 사기 위해 지출된 것이 아니라, 다른 사용자들이 만들어 이 세계에 추가한 것들을 위해 지출된 것이다. 바로 이 점이 세컨드 라이프의 매력이다. 우리가 제공한 것은 플랫폼, 즉 사실상 비어 있는 세상에 불과하다. 다행스러운 점은 많은 사용자들이 모여 여기에 생명을 불어 넣었다는 것이다. 세컨드 라이프가 세상이라고 불릴 수 있다면, 그 이유는 사용자들이 그 세상을 창조했기 때문이다."[14]

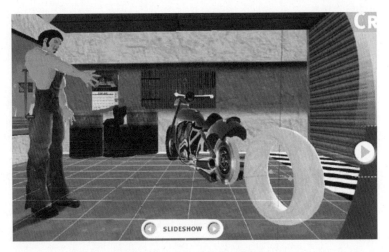

그림 3_ 세컨드 라이프에서 프림을 이용해 아이템을 제작하는 모습

SL이 현실세계에 영향을 미치는 경우는 상당히 다양하다. 현실세계에서 인간이 할 수 있는 활동들은 SL에서도 보장받는다. 인터넷에

서와 마찬가지로 SL 내부에서는 유저들의 서브 커뮤니티를 추구하는 다양한 이해집단들도 볼 수 있다. 또한 SL에서는 실재세계에서와 동일한 기관들, 예를 들어 정치, 문화, 기업 등이 존재한다. 프랑스 대통령 니콜라 사르코지의 선거운동이나, 하버드 대학교 법학대학원의 SL 캠퍼스 그리고 로이터 통신 등 다양한 기업들도 볼 수 있다. 유저들은 이 가상공간에서 실제세계와 동일한 교육, 상품들을 이용할 수 있으며, 이 체험은 오프라인에서의 구매행위와 동일한 체험으로 유저들에 다가간다.

온라인과 오프라인을 연결하며 동일한 체험을 가능하게 해주는 매개체로 작용하는 것은 유저들이 SL세계에서 활동하기 위해 필요한 아바타이다. 유저들은 아바타를 통해 온라인 체험과 오프라인의 물리적 세계에서의 체험을 동일하게 간주할 가능성이 생긴다. 사이버 영역에서의 커뮤니케이션은 문자로 된 아이디를 기반으로 이루어졌으나, 기술발전에 의해 유저의 존재를 시각화하는 것이 가능해졌는데, 그것이 바로 아바타이다. 다시 말해 프로그램 개발자들이 1980년대에 가상공간에서 인간을 대변할 수 있는 대리인으로 사용했으며, 이후 그래픽으로 표현된 것이다. 아바타는 물리적 현실공간에 위치한 유저의 가상적 육체의 모습, 즉 "embodied conversation agent" 또는 "lifelike computer character"이다.[15] 백과사전적으로 보면,

"원래 고대 인도 아리아어인 산스크리트어로 하강이라는 뜻의 아바타라 Avatara는 힌두교에서 세상의 특정한 죄악을 물리치기 위해 신이 인간이나 동물의 형상으로 나타나는 것을 말한다. 그런데 인터넷에서 가상현실

게임이나 채팅 등을 즐길 때 사용자를 대신하는 그래픽 아이콘을 지칭하는 의미로 영어식 발음인 아바타로 쓰이게 되었다. 처음에는 채팅이나 가상현실 게임에만 사용되었으나 이후 젊은 층을 중심으로 폭발적인 인기를 얻으면서 각 분야에서 활용되고 있다. 아바타라는 용어가 대중화되기 시작한 것은 닐 스티븐슨이 〈스노 크래시 Snow Crash〉라는 SF 소설에서 가상세계로 들어가기 위해서 필요한 가상의 신체에 아바타라는 이름을 사용하면서부터라고 알려져 있다."[16]

고대 인도의 신이 인간이나 동물의 형상으로 자신의 모습을 바꾸는 것은 악을 물리치기 위해 자신의 정체성에 변화를 주고 있음을 의미한다. 이것이 인터넷에서는 유저를 지칭하는 그래픽 아이콘으로 사용되는데, 일종의 온라인상에서의 변화된 정체성으로 볼 수 있다. 온라인 세계에서는 실제세계의 이름, 나이 등의 척도가 없기에 유저는 오로지 아바타를 통해 자신의 특성을 드러내며, 아바타를 통해 가상세계에서 말하기, 생각하기, 행동하기를 배운다. 특히 "embodied conversational agent"라는 관점에서 아바타는 인공지능 프로그램 개발과 밀접히 연결되어 인간의 특성과 모습을 가상 캐릭터가 온전히 담아내고 있다. 다시 말해 온라인 커뮤니티 과정에서 신뢰를 얻기 위해서는 가상세계의 대리인인 아바타가 어느 정도 유저의 인격이나 특성을 부여받아야 한다. 즉, 가상세계에 있는 나의 에이전트는 나의 생각과 의도가 반영되고 투영되는 곳이다.

실제로 여타의 온라인 콘텐츠와는 달리 SL 유저 가운데 청소년의 55.6%, 성인의 67.7%가 아바타를 제작사가 아닌 자신의 소유물로 생각하고 있다는 점이 이를 뒷받침해준다.[17] 이런 관점에서 본다면 아바타는 유저의 연장이기도 하며, 동시에 유저가 온라인상에서 변형시킬 수 있는 대상이기도 하다. 아바타를 통해 유저들은 아이디처럼 단순 기호 속에 자신을 표현하는 것을 넘어서며, 나아가 시각적인 구체화를 통해 자신을 사이버 공간에 나타낼 수 있다.

그림 4_ 인도 뷔시누 신의 모습

힌두교에서 아바타를 통해 인간, 동물, 신의 통합과 혼재가 가능했던 것처럼, 아바타를 통해 실제 현실과 가상공간의 통합과 혼재가 가능해지는데, 이는 단일한 신체와 정신을 의미하던 인간의 전통적인 자기이해에 혼란과 변화를 불러온다. 왜냐하면 질 들뢰즈와 펠릭스 가타리의 견해대로 정신적 실재는 '뿌리-나무'의 이항논리로 대변되며, 이런 사유체계는 단일성과 동일성만을 보았을 뿐 다양성 혹은 다양체를 이해한 적이 없기 때문이다. 소위 리좀적 연결 접속의 원리나 다양체의 원리는 특정 체계의 통일성보다는 서로 연결 접속하여 본성상의 변화를 겪게 된다. 다시 말해 끊임없이 연결되고 확장되고 다시 생성되는 과정을 겪는다. 리좀은 언제나 중간에 있으며 사물들 사이에 있는 사이-존재이다.[18] 디지털 네트워크는 이런 리좀적 특성을 보이고 있기 때문에 인간의 자기이해 또한 네트워크된 상태, 즉 온라인과 오프라인의 하이브리드적 연결과 교차 속에서 관찰되어야 할 것이다.

이것은 온라인과 오프라인의 연결이자 동시에 아바타와 유저 간의 변화된 상호 관계를 의미한다. SL에서 활동하는 아바타는 동일성을 전제로 하는 정체성이라는 개념과는 달리 다수의 정체성을 가질 수 있다. 그러므로 유저는 현실세계에서와는 다른 정체성을 체험할 수 있게 된다. 가상공간 속에서 유저는 자신의 신체성에 대한 새로운 감각을 체험하게 되는데, SL에서 유저는 "신체화embodiment와 탈신체화disembodiment를 번갈아 체험하게 된다.[19] 그러므로 유저들은 전통적으로 간주되던 '나 자신myself'이 SL에서 '나 자신들 myselves'로 변화하는 것"을 체험하게 된다. 유저들은 물리적 현실세계에서 이

루지 못하거나 충족할 수 없었던 개인의 희망과 욕망을 SL세계에서
추구하는 것이며, 이런 변화를 유저들은 모두 자신의 체험으로 간주
하게 된다.

"세컨드 라이프의 가장 큰 매력은 무엇일까? [⋯] 그것은 바로 원하는 그
무엇이라도 될 수 있다는 점이다. 현실세계의 구속이나 제약이 사실상 전
무하다시피 하기 때문에, 가상세계에서는 자신의 분신, 즉 아바타를 통해
언제나 꿈꿔왔던 모습으로 변신할 수 있다. 여가를 즐기고, 일을 하고, 심
지어 날아다닐 수도 있다. [⋯] 현실세계에서 결코 실현할 수 없었던 꿈을
얼마든지 자유롭게 추구할 수 있다."[20]

SL에 내재해 있는 인식모델은 실재세계와 SL의 세계를 상호 연
결하고 한쪽에서 다른 쪽으로 전용될 수 있는 전송 전략적 모델이다.
이것은 실제세계와 시뮬레이션의 가상영역 사이의 소통을 의미한다.
그렇다면 실제세계와 가상세계가 어떻게 서로 소통하며 교차될 수
있을까? 보드리야르는 우리가 경험하는 세계란 실체가 존재하지 않
는 시뮬라크르들의 세계이며, 또한 시뮬라크르들이 자신의 비실재성
을 은폐하기 위해 다른 시뮬라크르들을 재생산하는 구조로 이루어진
세계라고 주장한다.[21] 이에 따르면 SL도 결국 물리적 실제세계에 대
한 일종의 시뮬라크르이며, 나아가 또 다른 시뮬라크르와의 연결을
전제로 한다. 어쨌든 SL이 존재하기 위해서는 우리가 살고 있는 실제
세계가 필요하며, 나아가 서로 배재하는 것이 아니라 한쪽에서 다른
쪽으로 전용될 수 있는 흐름이 필요한 것이다. 그렇다면 SL의 가장

강력한 라이벌은 누구일까? SL의 강력한 경쟁자는 바로 유저들의 물리적 현존 공간인 '퍼스트 라이프'이다. 왜냐하면 SL이 현실세계에서 불가능했던 욕망들을 분출할 수 있는 공간이 될 수 없다면, SL의 매력은 감소되고 말 것이기 때문이다.

'실재'에 대한 모더니즘적 시각에 따르면 세계는 일관된 원칙이 있고 논리적이며 계층적이어서 깊이 연구하고 숙고하면 이해할 수 있다는 가능성을 담고 있었다. 인간의 정신은 하나의 통일된 구조 또는 체계화된 법칙을 지니고 있다는 것이다. 하지만 디지털 가상공간에서는 하나의 자아가 여러 개가 될 수 있고, 또한 새로운 자아가 만들어질 수도 있다. 인터넷이라는 디지털 매체는 새로운 정체성과 인간의 자기이해가 등장할 수 있는 계기를 마련해 주었다. SL과 같은 시뮬레이션 콘텐츠에서는 이런 경향이 더욱 두드러진다. 가상현실 시뮬레이션은 인간의 육체와 정신에 대한 기존 관념에 영향을 미칠 수 있다. 실제 현실에서 성실한 교사가 가상공간에서는 이와는 전혀 다른 조폭이나 범죄자가 되어 활동할 수 있다. 유저는 이중생활 혹은 다중생활을 영위할 수 있으며, 그의 관심사는 온라인과 오프라인의 활동 모두에 집중된다.

결국 아바타가 지닌 특성은 오프라인 유저의 정체성이 투여된 온라인 콘텐츠인가라는 정체성의 문제와 결합된다. 왜냐하면 온라인에서 아바타는 오프라인 유저의 신체적 역할, 사회적 역할 그리고 심리적 역할을 수행하고 있기 때문이다. 아바타는 온라인에서 결혼, 휴식 등 유저의 신체적 활동을 대신할 수 있으며, 친구, 가족, 커플 등 사회적 관계망도 형성한다. 이 사회적 유형은 타자의 현존을 통한 관계성 속에서의 정체성이다. 이는 네트워크상에 타자를 현존하게 함으로써 더더욱 현실감을 높인 것이다. 또한 아바타는 유저의 가치관이나 생각을 드러내기도 한다. 유저의 생각이 외부세계와 소통하는 일종의 매개자적 역할을 하는 것이다. 그러므로 아바타는 매우 실제적인 현실을 지향하고 있으며 현실과 밀접한 관계를 맺는 동시에 사이버 공간을 실재화하는 역할을 한다. 그러므로 전통적인 단일 정체성에 입각한 유저의 자기이해 역시 변화에 직면할 수밖에 없다. 다양한 자아 표출이 단일 자아에게 조화롭게 귀속되는 것이라기보다는 그 자체로 멀티 페르소나multi-persona를 이루며 존재할 수 있다는 가능성이 대두된다.

디지털 가상공간이 바로 '거기에 있다'는 느낌은 그래픽을 통해 느껴지는 현실만을 의미하지 않는다. 오히려 사회적 인터랙션에 따른 감각적 영역을 자극하는 것이다. 무엇보다 이것을 지원하는 것은 사용자가 자신을 가상세계에 재현하는 아바타를 통해서다. 아바타는 단순 캐릭터를 넘어 사용자의 인격체persona로 등장할 수 있는 것이다. 그렇다면 SL에 거주하는 아바타는 과연 유저들과 동일한 정체성을 지니고 유저들의 욕구를 충족시키고 있는가 아니면 아직도 여전히 타자에 불과한 캐릭터인가라는 생각해 볼 수 있다. SL은 유저들의 실제생활을 완전히 디지타이징한 공간인지 아니면 대안적 가상 시뮬레이션 콘텐츠인지 그리고 이것을 유저들은 어떻게 인지하고 있으며, 나아가 실제세계에서 어떻게 활용될 수 있는지에 대한 설명이 필요하다. SL의 활용 가능성은 상당히 다양하지만, 여기서는 대표적으로 비즈니스와 교육 가능성을 예로 들어 살펴보기로 한다.

세컨드 라이프의 활용

비즈니스 가능성

유저 간의 연결만이 SL의 장점이라면 왜 기업들은 이 가상공간에 진출하려 하는 것일까? SL 거주자들은 자동차, 가구, 의상 등 모든 콘텐츠를 직접 제작할 수 있지만, 유저들은 실제세계의 경제처럼 구매행위를 할 수 있다. 마케팅 측면에서 보자면, SL은 수요자에 대한 집중적 마케팅이 용이한 공간이다. 이 가상공간에서 유저들은 온라인 콘텐츠를 마음껏 사용할 수 있다. 이 점을 기업들은 일종의 테스트마켓으로 활용한다. 자사의 신제품을 온라인에 제공하여 시뮬레이션을 통해 잠재 수요자인 유저에게 제공하며, 제품판매를 시작하기 이전에 유저의 사용 체험기를 피드백할 수 있다. 또한 소비자인 유저들의 불만족 사항이나 개선 희망사항을 수렴하여 제품개발에 반영하고 실제 판매효과를 높일 수 있는 좋은 기회가 된다. 즉, 현실과의 유사성으로 인해 소비예측이 가능하며, 가상 쇼핑 가능성과 브랜드 엔터테인먼트가 동시에 작동하는 공간인 것이다. 여기에 가상세계를 구성하는 기술적 요인들이 뒷받침된다. 3차원적인 그래픽 기술의 발전은 현실과의 유사성을 더욱 높여주고 있으며, 사용자가 제시하는 내용을 수용하여 지속적인 제품개발이 가능하며, 나아가 소비자는 커뮤니케이션과 피드백 그리고 인터랙션을 통해 바로 그 세계에 있다고 느끼는 것이다.

또한 SL은 시간적·공간적 제한성에서 벗어난 글로벌 교류의 장이다. 여기서는 온라인의 특징인 탈공간성과 탈시간성이 보장된다.

SL은 제작사인 린든랩이 제공하는 플랫폼과 제작 툴을 기반으로 작동되지만 제작사와는 무관한 유저들이 활동하고 제작하는 콘텐츠로 구성된다. 특히 유저 참여에 의해 완성되는 콘텐츠인 SL은 개인뿐 아니라 기업들도 자유롭게 진출할 수 있는 24시간 열린 비즈니스 공간이다. SL이 제공하는 가능성 가운데 하나가 바로 현실세계와 거의 유사한 사이버 경제 활동이라는 것이다. 여기서는 현실세계와 동일하게 기업이 활동하거나 개인사업 혹은 취직도 할 수 있다. SL은 현실세계에서의 경제와 상당히 밀접히 연결되어 있는, 그리고 현실세계를 시뮬레이션하는 가상경제라 할 수 있다.

SL이 나오기 이전에도 3D 가상 콘텐츠들은 있었지만 SL에서는 MMORPG와 같이 임무를 수행하고 점수를 받는 것이 중요한 것이 아니다. 이전까지의 가상현실 콘텐츠가 게임의 성격에서 벗어나지 못하는 것과는 달리 SL에서 아바타들은 뉴스를 접하고, 쇼핑을 하며, 친구도 만나는 등 가상세계와 실제세계의 벽을 넘어서고 있다. 실제현실과 가상세계를 경제적 행위라는 연결고리를 통해 온라인과 오프라인을 통합하는 하이브리드적인 경제 서비스를 제공하고 있다.[22]

물리적 실제 현실공간에서와 마찬가지로 SL에서 수익을 창출하는 직업은 다양하다. 의사와 같은 전문직 직종뿐 아니라 부동산 매매업자, 음악가, 댄서 등 각종 엔터테인먼트 업종에서 수익을 창출하는 사람도 증가하고 있다. 한마디로 말하자면, SL에서는 모든 직업에 대한 가능성이 열려 있다. SL에서 선택된 직업은 현실세계의 유저의 직업과 동일할 수도 있고, 아니면 그 반대일 수도 있다. 다시 말해 점잖고 정직한 교사가 SL에서는 악명 높은 조직의 보스로 활동할 수도 있는 것이다. 이렇게 현실세계에서 충족될 수 없는 희망사항이 SL에서는 가능해질 수도 있다. 그렇다면 이런 판단의 기준은 무엇일까? 합리적인 인간의 판단력과 이성적 성찰력일까? 그 선택에 기준은 없다. 오로지 유저의 결정과 선택일 따름이다.

그렇다면 SL의 기본 특성인 실제세계의 비즈니스 시뮬레이션은 어떻게 가능한가? 유저간의 연결을 통해 구성되는 디지털 가상공간은 실제 인간 세계의 비즈니스 활동에 어떻게 연결을 시도할 수 있을까? 온라인상에서 유저 간의 자유로운 상거래 행위가 어떻게 가능한 것일까? 디지털은 분명 전자신호일 뿐이고, 인간은 유기적인 생물체이기에 그 기본적 속성이 완전히 상이하다. 이 상이한 영역 간에 양방향 흐름이 자유로워질 수 있는 다양한 가능성을 SL은 제공하는데, 그 가운데 하나가 바로 금전·화폐의 흐름, 즉 온라인과 오프라인을 넘나들며 연결하는 비즈니스 가능성이다. 전통적인 관점에서 온라인상의 콘텐츠는 제작사의 것으로 인식되어왔다. 심지어 로그인을 위한 유저의 아이디 또한 궁극적으로는 제작사의 고유 저작권이라고 인지되어 왔다. 이 경우 제작사 고유의 소유물을 유저들이 자유롭게 사고파는 행위는 불가능하며 상당한 제약을 받게 된다. 하지만 SL의 모든 콘텐츠는 철저히 유저의 저작물이다. SL에서 볼 수 있는 콘텐츠는 궁극적으로 유저의 창작물이고, 그렇기에 유저의 소유물이기도 하다. 그러므로 온라인상에서의 사고팔기가 자유로운 것이다. 즉, 일정한 형태의 경제행위가 가능해진다는 것이다.

물론 각종 온라인 콘텐츠가 상업적인 의도를 지니고 있으며, 각종 아이템 판매를 통해 제작사가 이윤을 얻고 있다는 것은 익히 알려져 있는 사실이다. 하지만 단순 이윤창출의 창구로서 온라인 콘텐츠인 SL을 규정하기에는 부족하다. 무엇보다 SL이라는 가상공간에서는 실제영역과 거의 동일한 경제활동이 이루어지고 있다는 점을 주목해야 한다. 일례로 린덱스라고 불리는 SL 세계의 화폐환율을 통해 SL에서 생성된 이윤이 실제 미국달러로 환전된다. 이 환율은 제작사인 린든랩이 제공하는 것이 아니다. 린덱스는 유저들의 구매와 화폐교환에 의한 수요와 공급 원칙에 따라 변동되고 결정된다. 다시 말해 실제 미국 달러와 가상공간의 린든달러라는 이질적인 화폐가 환전비율에 따라 맞교환되는 것이다.[23] 그러므로 SL세계의 린든달러와 실제세계의 미국달러 사이의 교환비율은 고정변동률이 적용될 수 없고 실시간으로 변하고 있다. 거래량이 많으면 환율이 올라가고 반대의 경우는 환율이 낮아지게 되는데, 이 모델은 오프라인의 외환시장 원리와 완전히 일치한다. 즉, 가상공간에서의 비즈니스를 통해 생성된 이윤이 실제 현실에서의 이윤으로 그대로 이어지고 있는 것이다. 또한 이와는 반대로 현실에서의 미국달러를 SL에서 사용하는 린들달러로 환전할 수도 있다. 그러므로 여기서는 가상과 실제라는 이원론적 구분이 사라지고 단지 이윤창출과 환전이라는 경제적인 과정만이 존재한다.

　　디지털 영역과 실제 영역간의 교류와 소통의 하이브리드적인 단계의 또 하나의 가능성은 오프라인 영역을 배재한 가상영역에서만의 비즈니스 가능성이다. 극단적인 경우 오로지 가상영역에서만의 경제 행위를 통해 이윤을 얻고, 이 이윤을 오프라인의 현실로 건네받는 것이다. SL의 부동산업자인 앤시 청Ansche Chung은 SL에서의 부동산

투자와 임대를 통해 실제세계에서 100만 달러 이상의 가치를 확보했음은 유명한 일화이며, 비즈니스 위크도 이를 톱기사로 보도했다. 이 경우는 가상영역의 활동만으로도 오프라인에서의 삶이 유지되는 독특한 모습을 보여주고 있다. 기존의 디지털 문화 이해에서 디지털 테크놀로지가 인간의 삶을 뒷받침하거나 인간의 삶을 전제로 하는 시각을 유지했다면, SL 가상 비즈니스의 경우는 가상공간과 실제세계의 경계가 완전히 허물어지고, 두 가지를 이분법적으로 구분하는 것이 이제는 불가능함을 보여주고 있다. 이런 과정을 고려한다면 SL은 현실 비즈니스와 가상 비즈니스가 융합되어 있는 하이브리드적인 공간이라고 할 수 있다.

그림 5_ 뉴스위크지와 독일의 슈피겔지에 실린 앤시 청과 세컨드 라이프

가상과 실제를 넘나드는 SL 비즈니스 가능성은 현실세계에 존재하지 않는 상품콘텐츠를 제작하고 판매할 수 있는 가능성 또한 열어놓는다. 지금까지는 기업이 제작한 자사제품을 출시하기 위해 상품체험기를 사용자에게 의뢰하여야 했다. 이 설문조사는 실제 사용자와의 접촉을 통해 가능했으나, SL 가상공간에서는 해당제품이 판매되는 지역 외의 다른 지역의 SL 유저도 대상으로 제품 사용기를 피드백할 수 있다. 또한 지금까지의 온라인 제품광고는 기업들의 홈페이지 같은 곳에서 텍스트나 이미지로 구성된 정보였다. 하지만 SL의 가상 시뮬레이션은 이러한 한계를 넘어선다. 예를 들어 도시계획이나 주택건설의 경우 오프라인의 전시장과는 달리 유저들이 공간을 재배치하거나 새로운 아이디어에 따라 설계를 변경할 수 있다. 이러한 적극적이며 유저 창의적인 피드백효과는 기업들의 제품개발과 광고에 상당한 효과를 불러온다.

또한 이러한 테스트 과정은 실제 오프라인의 상품과 제품에 반영되는 것은 당연하다. 다시 설명하자면, 기업들은 SL에 진출하여 자사제품을 의도적으로 노출하고 체험할 수 있는 가능성을 의도적으로 제공한다. 이 과정을 통해 자사제품에 대한 소비자의 인지도를 높일 수 있다. 이렇게 온라인-오프라인을 넘나드는 하이브리드적 비즈니스 가능성으로 인해 기업들은 자사제품을 SL에 제공하고 있는 것이다. 여기서 SL은 일종의 테스트 마켓이 되며 동시에 자사제품 소비를 유도하는 마케팅 공간이 된다. SL유저들은 린든달러로 각 회사의 상품을 구입하고 직접 사용하게 되는데, 이 가상영역에서의 소비체험은 실제 구매행위의 한 요소로 작용함은 물론이다. 나아가 현실 세계에서 사용할 상품을 SL내의 가상지점에서 직접 주문할 수 있다.

그림 6_ 아메리칸 어패럴

또한 기업들은 SL에서 일종의 기업 홍보효과도 기대할 수 있다. 일례로 소프트뱅크와 삼성전자는 SL에서 자사제품을 체험할 수 있도록 제공하고 있다. 또한 아메리칸 어패럴은 SL에 자사제품을 오픈하고 SL영역에서 사용할 상품뿐 아니라 실제세계에서 사용할 상품에 대한 주문을 지원하고 있다. 언론사인 로이터 통신 또한 SL에 가상 편집국을 개설해 SL거주자들이 각종 뉴스와 이미지 등을 접하고 토론할 수 있는 커뮤니티 센터를 운영하고 있다. SL거주자들은 로이터 센터라는 휴대 장치를 통해 로이터로부터 뉴스를 전해 받을 수 있고, 이를 위해 로이터는 가상 편집국에 가상 리포터를 상근시키고 있다. SL내의 뉴스와 SL거주자와의 인터뷰뿐 아니라 현실 세계의 뉴스까지 실시간으로 전달함으로써 매체의 영향력을 높이고 있다.

그림 7_ SL내의 로이터 통신 지사

　이러한 맥락에서 보자면 SL은 전통적인 산업분야뿐 아니라 디지털 콘텐츠, 쇼핑, 유통 등 다양한 분야가 상호 공존할 수 있는 공간이다. 그렇기에 이 가상공간을 단지 게임으로 규정하는 것은 적절하지 못하다. 이 공간에서는 쇼핑, 유통산업, 방송 등 모든 산업분야가 융합될 수 있는 디지털 컨버전스 플랫폼으로 이해해야 할 것이다.[24] 가상세계에서의 이윤이 실제세계에서의 이윤으로 그대로 전이되는 이 직접적인 전이과정은 기존의 디지털 공간과 생물학적 인간 사이의 벽을 허무는 시도라 할 수 있다. SL이 가상공간과 실제세계의 구분을 뚜렷이 하기보다는 이제 그것을 넘어서, 즉, 구분과 이원화보다는 조합과 연결가능성, 다시 말해 하이브리드적인 가능성을 보이고 있다고 진단해 볼 수 있다.

교육 가능성

SL은 글로벌시대 기업 활동에 상당히 유리하게 작용할 수 있는 가능성을 넘어 실제 세계가 지닌 한계 혹은 실제 세계를 보완 및 보충할 수 있는 가능성을 보여주고 있다. SL이 보여주는 보완 가능성 가운데 눈여겨 보아야 할 것이 온라인상에서 진행될 수 있는 교육적 가능성, 소위 이-러닝e-learning의 가능성이다. 초창기 인터넷 사용이 유저의 온라인 콘텐츠 이용과 소비에 맞춰져 있었다면, 웹 2.0 플랫폼이 등장하면서 유저의 참여 가능성이 상당히 높아졌다. 이러한 기술 발전을 기반으로 유저는 온라인상의 내용물을 직접 제작할 수 있게 되었다. 대표적으로 이야기할 수 있는 것이 잘 알려진 YouTube, Flickr 그리고 유저가 집적 제작하는 Wikipedia 등 다양한 개방형 온라인 콘텐츠를 들 수 있다.

디지털 전송시스템의 구축과 전송망의 확장은 교육과정에도 상당한 변화의 가능성을 열어주었다. 학교에서 교사와 학생이 강의실에 모여 수업을 진행하는 전통적인 방식 이외에 이제는 시간이나 공간의 제약을 받지 않는 가상공간에서 수업을 진행할 수 있는 가능성이 열렸다. 이미 각 교육기관은 오프라인에서의 수업뿐 아니라 일정 정도 온라인 강의를 제공하고 있다. 이 온라인 강의는 학생들이 언제 어디서나 자신이 원하는 수업을 선택해서 들을 수 있다는 장점을 가지고 있다.

이 교육모델은 기존 오프라인의 강의를 디지털 영상과 음성파일로 제작해서 스트리밍 형식으로 수용자에게 제공하는 형태이다. 간단히 말하면, 오프라인의 수업을 녹화해서 온라인 탑재한 것이다. 이 경우 시공간의 제약에서 벗어나 수강할 수 있는 장점은 두드러지지만, 교사와 학생간의 즉각적인 상호 커뮤니케이션은 제한될 수밖에 없다. 하지만 SL이 제공하는 가상영역에서는 교사와 학생이 동시에 가상 디지털 학습공간에서 만나 강의를 하기 때문에 동시성과 즉발성 그리고 교사와 학습자간의 상호작용성을 보장받을 수 있다. 특히 SL에 접속하기 위해 필요한 소프트웨어가 단지 아바타의 이동과 조작만을 보장하는 것을 넘어 다양한 음성채팅 기능을 제공함으로써 교사와 학생간의 즉각적인 의사소통이 가능하도록 지원하고 있다. 그러므로 유저는 마치 오프라인에서 수업에 참여하는 것처럼 즉각적으로 의사소통할 수 있고, 함께 토론하며 수업을 진행할 수 있다. 간단히 말해 SL내의 가상 교육 가능성은 '리얼타임 인터랙션 공간'이라 생각할 수 있다. 물론 효율적인 수업을 위해 가상공간에서 동영상과 이미지 같은 다양한 멀티미디어가 활용될 수 있다. 하버드 대학교 법학대학원이 2006년 법학 강좌를 SL에서 개최한 것은 좋은 예라 할 수 있다.

그림 8_ 하버드 대학교 법학대학원

현재 제공되고 있는 이-러닝 프로그램과 SL에서 제공하는 교육 가능성의 차이는 SL이 가상공간으로의 강한 몰입가능성을 제공한다는 것이다. 이것은 마치 온라인 가상게임에 유저가 몰입하는 것과 상당히 유사한 모습을 보인다. 실제로 유저는 모니터 앞에 앉아 있다는 느낌보다는 SL이라는 가상공간에 있다는 느낌을 더 많이 받게 된다. 이 공간에서 유저는 이미지, 텍스트, 동영상과 음성자료 등 다양한 교육수단을 사용할 수 있다. 즉, 다양한 매체 간의 하이브리드적 혼합과 연결을 이용한 몰입 학습 환경을 볼 수 있으며, 나아가 교사가 학생들의 질문에 다양한 멀티자료를 활용해 대답할 수 있다는 장점도 있다. 또한 오프라인에서의 교육도구, 예를 들면 화이트보드와 같은 교육 보조 수단이 온라인에서 사용되는 것은 당연하다. 이렇게 본다면 단순 수동적 이-러닝이 지니고 있던 한계, 즉 학생과 교사의 즉발성과 동시성이 SL 가상교육 시스템에서는 확보될 수 있다.

또 다른 가능성은 교육 시뮬레이션 가능성이다. SL에서는 가상 시뮬레이션을 통해 항공기 조정 등 다양한 교육과정을 시뮬레이션 할 수 있다. 이런 단순한 시뮬레이션 교육기능과 더불어 경제 시뮬레이션 역시 가능하다. 그리고 원격접속을 통해 다국적 기업의 원격회의와 원격업무 또한 가능하다.

엄격히 보자면 SL내에서의 교육과정은 온라인 시스템이 보장할 수 있는 게임적 특성과 교육적 특성이 하이브리드적으로 혼합된 것이다. 간단히 말해 'game based learning'인 것이다.[25] 교육적 효율성을 높이기 위해 게임이 지니고 있는 놀이의 성격을 응용한다는 것은 SL에서 상당한 기대효과를 불러올 수 있다. 왜냐하면 SL이라는 플랫폼 자체는 이미 게임이라는 특성을 어느정도 내포하고 있기 때문이다. 특히 게임의 속성을 내포하고 있음은 여타의 온라인 게임에서와 마찬가지로 유저의 몰입을 전제로 한다. 하지만 SL은 아바타를 통해 구성되는 세계이다. 이 가상 교육 공간에는 아바타만 있을 뿐 유저 자신은 모니터 뒤에 있다. 수업시간에 유저가 모니터 뒤에서 잠을 잔다고 해도 SL에 있는 아바타는 동그랗게 눈을 뜨고 수업을 듣고 있다. 오프라인에 위치한 유저가 아바타를 통해 가상 교육 공간에 참여하는 적극성이 없다면 이 콘텐츠가 가지고 있는 유용성은 기존의 이-러닝 시스템과 비교할 때 그다지 큰 가능성을 지니고 있지 못하다는 한계 역시 지니고 있다.

오프라인 교육을 온라인으로 전송하고, 시공간적인 제한성을 극복하며 교사와 학습자 간의 즉각적인 대화가 가능한 이 가상공간의 교육모델은 더 이상 오프라인과 온라인의 이분법적 접근을 허용하지 않는다는 것은 분명하다. SL에서의 교육과정은 실제 현실세계 교육의 연장이자 확장이다. 가상영역과 실제영역 간의 이질적 특성은 사라지고 온라인과 오프라인의 조합과 통합의 새로운 하이브리드적 교육모델이 등장하는 것이다.

세컨드 라이프의 한계와 가능성

SL의 성공은 유저가 가상세계의 스토리를 직접 제작하는 열린 테마, 그리고 유저가 제작한 창작물의 공유, 나아가 제작사인 린든랩은 모든 콘텐츠의 저작권을 유저에게 양보하여 시장경제 원칙을 가상공간에 도입했다는 것에 바탕을 두고 있다. 물론 3D라는 테크놀로지를 기반으로 SL이 등장하였을 때 최신기술에 대한 놀라움과 더불어 이 기술의 지속성에 대한 회의도 함께 볼 수 있었다. 이러한 우려를 미치 케이퍼Mitch Kapor회장 또한 이야기하고 있다.

> "가상세계가 머지않아 주류가 될 것이라는 것은 아직은 대단히 급진적인 의견일 것이고, 여기에 찬성하는 사람은 전 세계에서 극히 일부에 지나지 않을 것이다. 우리들은 테크놀로지에 대해 지극히 앞선 얼리 어댑터인 것이다."[26]

그러므로 그는 SL이 성공하기 위해서 얼리 어댑터들이 개방된 자세로 가능한 광범위하게 주민들과 가상공간을 공유해야 한다고 주장한다. 어쨌든 지금까지 디지털기술 발전단계에서 SL은 실제세계를 시뮬레이션하며 나아가 상호 연결하는 가장 진화된 메타버스의 모습을 보이고 있음을 부정할 수 없다. SL이 등장하고, SL유저들이 증가하면서 SL을 현실세계로부터 따로 분리된 장소로 생각하는 것이 아니라, 인터넷에서 할 수 있는 활동의 연장, 또는 오프라인에서 할 수 있는 활동의 연장으로 생각하는 사용자가 증가하고 있다. 만약 이것이 사실이라면, SL의 지속적인 성장과 발전은 월드와이드웹 전반, 나아가 현실세계와의 관계에 중요한 변화 요인이 될 수 있다. 그러므로 쟝 루이스 보아의 생각처럼 인간의 실제적인 삶과 테크놀로지에 기반을 두는 가상공간의 연결과 조합이라는 하이브리드가 생성되었으며, 에드몽 퀴쇼의 견해대로 인간의 인식작용에도 깊은 영향을 줄 수 있는 상이한 이질적 요소들 간의 하이브리드가 모습을 드러낸 것이라 할 수 있다.

　물론 지금까지의 발전 단계에서 디지털 매체와 인간이 물리적으로 그리고 생물학적으로 하이브리드화된 상용화의 단계를 언급하기는 조심스럽다. 다만, 이 이질적 영역이 상호 교류를 통해 의식적으로 연결되는 단계인 것만은 분명하다. 디지털 테크놀로지와 생물학적 존재가 상호 공존하며 상호 인터랙션할 수 있는 가능성이 점점 짙어지고 있는 것이다. 이러한 증거물로 제시될 수 있는 것이 SL이다.

에필로그, 인간과 디지털 매체의 하이브리드

하이브리드는 디지털 매체뿐 아니라 오늘날 우리 문화의 산출물이라고 해도 과언이 아니다. 하이브리드는 분명 이전과는 다른 것이며, 이렇게 다르고자 하는 시도들, 나아가 사회적인 동의를 기다리는 문화 현상이다. 하지만 이렇게 해서 문제가 해결된 것은 아니다. 오히려 문제가 제기된다. 디지털 테크놀로지와 생물학적 인간의 두뇌와 육체는 어떠한 하이브리드화 과정을 경험하게 될 것이며, 그 한계는 무엇일까?

　그 어느 때보다 테크놀로지 세계를 경험하고 있는 인류는 지금까지 경험하지 못했던 다양한 변화들을 체험하고 있다. 이 변화들은 미처 예측하지 못한 곳에서 발생되기도 한다. 특히 디지털 테크놀로지의 발전과 이에 따른 변화는 인류에게 다소 이질적인 '변이mutation'처럼 다가오기도 한다. 테크놀로지와 디지털 전자신호는 때로는 인류에게 미래의 발전과 진보를 보장하는 유토피아로 때로는 인류의 위협이 될 수 있는 디스토피아로 비난받기도 한다.[27] 이러한 논의의 중심에는 가상이라는 접두어가 자리 잡고 있음은 물론이다. 어쨌든 현 시점에서 이러한 변화를 부정하는 것은 불가능해 보인다. 분명한 것은 테크놀로지와 디지털 매체를 이야기 하지 않고서는 이질적 변이를 설명할 수도 이해할 수도 없다는 것이다.

테크놀로지는 가상공간, 가상현실에 사용자가 몰입되도록 유도하고, 그 현실이 완벽히 현존하는 것으로 인지하도록 유도한다. 마이클 하임Michael Heim의 설명을 보면, 이러한 가상공간은 실제세계와의 개방성과 교류성을 전제로 하고 있다. 가상공간이란,

"물체가 차지하는 현실적 공간을 의미하는 것이 아니고, 실제의 하드웨어적인 공간과는 다르지만, 무엇인가가 존재하고 작동해서 마치 실제공간처럼 여겨지는 공간을 의미한다. 즉, 사이버스페이스는 실제공간의 한 틀 속에서 만들어지는 것이다. […] 가상의 세계는 오직 우리가 그것을 닻이 내려진 실제의 세계와 대비시킬 수 있는 경우에 한해서만 가상적일 수 있다. 그래야만 가상세계가 상상적 실제의 미묘함을 간직하고, 광의적인 것이 아니라 즐거운 다양성을 유지할 수 있을 것이다. 가상세계는 지나치게 실제세계와 같아서는 안 된다. 만약 실제세계와 다르지 않다면 그것은 상상력에 제동을 걸 수 있기 때문이다. 덜 실제적인 것이 우리의 상상력을 자극하는 법이다."[28]

즉, 현실과 완벽하게 동일하거나 또는 다소 차이가 있을지라도 비

숫한 느낌을 주어 가상현실에 몰입할 수 있는 유연한 접근 가능성을
생각해 볼 수 있다. 몰입을 유도하기 위한 가상현실을 구성하는 테크
놀로지는 테크놀로지의 형식을 감추어야 한다. 가상현실 테크놀로지
가 이 목표에 도달하면 도달할수록 그 모습은 점차 인간이 의식할 수
없을 정도로 숨어버릴 것이다. 가상현실 테크놀로지가 그 '하드웨어'
를 최소화하여 숨길 수는 있겠지만 사라지는 것은 분명 아니다. 단지
하이브리드적인 혼합과 융합의 과정을 거치는 것이다.

하지만 스스로를 숨겨버리는 이 과정은 일종의 변이적인 잡종물
을 탄생시킨다. 가상이라는 용어는 하드웨어적이라기보다는 소프트
웨어적인 측면과 결합되며, 시뮬레이션이라는 표현으로 우리에게 다
가온다. 그러므로

> "가상현실의 '현실'역시 '일정한 형태를 갖추고' 있으며, [⋯] 여기서 '현
> 실'은 그 자체가 테크놀로지적 형식으로, 테크놀로지적으로 복제되고 또
> 복제 가능한 것으로 변모한다. 간단히 표현하자면 '현실'은 디지털화 된
> 다."[29]

모자이크적으로 혹은 조각으로 파편화된 현실세계의 디지털화는
고립되고 단절된 것으로 이해해서는 안 된다. SL이라는 가상공간과
인간의 물리적 실제 세계 또한 각기 단절되고 고립된 것으로 이해해
서는 안 된다. 볼프강 벨쉬Wolfgang Welsch의 주장처럼 모더니즘적
이상향인 통일성이 사라진 자리에 무절제한 복수의 다양성을 주장하
는 것이 아니라, 오히려 다양한 복수의 연결 형태를 강조해야 한다.

또한 한스 울리히 렉의 주장처럼 이분법적 사고와의 결별을 주장하며 나아가 헤테로적인 것들의 존재를 인정해야 한다.[30] 온라인에서도 생산과 소비의 이질적 영역이 강조되는 것이 아니라, 오히려 이 두 영역간의 상호작용이 강조되는 것이다. 따라서 생산자와 소비자로서의 유저 그리고 온라인과 오프라인의 유저는 이질적 영역의 경계를 넘어 서로 연결될 가능성이 제기된다.

디지털 컨버전스 시대의 인간은 그 어느 때보다 더욱 다양하고 적극적이며 창의적인 존재로 변모하고 있다. 인간의 자유로운 자아발현 욕구와 대리만족 추구는 아바타를 비롯한 익명성을 통해 사이버 공간에서 무제한으로 표출되고 있다. 인간의 물리적인 삶의 영역이 디지털 영역과의 상호교통을 시도하는 것은 오늘날 우리의 일상이 되었다. 하지만 이 두 이질적 영역간의 만남은 단일 정체성의 관점으로는 설명하기 힘들다. 포스터M. Foster의 견해대로 이제 인간 자신이란 합리적이고 자율적인 주체로 중심화된 단일한 자아에 의해 한정될 수도 없다.[31] 오프라인의 현실이 디지털화되는 변이를 겪게 됨과 동시에 인간 주체라는 개념도 변이를 겪게 된다. 모더니즘은 주체라는 인간의 시각에 따라서, 즉 세계에 대한 주체의 지배력을 전제함으로써 인간을 정의했지만, 디지털 테크놀로지의 세계는 접속과 연결, 즉 테크노-문화적 세계에 대한 몰입에 큰 의미를 부여한다.

SL이 가상공간과 물리적 실제 세계 사이를 하이브리드적으로 연결하는 것처럼, 인간 역시 온라인과 오프라인을 넘어서는 자기이해의 변화를 겪게 된다. 인간은 단일한 자아가 아니라 온라인과 오프라인을 유연하게 조율할 수 있는 하이브리드적 다중정체성을 발견한다. 그러므로 인간과 기계, 실재와 가상공간이라는 이질적 영역을 자유롭게 넘나들며 포괄할 수 있는 '유연한 자아'가 등장할 수 있는 것이다.

> "극단적으로 보면 일원론적 자아는 그와 맞지 않는 다른 요소들을 억누름으로써 유지할 수 있다. 자기 검열을 통해 부적절한 부분을 차단하는 것이다. [···] 이런 관점에서 [···] 제3의 길, 즉 유연한 자아라는 개념을 상상해 볼 수 있다. 이 자아의 특성은 하나가 아니면서도, 나눠진 각 부분이 굳어 있지 않다는 점이다. 서로 다른 측면들 간에 피가 자유롭게 돌고, 부분들 간에 충분한 의사소통이 이루어진다."[32]

이제는 세컨드 라이프와 같은 가상공간과 실제 삶과의 소통, 테크놀로지와 인간의 상호관계, 더 나아가 소위 사이보그적인 정체성을 스스로 규정해야만 한다. 그러므로 인간과 테크놀로지의 관계, 더 나아가 소위 사이보그적인 정체성이 등장할 수 있음을 이야기해야 한다. 도너 해러웨이가 주장하듯 사이보그 개념은 이 같은 정체성의 변이를 재현하기 위한 시도이며, 테크노-문화적 세계에서 하이브리드적이며 SF적인 주체를 형상화하기 위한 시도다. 새로운 정체성은 자신의 생물학적 육체에 사이보그적인 인식을 이식한다. 결국 해러웨이가 지적하듯 인간의 주체는 동종적homogeneous이거나 전체적이지 않으며, 불안정하고 변이적이며 하이브리드적이다.

"이런 연유로, 사이보그는 '인간'과 그 타자들 간의 경계, '살아있는' 주체와 '죽은' 테크놀로지 간의 경계를 무너뜨린다. 사이보그에서 관건은 정체성이 아니라 관계성이다. 즉 여기서 문제가 되는 지점은 자신의 내부에 존재하는 차이들을 괴물 같은 타자의 모습으로 단순히 외면화하는 것이 아니라 그 차이들을 인정하는 것이다. 따라서 사이보그가 된다는 것은 테크노-문화의 복잡한 복제 과정에 참여하는 것이며, 이 상호작용을 통해 새로운 조합과 패턴을 산출한다."[33]

상이한 영역, 이질적 요소가 섞이는 것은 다문화시대, 다매체시대에는 당연한 것일 수 있지만, 그렇기에 조심해야 할 부분도 있다. 다양한 삶의 코드들의 연결, 이를 통한 의사소통, 의견공동체, 오프라인과 온라인의 상호 교류 가능성. 이 모든 현상들을 나타내기에 유연한 용어인 하이브리드는 자칫 사회문화적 현상의 대체용어가 될 수 있다. 즉, 오늘의 다양한 문화현상을 설명하기 위한 소위 "catch-all-terminus"가 될 수 있는 위험성을 배재할 수 없다는 것이다. 무분별한 용어사용이 이루어질 경우 하이브리드는 본래의 특질인 개방성과 상호연결성을 스스로 위반하고 경직화될 위험성이 있다. 이러한 위험성은 디지털 가상영역과 인간의 상호작용에도 영향을 미치게 될 것이다. 몰입으로 대변되는 디지털 가상영역의 특징은 자칫 몰입을 위한 몰입으로 마무리되어 여타의 다른 영역을 배재할 수 있다. 문제가 되는 가상현실 몰입에 따른 부작용은 이러한 경직화의 부작용이라 할 수 있다. 분명한 것은 전통적인 인간 정체성을 지나 하이브리드적 테크놀로지 인간의 시대가 점차 다가오고 있다는 것이다.

2부

미디어와 콘텐츠

디지털 컨버전스와
콘텐츠*

황주성

1. 디지털 컨버전스란 무엇인가?

스마트폰, 스마트TV, 소셜미디어 등으로 대변되는 오늘날의 미디어 지형변화를 단적으로 표현하는 용어는 디지털 컨버전스digital convergence이다. 디지털 컨버전스는 지금까지 방송, 통신, 인터넷 등으로 대별되어 온 미디어 영역 간 칸막이를 허물고 새로운 이용자 경험과 가치를 가져다주는 변화로 이해된다. 디지털 컨버전스에 대한 최초의 정의는 미국 MIT의 풀Ithiel de Sola Poo교수에 의해 그의 1978년 저서 『기술의 자유*Freedom of Technology*』라는 책에서 처음으로 제시되었다. 그는 융합을 '미디어 간, 즉 우편, 전화, 전신과 같

---

* 본고는 필자의 연구보고서 『방송통신융합의 철학적 비전』(2008)의 내용 중 일부를 재구성한 것임.

은 일대일 커뮤니케이션과 출판, 라디오, 텔레비전과 같은 대중매체 간의 경계가 모호해지는 것'으로 정의하였다. 30년 전에 내려진 정의이지만 최근의 정의와 크게 틀리지 않음을 알 수 있다. 컨버전스에 대한 논의는 디지털화와 광대역화, 인터넷의 확산으로 인해 최근 산업적·정책적 관심을 받고 있지만, 그 역사적 연원은 상당히 오래된 것이 사실이다. 린드(Lind, 2004)는 컨버전스의 발전단계를 기술추동기(1970~1991), 과잉기대시기(1992~1995), 환상극복기(1996~1997), 생산성 향상기(1998~2003) 등의 4단계로 구분하였다. 다시 말해, 개념이 정의되기 이전부터 산업계에서는 실험형태의 유사개념이 나타나고 있었다는 것이다. 상기한 바와 같이 오랜 동안 부침을 겪어왔던 디지털 컨버전스가 본격적인 동력을 얻게 된 것은 무엇보다도 2004년을 기점으로 웹2.0과 소셜컴퓨팅 등으로 새로이 변화된 인터넷에서 1차적 답을 구해야 할 것이다. 물론 2005년을 전후하여 주요 선진국들이 융합기구를 출범시키고, IPTV 등의 융합서비스를 출시한 점도 주목할 필요가 있다.

디지털 컨버전스의 개념은 다양하게 정의될 수 있다. 90년대 후반부터 관련 학자와 기관들의 정의를 살펴보면, '과거에는 별개의 제품으로 제공되던 기능이 디지털 기술의 적용으로 하나로 통합되는 것 (Yoffie, 1997)', '서로 다른 네트워크 플랫폼이 근본적으로 유사한 서비스를 제공하거나 전화, TV, PC와 같은 소비자 단말이 통합되는 현상(European Commission, 1997)' 등 기능의 통합에 초점을 맞추는 정의가 많았다. 이에 비해 OECD(2004)에서는 융합을 '유사한 종류의 서비스를 각기 다른 네트워크가 전송하거나, 유사한 종류의 서비스를 다른 종류의 단말기가 받거나, 새로운 서비스가 나타나는 현상'으로 정의하여, 플랫폼과 서비스 간의 교차제공에 중점을 두고 있음을 알 수 있다. 요컨대, 초창기의 정의가 '통합'에 중점을 두었다면, 최근으로 올수록 경계의 소멸 또는 플랫폼을 넘나드는 콘텐츠에 주목하는 것을 알 수 있다. 이런 점에서 인터넷 참여문화에 중점을 맞춘 헨리 젠킨스Henry Jenkins의 정의가 비교적 새로운 시각을 제공한다.

　젠킨스는 '융합은 다양한 미디어의 기능들이 하나의 기기에 융합되는 기술적 과정이 아니라 소비자로 하여금 새로운 정보를 찾아내고 서로 흩어진 미디어 콘텐츠 간의 연결을 만들어 내도록 촉진하는 문화적 변화'라고 정의하였다(Jenkins, 2006). 그는 융합이 단순히 기술적인 변화가 아니라 기술, 산업, 시장, 수용자, 나아가 장르들 간의 상호관계에 영향을 주며, 그 자체가 최종의 목표점이 아니라 과정이라고 주장하였다. 또한 그는 인터넷을 통한 TV프로그램에의 참여, 그리고 그러한 과정을 통해서 발현되는 집단지성에 주목하였다. 프로그램의 팬들은 대화의 일부분을 녹취하고, 에피소드를 요약하고, 대사에 대해 토론하고, 자기 나름의 사운드트랙을 녹음하고, 심지어는 자신들의 영상을 만드는 등 단순한 시청을 넘어서는 다양한 형태의 소비양식을 보여주고 있다. 융합은 단순한 기술적인 변화를 넘어, 소비자가 콘텐츠를 소비하고 반응하며 또 참여함으로써 콘텐츠 제작에까지도 관여하는 경제·사회·문화적 의미를 가지는 현상이다. 애펠그렌도 융합의 최종적인 모습을 현재의 기술과 상상력에 묶어두기보다는 융합으로 가면서 겪는 프로세스 변화, 예컨대 '플랫폼을 넘나드는 콘텐츠의 접근과 활용'이라는 변화가 가져올 영향에 관심을 두고 연구를 해나가야 한다고 주장하였다(Appelgren, 2004).

2. 컨버전스 환경에서 미디어와 콘텐츠의 관계

이상의 논의를 통해 디지털 컨버전스가 콘텐츠에 어떤 영향을 줄 것인지에 대해 한 가지 단서를 포착할 수 있다. 그것은 미디어와 콘텐츠 간의 강한 연대가 깨어지고 콘텐츠가 다양한 미디어들을 넘나들면서 제공된다는 것이다. 이것은 '미디어는 메시지다'라는 맥루한의 명제와 일면 상충된다. 그는 미디어의 형식과 그 내용이 별개로 존재하는 것이 아니라 미디어 그 자체가 사회적 의미를 갖는 내용이면서 새로운 사회질서와 의사소통체계를 의미한다고 주장한다(김성민, 2004, p. 85). 예컨대, 어떤 장면을 보여주려고 할 때 사진으로 찍느냐, 목탄화로 스케치하느냐, 물감으로 그리느냐에 따라 전달하는 메시지의 양과 질은 달라질 수 있는 것이다. 매체의 성격과 조건이 표현의 내용을 규정하게 되는 것이다. 그는 이러한 메타포를 통해 인쇄미디어와 전자미디어의 차이를 설명하였다. 기계적이고 시각적이며 순차적인 지식의 전달체계가 유기적이고 합리적이며, 촉각적인 것으로 변화하였다고 주장한다. 그렇다면, 디지털 컨버전스가 유발한 미디어와 콘텐츠의 결별은 무엇을 의미하는가?

『TV의 종말』이라는 보고서에서 IBM은 미래 TV산업을 결정할 두 가지 동인으로 콘텐츠에 대한 개방적 접근방식open content access과 소비자의 미디어통제력consumer media control을 들었다 (IBM, 2006). 전자의 경우 나쁜 상태는 기존과 같이 한정된 사업자만이 조건적 접속시스템을 통해 콘텐츠를 제공하는 방식이며, 최선의 상태는 다양한 콘텐츠가 여러 가지 플랫폼, 채널과 사업자를 통해 즉각적으로 접근되는 방식이다. 미디어통제력의 경우 최악의 상태는 이용자들이 벽에 기대어 수동적으로 리모컨을 돌리는 낮은 수준의 통제와 참여 상태lean-back인 반면, 최선의 상태는 이용자가 필요할 때 적극적으로 콘텐츠를 찾아서 원하는 방식으로 사용하는 적극적 참여상태sit-forward이다. 맥래는 「TV의 사망」이라는 제목의 논문에서 인터넷에 의해 재단된 인간욕구의 본질이 TV가 앞으로 채워줘야 할 부분이라고 하면서 통제력, 상호작용성, 사회성, 진실성의 네 가지 요소를 내세웠다(McRae, 2006). 사용자들은 인터넷에서 필요에 의해 정보검색을 함으로써 미디어 경험을 스스로 통제하고 있다고 느낀다. 중요한 것은 커뮤니케이션의 시작이 개인의 필요이냐 아니면 미디어의 기획이냐 아니면 또 다른 주체이냐에 있다. 오프콤 역시 디지털 컨버전스로 인해 궁극적으로 소비자는 점점 더 많은 통제력control, 이동성mobility, 참여능력ability to participate, 그리고 혁신적 서비스를 얻게 될 것임을 주장하였다(Ofcom, 2008). 세 보고서에서 제시된 정보통제권, 참여, 이동성, 사회성, 진실성, 혁신과 개방성 등은 결국 콘텐츠 생산자나 서비스 제공자가 아니라 이용자가 갖게 되는 가치들이다. 그러한 가치는 이용자에게 기술이나 시장, 규제 등 인위적 조건에 방해받지 않고 자신이 필요한 때는 언제, 어디서나, 원하는 콘텐츠에 접근하고 공유하고, 생산하고 참여할 수 있는 자유를 줄 것이다. 표현의 자유와 통신의 자유는 통신수단이 분산되고 탈집 중화되고 쉽게 구득가능할 때 더 강화된다는 측면에서 볼 때, 융합은 보다 인간의 커뮤니케이션 능력을 확대하는 변화로 볼 수 있다고 생각한다.

3. 미디어를 넘나드는 콘텐츠 경험

컨버전스는 아직도 진행 중인 과정이며, 따라서 그 가치에 대한 체험이 선행된 이후에야 그에 대한 설명과 함의가 이해 될 수 있을 것이다. 하지만 전반적으로 컨버전스가 소비자에게 제공하는 궁극적인 가치는 소비자와 시민에게 '공적 및 사적 시간을 조직할 수 있는 새로운 사고방식'을 제공하는 것에 있다. 이러한 변화는 사람들이 서비스와 상호작용하고 소비하고 가치를 인식하고, 나아가 공공서비스를 포함한 광범위한 서비스에 대해 지불하는 방식에 근본적인 변화를 초래할 것이다(Intellect, 2008). 하지만, 융합의 결과가 반드시 소비자의 동질화를 의미하는 것은 아니다. 오히려 청중의 분화 fragmentation of audiences가 나타나고, 경우에 따라서는 니치마켓을 위한 '상품과 서비스의 분화'가 병행될 것이다. 이런 의미에서 컨버전스는 '선택의 자유freedom of choice'를 제공하며, 이것은 미디어 소비방식의 핵심요소가 될 것이다. 정보와 커뮤니케이션과 오락콘텐츠가 특정시간과 특정장소에서만 접근이 가능한 것이 아니라 항상 소비자의 주변을 따라 다니면서 언제 어디서든 다양한 단말기로 제공될 수 있는 것을 의미한다. 이러한 관점에서 융합을 정의한다면, 그것은 '정보와 콘텐츠가 디지털화, 개인화되어 다양한 고정 및 이동 플랫폼과 디바이스를 통해 필요할 때에는 언제, 어디서든 접근될 수 있는 상황'으로 규정할 수 있을 것이다.

방송·통신과 관련하여 '선택의 자유'란 소비자가 미디어를 통해 콘텐츠를 소비하는 의사결정에 있어 여섯 가지 요소(5w+1h)와 관련하여 자유로이 결정할 수 있는 권한의 정도를 의미한다. 첫째, 시간은 미디어 이용의 첫째 제약으로 기존에는 방송국이나 극장의 편성이나 출시일정에 의존하다가 융합에 따라 내가 원할 때는 언제든지 콘텐츠에 접할 수 있는 환경이 조성되고 있다. 이것은 미시적으로는 편성 시간으로부터의 자유time shift를, 거시적으로는 필요할 때 볼 수 있는 시간적 자유on demand를 제공한다. 둘째, 공간적 제약은 미디어에 따라 극장, 집, 사무실 등 고정 장소에서만 접근할 수 있던 것이 어디서든 접할 수 있는 상황으로 변화하는 것을 의미한다. 이것은 모바일 통신, DMB, Wibro 등이 제공하는 공간적 이동성space shift과 함께 궁극적으로는 플랫폼간 이동성, 다시 말해 콘텐츠의 기기 간 이동성까지 확대될 수 있다. 즉, 기존에 기기별로 접근하고 지불하고 사용하던 콘텐츠의 활용이 한 번의 접근으로 다양한 플랫폼 간을 자유롭게 넘나들 수 있게 되는 콘텐츠 로밍을 의미한다. 셋째, 어떤 콘텐츠를 볼 것인가what라는 문제에 대해서는 기존의 정해진 프로그램(편성권)내의 제한적인 선택에서 내가 원하는 프로그램을 주체적인 조건하에 스스로 찾아서 보는 검색search중심으로의 변화를 들 수 있다. 짧고 한정된 사전정보와 선택의 범위에서 벗어나 추천, 평판rating 등을 통해 보다 나의 수요에 적합한 콘텐츠를 찾아서 선택적으로 소비하는 것이 가능하게 되었으며, 이러한 상황에서 중요한 것은 나의 필요에 가장 적합한 콘텐츠를 찾아낼 수 있는 검색가능성findability과 이를 체계적으로 뒷받침할 수 있는 메타데이터의 축적이다. 넷째, 콘텐츠를 소비하는 방식how의 선택으로 기존의 제한된 방식, 즉 하나의 콘텐츠는 하나의 플랫폼에 국한되는 수직적 통합에서 하나의 콘텐츠를 다양한 플랫폼에서 즐길 수 있는 수평적 통합으로의 변화를 들 수 있다. 다시 말해 동일한 콘텐츠라도 이용자의 필요와 선호에 따라 원하는 플랫폼과 디바이스에서 아무런 제한 없이 접근·소비할 수 있게 됨을 의미한다. 다섯째, 미디어 활용의 목적으로why 대중미디어의 경우 기존에는 주로 수동적 시청과 소비에 머물렀었던 데에 비해, 융합 환경에서는 소비는 물론 생산과정에까지 적극적으로 참여함으로써 자아를 표출하고 즐거움을 찾는 것이 새로운 경향으로 나타나고 있다. TV나 영화의 팬덤현상이나 프로그램의 내용이나 시나리오에 대한 의견제시가 그 전형적인 예라 할 수 있다. 마지막으로 주체with whom와 관련된 선택권으로 융합 이전에는 주로 물리적인 여건에 의존하던 미디어 소비의 주체적 상황이, 융합상황에서는 본인의 선택에 따라 집단적 소비상품인 영화도 개별적으로 소비할 수 있을 뿐 아니라 개인적 소비상품인 통신도 사회적으로 공유할 수 있는 여건으로 변화하고 있다.

결국, 디지털 컨버전스는 인간의 욕망, 다시 말해 콘텐츠 접근에 대한 욕망에서 비롯되었다고 할 것이다. 이러한 욕망은 단기적으로는 다양한 기능을 겸비한 통합단말기의 출현으로 충족될 수도 있다. PC 나 태블릿 PC 등이 대안이 될 수 있다. 하지만 보다 근본적인 해결책은 보다 다양한 하드웨어와 소프트웨어를 넘나들며 언제 어디서나 어떤 상황에서든 자유롭게 커뮤니케이션과 정보검색, 오락과 콘텐츠를 즐길 수 있는 기회, 즉 '끊김 없는 크로스 플랫폼 경험seamless multiplatform experience'에 있다고 할 것이다.

신화의 이해와
그 현대적 효용성

:: 김종규

1. 신화를 바라보는 시선들

인간 문화의 역사 속에서 가장 오래된 문화의 형식은 신화이다. 그러나 신화는 인간 문화의 원형으로서의 가치를 충분히 인정받지 못하는 듯 보인다. 이유인즉 '신화'와 '원시'가 때때로 겹쳐 보이기 때문이다. 굳이 인류학이나 인간 문명사를 도입하지 않더라도, 일반적인 이해에 있어 신화의 시대는 원시 부족의 시대와 일치되며, 신화의 주인은 원시인들이다. 물론 인간의 문화가 원시인들의 삶에서 발원한다는 점에서 이러한 이해는 의문의 여지를 남기지 않을 것으로 보이기도 한다. 게다가 현대 신화 연구자들에게도 신화적 사고에 대한 경험적 증거를 확보하기 위해 현대 문명과 무관한 원시적 삶을 유지하고 있는 오지의 원시 부족들을 연구하는 것은 일반적 방법이다. 하지만 여기서 생각해보아야 할 것은 이야기로서의 신화 저변에 깔려 있는 신화적 사고가 오로지 원시적 사고에만 국한되는 것인가 하는 것이다.

만일 인간 문화가 단선적으로 발전된 것이라는 진보의 관점에서 본다면, 인간 문화에 속하는 수많은 문화의 형태들은 과거의 문화 형태에서 출발하고 발생하지만, 새로운 발생 속에서 이전의 문화 형태는 부정된다. 예를 들어 신화와 과학의 관계가 신화에서 과학으로 단선적으로 진보하는 과정이라면, 신화는 과학이 태동하는 모태가 되지만, 과학의 등장에 있어 신화는 부정되는 것이다. 이러한 일련의 과정 속에서 우리는 현재적 극단인 과학 기술의 시대에 다다랐다고 할 수 있다. 이렇게 보면 인간의 문화 세계는 일종의 단선적 위계 구조로 그려진다. 다시 말해 과학을 마지막 정점으로 하여 다양한 인간 문화들이 위계상 하위로 분류되는 것이다. 따라서 어떠한 인간 문화의 형태라도 과학의 범주를 넘어설 수는 없다. 이것이 우리가 흔하게 일상의 대화 속에서도 '과학적 근거'를 부르짖는 이유이기도 하다.

과학은 철저히 로고스logos의 영역에 서 있다. 그리고 신화는 전통적으로 로고스와는 반대인 미토스mythos의 영역에 서 있다. 인간 문화의 전개를 앞서 언급한 진보의 관점에서 본다면, 인간의 문화는 미토스에서 탈피하여 로고스의 영역에 들어섰으며, 로고스의 전개 속에서 최상의 로고스 형태인 과학의 단계에 이르게 된 것이다. 따라서 과학 외의 어떠한 로고스들도 과학의 로고스와의 연장선상에서 비로소 의미를 갖게 되는 것이다. 이렇게 보면, 신화는 인간 문화의 체계 속에서 외톨이와 같은 신세를 면치 못하는 듯 보인다. 그 까닭은 우선 신화가 로고스의 영역과 동떨어져 있으며, 또한 바로 이러한 연유로 과학과는 가장 낯선 문화의 형태가 되기 때문이다. 신화는 한편으로 가장 오래된 인간 문화의 형태이면서도, 다른 한편으로는 과학 기술의 시대에 살고 있는 우리에게 가장 낯선 문화 형태가 된 것이다. 그렇다면 과학 기술의 시대에 살고 있는 우리에게 신화는 어떤 의미가 있는가? 신화는 인간 문화의 체계 속에 여전히 자리하고 있는가?

우리가 인간 문화의 체계를 과학을 정점으로 하는 위계적 질서 체계로 본다면, 인간 문화는 로고스를 중심으로 이해될 수밖에 없다. 신화가 로고스의 반대편에 서 있는 것이라면, 신화는 로고스 중심의 문화 체계 속에 자신의 자리를 마련할 여지가 없다. 이렇게 보면 신화에 주어진 길은 양 갈래로 보인다. 우선 신화가 로고스 중심의 문화 체계 속에 위치하려면, 신화는 로고스의 형식으로 재규정되어야 한다. 다시 말해 신화가 과학의 틀 내에서 규명됨으로써 인간 문화의 영역 내에 존립하게 되는 것이다. 다른 길은 신화가 로고스 중심의 문화 체계와 결별함으로써 자신의 독자성을 지키는 것이다. 하지만 이 경우 신화는 비과학적인 영역 내에만 위치하고, 로고스적으로는 전혀 설명될 수 없는 환상fantasy이나 신비로서만 취급됨으로써 문화의 영역 내에서 소외 혹은 배제될 수 있다.

신화에 주어지는 이러한 양 갈래의 길들은 사실 그간 신화를 이해해왔던 방식들이기도 하다. 후자의 길, 다시 말해 신화와 로고스 중심 문화체계와의 결별은 레비-브륄(Lucien Lévy-Bruhl, 1857~1939)과 같은 신화학자의 이해 속에서 잘 드러난다. 레비-브륄은 원시인의 정신과 현대인의 정신을 완전히 별개의 것으로 상정한다. 그에 따르면, 원시인의 정신은 선논리적先論理的 혹은 신비적 정신인데 반하여, 현대인의 정신은 경험적이고 논리적인 사유의 형식을 갖추고 있다. 이 두 정신은 본질적으로 완전히 상이한 것이어서, 둘 사이에는 비교할 수 있는 공동의 척도 자체가 존립할 수 없다. 양자에 공통적으로 적용할 수 있는 공통의 기준이 존재하지 않는다는 것은 양자가 서로에게 접근할 수 있는 통로 자체가 존재하지 않는다는 것을 의미한다.

따라서 원시인의 정신, 다시 말해 신화 혹은 신화적 사고는 현대인의 경험과 사유의 형식으로서는 결코 접근할 수 없는 것이다. 미개인은 미개의 세계 속에서 거주하며, 현대인은 현대인의 세계 속에서 거주할 뿐이다. 레비-브륄이 설정한 구도를 따르면, 즉 신화적 사고와 현대인의 사고를 완전히 별개의 것으로 구별하게 되면, 신화는 현대인으로서의 우리에게 어떠한 의미도 갖지 못하게 된다. 설사 신화적 사고 혹은 신화가 어떠한 의미를 갖고 있다고 하더라도, 그 의미가 우리의 의미 체계 속에서 접근될 수 없을 뿐만 아니라 이해될 수도 없기 때문이다. 따라서 신화는 현재 우리의 의미 영역 속에서 완전히 배제된다.

신화를 인간의 의미 영역에서 배제한다는 점에서 후자의 길은 전자의 길과 상반된다. 전자의 길 위에서 신화는 로고스적으로 재규정됨으로써 우리의 의미 영역 속에 거주하게 되기 때문이다. 신화가 로고스적으로 재규정될 때, 신화는 로고스의 일원이 된다. 그리고 신화가 로고스의 일원이 됨으로써, 신화는 지성화의 길로 인도된다. 이러한 관점에서, 레비-브륄과는 달리 J. G. 프레이저, E. B 타일러와 같은 신화학자들은 신화적 사고와 과학적 사고 간에 뚜렷한 차이가 없으며, 원시인의 정신과 문명화된 현대인의 정신 또한 구별되지 않는다고 본다. 이 둘의 차이가 근본적인 것이 아니라면, 신화는 과학적으로 이해되고 설명됨으로써 사실상 과학으로 환원될 수 있다. 그렇지만 이러한 환원이 신화의 위상에 미치는 영향은 매우 컸다. 왜냐하면 신화가 과학으로 환원되더라도, 신화가 현대의 과학과 같은 반열에 오를 수는 없기 때문이다. 오히려 신화는 '저급한 과학' 정도의 위상으로 평가될 수 있을 뿐이다. 이러한 신화에 대한 낮은 평가는 또 다른 로고스로의 환원 경향 속에서도 나타난다. 막스 뮐러(Max Müller, 1823~1900)와 허버트 스펜서(Herbert Spencer, 1820~1903)는 신화를 언어로 환원시켰다.

막스 뮐러는 신화가 언어의 애매성에서 기인한다고 주장했다. 그는 이 주장의 근거로 데우칼리온과 피라의 신화를 예로 들었다. 데우칼리온과 피라의 신화는 성경 속의 노아의 방주와 거의 흡사한 내용을 담고 있다. 두 신화 모두 홍수신화에 해당하며, 새로운 인류의 등장이라는 점을 공통적으로 묘사하고 있기 때문이다. 이 신화의 내용은 대략 이러하다. 인간의 교만과 방자함이 극에 달하자 제우스는 홍수로 인간들을 멸망시키려 하였다. 제우스의 의중을 알아차린 프로메테우스는 자신의 아들 데우칼리온으로 하여금 배를 만들게 한다. 예정대로 제우스는 거대한 홍수가 일어나게 하였고, 인류 가운데 목숨을 부지한 것은 배에 탄 데우칼리온과 그의 부인 피라뿐이었다. 홍수가 잦아들고 이 둘은 배에서 나왔지만, 세상에 존재하는 인간은 자신들 둘뿐이라는 것을 걱정하였다. 이들은 신께 새로운 인류를 간청

하는 기도를 올렸다. 이때 '어머니의 뼈를 등 뒤로 던지라'는 목소리가 들려왔다. 이들은 어머니는 대지를 의미하며, 어머니의 뼈는 돌이라고 생각하여 땅의 돌을 자신들의 등 뒤로 던졌다. 데우칼리온이 던진 돌은 남자로, 피라가 던진 돌은 여자로 변하여 새로운 인류가 탄생하게 된다.

이 신화의 핵심을 이루는 것은 인류의 재탄생이다. 그리고 인류의 재탄생을 이야기하고 있는 이 신화의 핵심 소재는 '돌'과 '인간'이다. 이 신화에 있어 돌이 인간으로 변했기 때문이다. 막스 뮐러가 주목하는 것도 바로 이 핵심 소재들이다. 그의 설명에 따르면, 돌에 해당하는 고대 그리스어는 'laas'이며, 인간에 해당하는 것은 'laos'이다. 그리고 이 두 단어는 발음상 거의 흡사하다. 따라서 데우칼리온과 피라의 신화에 있어 돌이 인간으로 변하게 되었다는 사고는 동음이의어의 관계에 있던 이 두 단어의 의미를 혼동하였던 것에 기인된 것이다. 이러한 혼동은 애매성이라는 언어의 약점을 원시인의 미숙한 정신이 극복하지 못한 결과이다. 따라서 신화는 언어의 약점을 극복하지 못한 미숙한 정신의 결과물이며, '언어의 병'으로 이해된다.

허버트 스펜서 또한 신화를 언어적 오류에서 기인한 것으로 이해하였다. 그에 따르면, 누군가가 자연의 대상을 자신의 이름으로 갖게 될 때, 이 이름이 그것을 가지고 있는 사람의 성향을 나타내는 것이 아니라 자연적 대상 자체로 여겨짐으로써 자연숭배라는 신화적 해석이 등장하게 된다는 것이다. 예를 들어, '새벽'이라는 이름을 갖고 있는 어떤 사람이 유명해졌는데, 이 사람이 겪었던 모험담들이 구전 과정에서 자연현상으로서의 새벽과 동일시되고, 새벽 현상과 같은 방식으로 해석되고 숭배된다. 결국 명칭의 오역이 자연 숭배의 원천이 되는 것이다.

신화에 대한 이렇게 그럴듯한 설명과 해석들의 배후에서 눈여겨 보아야 할 것은, 이러한 신화 해석의 중심부에 자리하고 있는 것이 로고스라는 점이다. 왜냐하면 신화를 우리의 의미영역에서 배제하든 지 혹은 환원을 통해 의미영역 내에 끌어들이든지 간에 신화를 로고 스의 시선에서 바라보아야 하기 때문이다. 다시 말해 앞서의 설명들 과 해석들은 '로고스의 눈'으로 신화를 바라볼 때, 비로소 가능하다 는 것이다. 그렇지만 여기서 생각해보아야 할 것은 로고스의 눈만이 모든 것을 꿰뚫어 볼 수 있는 유일한 조건인가 하는 것이다. 다시 말 해 로고스의 눈을 통해서 드러난 것만이 진정한 것이고 의미 있는 것 인가 하는 것이다. 이러한 의문을 다룰 때 한 번쯤 경청해 보아야 할 것이 비코(Giambattista Vico, 1668~1744)가 말한 '반성의 만행barbarism of reflexion'이다.

비코의 이 말은 실상 데카르트(Rene Descartes 1596~1650)를 염두에 둔 것이었다. 특히 데카르트에 있어 수학과 기하학은 매우 중요한 역 할을 하는데, 그 까닭은 수학과 기하학의 체계 속에서 기술될 수 있 는 것만이 확실한 것이고, 이 이외의 것은 기만적인 것으로 규정되기 때문이다. 이러한 확실성의 기준은 그 대상이 자연이건 문화이건 무 차별적으로 적용되었다. 무차별적으로 적용한다는 것은 다름을 인 정하지 않는 태도이다. 하나의 기준 하에 모든 타자들을 포섭함으로 써 타자가 존립할 수 있는 조건을 단일화하고, 이를 통해 결국 타자 를 자신의 존립 근거 위에 세워둠으로써 타자를 비타자화하기 때문이다. 비코는 이러한 태도를 '반성의 만행'이라 부른다. 비코의 이러한 비판은 레비스트로스가 『슬픈 열대』를 통해 야만과 문명의 가름을 비판적으로 바라본 것과도 일맥상통한다. 레비스트로스가 심각하게 생각했던 것은 우리가 가지고 있는 사회적 구조와 체계를 기준으로 문명과 야만을 구분한다는 것이었다. 하지만 이러한 기준은 역으로 우리에게도 적용될 수 있기에, 우리가 현재 가지고 있는 것이 모든 것을 판단하고 가늠하는 확실한 기준은 될 수 없다.

그러나 여기서 주의해야 할 것은 비코와 레비스트로스가 반성과 문명 자체를 거부하거나 무의미한 것으로 보는 것은 아니라는 점이다. 비코는 수학적 확실성에 대해 잘 이해하고 있었으며, 이를 거부하지 않았다. 또한 레비스트로스도 현대문명을 비판적으로 바라보지만, 그렇다고 현대문명을 거부한 것도 아니다. 오히려 이들이 경계하는 것은 확실성이나 현대 문명의 시선 속에서만 타자를 바라보는 것이 결국 그토록 극복하고자 했던 야만으로 회귀될 수 있다는 점이었다. 이러한 비코와 레비스트로스의 비판적 관점은 '로고스의 눈'에도 그대로 적용될 수 있다. 우리가 로고스의 눈으로 신화를 볼 때, 신화는 그 자체의 의미로 이해되는 것이 아니다. 신화가 로고스의 시야 밖에 서 있는 것이라면, 신화는 무의미한 것으로 치부된다. 그리고 신화를 로고스의 시야 안으로 끌어올 때, 신화는 저급한 로고스의 단계로 이해될 뿐이다. 어떠한 경우든 신화를 로고스의 눈으로 바라보는 이상, 비코가 말한 반성의 만행으로 귀결될 뿐이다.

이러한 반성의 만행이 비단 학자들의 세계에만 국한되어 있지는 않다. 일반적으로 널리 알려진 신화에 대한 우화적 해석도 로고스의 눈으로 신화를 보는 일종의 반성의 만행이다. 우화적 해석에 있어 신화는 어떠한 사실 혹은 정황을 감추고 있는 것으로 이해된다. 예를 들어 보레아스가 오레이티아를 납치하는 신화는 친구와 놀던 오레이티아가 북풍에 떠밀려 근처에 있던 돌무더기에 떨어져 죽은 사실적 정황에 대한 우화적 이야기로 이해된다. 이러한 해석은 보레아스라는 신의 이름이 북풍을 지칭한다는 사실 분석에서 이루어지는 것이다. 이러한 분석에 비추어 본다면, 오레이티아가 친구와 놀다가 북풍에 중심을 잃고 돌무더기에 떨어져 죽은 사실적 정황을 원시적 사고 능력으로는 제대로 설명할 수 없어 보레아스라는 북풍의 신을 개입시키고, 이 신이 오레이티아를 납치한 신화적 형태를 띠게 된다는 것이다.

이처럼 사실과 정황이 진짜의 세계 속에서 일어나는 것이고, 이 사실과 정황을 원시인의 미숙한 정신이 어수룩하게 그려낸 것이 신화라면, 신화는 그야말로 가상 혹은 가짜의 세계일뿐이다. 로고스의 눈에 신화가 의미 없거나 저급한 수준일 수밖에 없는 것은 신화가 사실과 정황을 가상으로 혹은 가짜로 그려내기 때문이다. 그렇지만 이러한 관점이 갖는 문제는 모든 관념이 손에 쥘 수 있는 실재와 항상 대응하는 것은 아니라는 점에 있다. 이러한 관점을 철학에서는 '소박실재론naive realism'이라 한다. 이 소박실재론을 엄밀히 적용하자면, 모든 예술적 형태들도 어떤 실재에 대한 모사模寫로 이해될 수밖에 없다. 그렇지만 예를 들어 몬드리안의 작품과 같은 추상화 작품에 대응하는 실재는 없다. 그렇다면, 소박실재론에 따를 때 이 추상화 작품은 대응되는 실재가 없는 가짜의 세계를 그려낸 것이고, 신화와 마찬가지로 이 추상 작품도 저급한 수준으로 평가되어야 할 것이다. 물론 그러한 작품들을 낮게 평가하는 사람은 없다. 그렇지만 분명한 것은 동일한 관점이 예술의 경우와 마찬가지로 신화의 경우에도 적용된다는 것이다. 만일 그러하다면 매우 높은 수준의 지성적 능력을 갖춘 것으로 생각되는 로고스의 눈이 결국 상식선에 머물고 있는 소박실재론에 기초하고 있다는 매우 아이러니한 상황에 처하게 된다. 왜 이러한 아이러니한 상황이 발생하는 것인가? 로고스가 본래 소박실재론에 기초해 있기 때문인 것인가? 그렇지는 않다. 로고스가 소박실재론에 기초한 것이었다면, 과학과 수학과 같은 순수 형식들은 등장할 수 없었을 것이다. 이러한 원인이 로고스 그 자체에서 연원된 것이 아니라면, 우리는 그 원인을 오히려 로고스가 운행되었던 과정에서 찾아볼 필요가 있다. 이 과정은 로고스의 눈이 신화를 바라봄으로써 시작되었다. 여기서 로고스의 눈은 신화를 이해하는 유일한 조건이 되었으며, 이 조건 하에서 로고스의 눈은 타자로서의 신화를 로고스의 영역으로 환원시켰다. 그러나 로고스의 영역으로 환원된 신화는 로고스를 통해 확인되어야 할 내용을 담아야 하는 것으로 간주된다. 이러한 내용은 신화를 사실과 정황의 연관성 속에서 분석함으로써 확인된다. 로고스의 눈이 소박실재론으로 귀착된 것은 바로 이 지점이다. 비코는 '반성의 만행'에서 '이성의 종말'을 보았다. 이는 '로고스의 눈'에 있어서도 마찬가지이다. 로고스의 눈만을 절대적 기준으로 삼을 때, 그리하여 로고스의 체계 속에 모든 타자를 귀속시킬 때, 그 결과는 타자의 비타자화뿐만 아니라 로고스 자체의 타락도 감내해야만 하기 때문이다.

이렇게 보면 로고스의 타락은 무차별적인 로고스로의 단일화 속에서 이루어진 결과인 셈이다. 로고스로의 무차별적 단일화는 다름의 종식을 통해 구축되었다. 다름의 종식이 로고스로의 무차별적 단일화를 구축하고, 이의 귀결이 로고스의 타락이라면, 로고스의 타락을 방지하기 위해서도 종식된 다름의 회복이 요구되는 것으로 보인다. 그렇지만 여기서 다름의 회복이 로고스와 미토스의 절대적 상대성으로 귀결되어서는 안 될 것으로 보인다. 왜냐하면 'mythology'라는 용어가 지칭하듯, mythos와 logos는 본래부터 무관하지는 않았기 때문이다. 따라서 다름의 회복은 logos와 mythos의 상관성 속에서 시작되어야 한다. 그리고 이 둘의 상관성을 파악하기 위해서는 로고스와 마찬가지로 미토스의 독자성, 즉 미토스만의 기능이 확인되어야 한다. 로고스와 다른 미토스 자체에 대한 물음이 필요한 것은 바로 이러한 까닭에서이다.

2. 신화의 기능과 가치

신화를 인간 문화의 일원으로 간주할 때, 일반적으로 신화에 대해 내려지는 가장 긍정적인 평가와 이해는 신화가 모든 문화들을 배태한 일종의 문화적 모태라는 것이다. 신화보다 더 오랜 문화의 형태가 없다는 점에서 신화를 문화적 모태라 하는 것은 신화가 가장 오래된 인간 문화의 형태이며, 이와 더불어 다른 모든 문화들이 발원하는 일종의 문화적 기원이라는 것을 의미한다. 이렇게 보면, 신화를 단순히 언어가 갖는 약점과 연관시키려는 시도는 변경되어야 할 것이다. 막스 뮐러가 신화를 언어의 병이라 보는 것은 신화를 언어의 부산물쯤으로 여기는 것이다. 그의 주장을 받아들이게 되면, 우리는 언어에서 인간 문화의 기원을 찾아야 한다. 그런데 이 주장은 신화를 가장 오래된 문화의 형태로 간주하는 이해와는 양립될 수 없다. 신화와 언어가 어느 특정한 누군가에 의해 주어지는 것이 아닌 이상, 이 둘은 최소한 발생의 관점에 놓이게 된다.

그렇지만 제 아무리 발생적 관점에 서 있다 하더라도 이 둘이 정확히 어떤 특정 시점에서 시작되었는지를 밝히는 것은 불가능하다. 그러한 까닭은 언어의 발생이 문자의 발생 이전이기 때문에, 언어의 발생을 고고학적으로 발견하는 일은 애초에 불가능하며, 바로 이러한 이유에서 신화가 언어의 병이라 할지라도, 신화 발생의 시점을 정하는 것 역시 불가능하기 때문이다. 오히려 발생적 관점에서 제일 확실하며 제일 먼저 눈에 띄는 것은 신화와 언어가 혼재되어 있다는 것이다. 이 혼재는 신화와 언어가 출발한 특정한 시점을 정할 수는 없다고 하더라도, 이 둘 간의 연관성을 조명함으로써 이 두 형식의 관계를 가늠할 수 있는 실마리를 제공할 수 있다. 또한 이 혼재를 좀 더 분명히 파악하기 위해서는 다른 형식의 혼재 역시 참조할 필요가 있다. 왜냐하면 신화의 혼재 대상은 단지 언어에만 국한된 것이 아니기 때문이다. 신화는 기술과 혼재되어 있기도 하였으며, 그 흔적이 여전히 남아 있을 만큼 뿌리 깊은 역사를 갖고 있다는 점에서 신화와 기술의 혼재를 살펴보는 것은 신화와 언어의 혼재를 이해하는 데 매우 큰 단초를 제공한다.

기술과 신화의 혼재를 보여주는 가장 대표적인 예가 도구 숭배의 전통이다. 도구 숭배의 원초적 형태들은 원시적인 생활을 하는 오지 부족들의 생활 속에서 종종 발견된다. 예를 들어 이들이 사용하는 사냥 도구는 단순히 사용의 객체로만 이해되지 않는다. 이와 같은 도구들은 제의ritual의 대상이며, 사냥 행위 역시 사냥 도구로 동물을 사냥하는 것으로 시작되는 것이 아니라 제의로부터 시작된다. 하지만 이러한 행위들을 원시인들의 생활 속에서만 확인할 수 있는 것은 아니다. 오늘날에도 이러한 행위의 흔적은 남아 있다. 예를 들어 우리는 새로 구입한 차를 운행하기 전, 그 차의 바퀴에 술을 뿌리곤 한다. 이러한 행위는 안전한 운행을 바라는 일종의 제의이다. 이러한 행위 속에서도 차는 사용될 뿐인 단순한 도구만으로 이해되지 않는다. 도구를 제의적 의식의 대상으로 간주하는 것은 신화적 사고의 전형이다. 오늘날까지도 그 흔적이 남아 있는 이러한 도구 숭배가 보여주는 기술과 신화의 혼재는 왜 빚어진 것일까? 이러한 혼재는 기술과 신화가 그 발생적 차원에서 모종의 관계를 맺고 있다는 것을 암시적으로 보여준다.

지금까지도 그 영향력이 대단한 기술은 도구의 사용으로부터 시작된다. 카시러(Ernst Cassirer, 1874~1945)와 같은 문화 철학자는 기술을 "도구의 정신Geist des Werkzeuges"으로 규정하기도 한다. 물론 동물도 도구를 사용하는 예가 있는 것은 사실이다. 이러한 예로부터 도구의 사용을 인간 고유의 행위로 간주하지 않는 경향도 존재한다. 그러나 동물의 도구 사용과 인간의 도구 사용의 차이는 도구가 단지 신체의 확장으로 이해되지 않는다는 점에 있다. 동물의 경우 도구는 신체의 확장일 뿐이다. 따라서 동물의 경우 도구의 사용은 동물의 신체와 그것을 둘러싸고 있는 환경세계 간의 직접적 관계로 남게 된다. 그러나 인간에게 있어 도구는 그 도구의 사용자인 인간과 인간을 둘러싸고 있는 세계를 간접적 방식으로 연결시킨다. 다시 말해 인간은 도구를 통해 세계를 인식한다. 이와 더불어 도구의 개입은 세계에 대한 인간의 경험을 직접적인 방식에서 간접적인 방식으로 전환시킨다. 카시러에 따르면, 이러한 전환 속에서 인간 사고의 특징인 사고의 간접성이 기인한다. 간접적 사고방식 속에서 세계와 인간 사이에는 거리가 발생하며, 이에 따라 세계는 어떠한 열망 속에서 직접적으로 장악될 수 있는 대상일 수 없게 된다. 거리두기는 또 다른 한편으로 인간이 자신의 목적을 설정하는 가능성을 열어 놓는다. 만일 이러한 거리두기가 명확하지 않다면, 인간은 자신의 열망을 직접적으로 성취하려 할 것이다. 그렇지만 거리두기 속에서 목적은 멀리 둘 수 있다. 목적을 멀리 두었을 경우 이 목적은 직접적으로 성취될 수 없다. 목적을 성취하는 것은 이제 열망이 아니라 의지이다. 이러한 방식의 거리두기는 기술을 통해 드러나는 기술적 공간성의 특징이다. 이 공간성이 기술을 특징짓는 조건 중 하나라면, 신화와 기술의 차이 역시 공간성을 통해 드러날 수 있다.

신화적 공간의 특징을 설명하기 위해 간단한 예로, 대학입시와 관련된 일련의 현상들을 살펴보자. 요즘은 그 풍토가 약간 달라지기는 했지만, 얼마 전만 하더라도 대학에 붙기를 바라는 의미로 대학 정문에 엿을 붙이는 경우가 있었다. 게다가 학부모들이 자녀의 합격을 기원하기 위해 정한수를 떠놓고 빌거나 탑돌이를 하는 경우도 있었다. 그렇지만 이러한 행위들은 일반적으로 미신적 행위로 간주되곤 하였다. 왜 이러한 행위는 미신적 행위로 간주되었을까? 이러한 행위가 미신적인 것으로 간주된 가장 주요한 까닭은 이러한 행위가 과학적으로 입증될 수 없기 때문이었다. 다시 말해 엿을 붙이거나 정한수를 떠놓고 빌거나 탑돌이를 한다고 하더라도, 그 행위가 시험을 보는 당사자들과 공간적 인접성을 갖지 않기 때문에, 이 두 행위들은 인과적 연관관계로 해명될 수 없는 것이다. 하지만 이것은 과학적 공간성의 반영일 뿐, 이러한 행위가 기초하고 있는 신화적 공간성의 반영은 아니다. 신화적 공간에 있어서는 멂과 가까움의 개념은 거의 존재하지 않는다. 이는 인터넷 공간과도 매우 비슷하다. 인터넷 공간도 사실 멂과 가까움이 존재하지 않는다. 그러한 까닭에 만일 두 사람이 각각 한국과 미국에 가 있다고 하더라도, 이 둘은 서로 영향 관계에 있을 수 있다. 신화적 공간도 마찬가지로 어느 한 행위자의 행위가 다른 행위자가 어디에 있건 그 영향을 반드시 미칠 수 있는 것이다. 바로 이러한 공간성에서 주술과 같이 기원의 힘을 통해 자신의 열망을 직접적으로 성취하려는 신화적 행위들이 설명된다. 예를 들어 적의 모양을 본뜬 인형에 해를 가함으로써 그 적에게 실제로 해를 입히고자 했던 것도 바로 이러한 신화적 공간성의 특성에 기인한 인과적 행위이다.

신화와 기술이 보여주는 성취 방식의 차이는 이 두 형식이 갖고 있는 공간적 특성의 차이에서 기인된다. 이러한 점에서 보면 이 둘의 차이는 분명하다. 그렇다면 이 두 형식의 혼재는 어떻게 이해할 수 있는가? 기술적 차원의 성취 방식이 신화적 차원의 성취 방식으로 역행했다는 것은 그리 설득적인 설명은 아니다. 왜냐하면 이러한 혼재

이후에 등장했던 인간 문화의 형식들은 직접적 성취와는 거리가 멀기 때문이다. 이렇게 보면 신화와 기술의 혼재는 '기술의 병'이 아닌, 신화와 기술의 분기分岐를 의미하는 것으로 이해할 수 있을 것이다. 기술이 신화적으로 이해되었다는 것은 신화가 기술보다 일반화된 세계관이라는 것을 말해준다. 그리고 신화 속에서 태동한 기술은 점차 신화로부터 벗어나는 과정을 밟게 된다. 그 과정 속에서 바로 신화와 기술의 혼재가 발생하는 것이다.

우리는 이러한 혼재를 신화와 언어의 관계에도 적용해 볼 수 있다. 주술의 한 형태인 '마법언어'는 언어가 신화적으로 이해된 전형적인 예이다. 원시인들은 이 마법언어를 통해 자연을 장악하려 하였다. 원시인들에게 신화적 사고는 제1의 원리였으며, 이 사고 속에서 인간의 사회와 자연은 구분되지 않았다. 따라서 인간 사회 속에서 말의 기능은 자연에 대해서도 마찬가지로 적용될 수 있는 것이었다. 예를 들어 사람을 부르는 소리에 응답하여 사람이 내려오는 경험은 그대로 자연에게도 적용되었다. 이들에게는 하늘의 달도 노래를 통해 떨어뜨릴 수 있는 것이었다. 언어 혹은 말을 통해 자연을 지배하려던 원시인의 노력은 인간과 세계의 경계를 가르지 않는 신화적 사고에서 기인하는 것이다. 그렇지만 이들의 노력은 한계가 있을 수밖에 없었을 것이다. 마법언어를 통해 자연을 지배하려는 원시인들의 노력이 늘 현실적인 결과와 일치되는 것은 아니었기 때문이다. 이러한 불일치는 마법언어를 통해 자연을 지배하려던 모든 노력을 좌절시켰으며, 바로 이러한 좌절 속에서 언어와 현실의 관계가 변경되는 계기가 마련된다. 더 이상 언어는 신비로운 힘을 가지고 있어 우주의 순환을 변화시킬 수 있는 마법적 기능이 부여되지 않는다. 오히려 이제 이러한 마법적 기능을 어의적 기능이 대체하는 것이다.[1] 언어 혹은 말을 이르는 가장 오래된 낱말이 로고스라는 점을 고려한다면, 이러한 대체는 로고스가 신화적 사고를 대신하여 현실과 자연, 더 나아가 우주를 보는 우선적인 원리로 떠오르게 되었다는 것을 의미한다.

신화와 언어의 혼재는 신화와 기술의 혼재와 마찬가지로 신화의 시대 속에서 언어가 자신의 본질적 기능을 수행하는 단계로 이행하는 과정을 보여준다. 왜냐하면 신화와 기술 그리고 신화와 언어의 혼재는 기술과 언어가 신화를 해석하는 것이 아니라, 오히려 기술과 언어가 신화적으로 이해되고 해석된 결과이기 때문이다. 신화는 단순한 언어의 부산물, 특히 언어의 약점을 원시인이 극복하지 못하여 발생한 언어의 병은 결코 아니다. 신화와 기술의 혼재 그리고 신화와 언어의 혼재를 기술과 언어의 본질적 기능 수행으로의 이행 과정으로 이해하는 것을 통해 확인할 수 있는 것은, 단지 신화가 언어나 기술의 병이 아니라는 점만은 아니다. 오히려 이러한 이해 속에서 신화가 인간 문화의 모태로서 새롭게 확인될 수 있을 뿐만 아니라 이러한 신화를 하나의 독자적인 형식으로 간주해야 한다는 점 또한 확인될 수 있다.

신화가 인간 문화의 모태라고 말할 때, 그것이 의미하는 것은, 마치 생물들의 생식reproduction처럼, 신화가 기술을 낳았고, 언어를 낳았고, 그 밖의 문화의 형식들을 낳았다는 것이 아니다. 카시러에 따르면, 신화와 언어 그리고 기술은 거의 동근원적인 것으로 설명된다. 그렇지만 그의 설명 속에서도 그리고 우리의 일반적인 진술들 속에서도 신화는 계속해서 인간 문화의 모태로 규정된다. 그 까닭은 무엇일까? 그 까닭은 우선 문화의 의미에서 찾아볼 수 있다. 문화는 자연과 반대 개념으로 이해된다. 다시 말해 인간의 의식과 행위와 연관된 개념이다. 따라서 문화라는 개념은 인간에게만 적용될 수 있다. 신화는 자연에 대한 인간의 의식과 행위를 가장 처음으로 보여주는 형식이다. 이때 처음이라 말할 수 있는 것은 자연과 인간의 '거리' 때문이다. 기술과 언어뿐만 아니라 그 후 등장하게 되는 인간 문화의 형식들은 자연과 거리를 유지한다. 과학의 경우, 특히 현대의 물리학은 자연과 직접 대면하지 않으면서도 자연 혹은 우주의 원리를 수학적으로 그려낸다. 이와 달리 신화 혹은 신화적 사고 속에서는 자연과 인간이 하나의 연속성 속에서 이해된다. 그렇지만 자연과 인간의 거리 속에서 신화가 문화의 모태로 이해될 수 있다는 것이 인간의 문화를 하나의 단선적 발전과정으로 설명하는 것은 아니다. 오히려 우리가 앞서 신화와 기술 그리고 신화와 언어의 혼재에 대한 논의 속에서 다다른 '이해' 속에 다시 들어갈 때, 인간 문화의 전개 과정 속에서 신화가 인간 문화의 모태로서 갖는 의미가 좀 더 분명해질 수 있다.

기술과 언어가 신화와 혼재된 것은 그것들이 신화의 시대에 등장했기 때문이다. 신화의 시대란 신화적 사고와 이로부터 구축된 신화적 세계가 지배적인 시대를 의미한다. 그리고 이러한 지배 속에서 기술과 언어는 이해되고 해석된다. 그렇지만 기술과 언어는 이후 신화와는 다른 세계를 구축해 간다. 다른 세계의 구축은 그 형식들이 가지고 있는 기능과 신화의 기능과의 차별화에서 가능하다. 기술과 언어가 독자적인 세계를 구축하는 것은 신화로부터 비롯되며 배태되는 것이다. 그렇지만 기술과 언어가 독자적인 세계를 구축한다는 것이 신화의 무화無化를 뜻하는 것은 아니다. 그것은 신화와는 또 다른 세계가 등장한다는 것을 의미하는 것이다. 이렇게 보면, 신화는 다른 세계, 즉 기술의 세계와 언어의 세계를 배태하는 것으로 끝나는 것이 아니라, 분기되어 새로이 등장한 세계들과 일정한 관계 속에 놓이게 된다. 신화의 기능은 이러한 관계 속에서 새롭게 규정되며, 그것의 기능을 수행한다. 현대인의 생활 속에 여전히 신화적 사고의 흔적이 남아 있는 것은 바로 이러한 과정 속에서 이해할 수 있다. 물론 신화와 신화적 사고가 수행했던 우주론으로서의 기능은 새로운 관계 속에서 유지될 수는 없지만, 그것의 인간학적 가치는 지속된다.[2] 새로운 관계의 구성 속에 인간학적 가치를 지속적으로 갖고 있다는 점에서 신화는 다른 형식들의 등장으로 인간의 문화적 역사에서 퇴장하게 될 운명을 맞이하게 되는 것은 아니다. 오히려 바로 이러한 점에서 신화만이 갖는 독자적 기능이 이해된다. 신화의 독자적 기능, 특히 그것이 갖는 인간학적 가치는 신화가 수행했던 사회적 기능 속에서 가장 분명하게 드러난다.

원시인의 생활이 전적으로 신화적 사고에만 국한되어 있는 것은 아니었다. 물론 우리가 신화의 시대로 되돌아갈 수는 없지만, 이들의 삶을 이해해 볼 수 있는 것이 불가능한 것은 아니다. 얼마 전 방영되었던 MBC의 다큐멘터리 '아마존의 눈물'은 사회적으로 큰 반향을 일으켰다. 이 다큐멘터리가 영화관에서 상영될 정도로 큰 반향을 일으킨 것이 현대 문명과 단 한 번도 교류하지 않고 살아온 원시부족이 있었기 때문은 아니었다. 오히려 원시적 삶을 그대로 유지하던 그들의 삶이 현대의 문명 시대를 살아가는 우리보다 더 풍요롭고 행복했기 때문이었다. 물론 이들의 삶이 문명을 기초로 한 우리의 삶과는 현저히 다른 모습을 가지고 있지만, 이들의 일상생활은 우리의 일상생활과 기능상 큰 차이점이 없었다. 이들도 일상의 생활을 이치에 맞게 영위하였으며, 혹여 발생되는 문제들을 그들 자신의 힘으로 해결하며 살아가고 있었다. 이것은 원시인의 삶이 유달리 엉뚱하거나 전연 미개하거나 야만스럽거나 유치한 것은 아님을 알려준다. 물론 간접적이기는 하지만, 우리는 이러한 경험을 신화의 시대의 주인이었던 옛 원시인들의 삶을 이해하는 데 활용해 볼 수 있다. 문명을 경험하지 않았다는 점에서 옛 원시인의 삶도 조애족의 삶과 크게 다를 것 같지는 않다. 옛 원시인들도 그들의 삶을 이치에 맞게, 그리고 발생되는 문제를 자신의 힘으로 해결하곤 하였을 것이다.

이렇게 보면 신화적 사고가 일상적인 삶 하나하나를 규제하는 것은 아니다. 현대를 살아가는 우리의 경우도 과학적 우주론을 일반적으로 따르고 있다고 말할 수 있지만, 우리의 삶 하나하나가 모두 과학적인 것은 아니다. 다시 말해 우리는 매 순간순간을 과학적으로 사고하지 않는다. 우리가 과학적 지식이나 과학적 사고를 활용하는 것은 우리의 일상 속에서 해오던 방식으로 어떤 문제가 해결되지 않을 경우이다. 예를 들어 냉장고 주위에 물이 흘러 있고, 그것을 계속 닦았는데도 물이 계속 있을 경우, 우리는 물이 있게 되는 물리적 인과성을 따져보기 시작한다. 냉장고 문은 닫혀 있는가? 전원은 연결되어 있는가? 냉장 스위치는 제대로 되어 있는가? 기계적 고장인가? 등등. 신화적 사고의 등장 또한 이와 마찬가지이다. 예를 들어 구성원 중

누군가가 병에 걸리고, 그 질병이 일상적으로 해결되지 않을 때, 우리가 물리적 인과관계를 따져보듯이, 원시인들도 그 문제를 신화적 사고를 통해 해결하고자 하는 것이다.

이와 같은 문제의 해결을 위해 원시인들이 신화적 사고를 통해 수행하는 것이 바로 제의이다. 그리고 이 제의는 한 사람이 행하는 것이 아니라 부족 전체가 행하는 의식이다. 이것은 신화적 사고에 있어 개인적인 측면이 아닌 사회적 측면의 성격이 강하다는 것을 잘 보여준다. 그러한 까닭은 원시 사회에 있어 그 구성원들은 독립적인 개체로서 생활하는 것이 아니라 서로가 하나의 유대에 속함으로써 살아가기 때문이다. 다시 말해 원시 사회에서 그 구성원들은 그들의 운명과 생명이 각각의 것이 아니라 서로 연결되어 있다는 유대의식을 갖고 있으며, 이 유대는 서로가 공감적으로 결속하게 되는 제의를 통해 유지되는 것이다. 따라서 부족 구성원 중 누군가의 질병은 그 개인만의 문제가 아니라 구성원 전체의 문제로 인식되며, 이 문제의 해결에 전체가 나서게 되는 것이다.

공감적 결속은 비단 인간들 사이에서만 일어나는 일은 아니다. 신화에서 흔하게 접할 수 있는 내용은 등장인물들이 때때로 자연의 일부로 변화하는 것이다. 예를 들어 다프네 신화에서 아폴론에게 쫓기던 다프네는 월계수로 변한다. 이러한 변화가 보여주는 것은 그 결속이 인간과 자연 사이에서도 가능하다는 것이다. 공감의 대상이 인간뿐만 아니라 자연까지도 포함할 때, 신화적으로 이해되는 것은 인간 사회뿐만 아니라 자연 역시 마찬가지이다. 이와 더불어 이러한 변화는 신화 세계 속에서 어떤 것도 일정하고 불변적인 모습을 갖는 것

은 아니라는 점 역시 보여준다. 항구적이고 불변하는 것에 대한 희구
는 학적 인식에서 가능하다. 왜냐하면 엄밀한 지식은 늘 동일하고 항
구적이며 불변적인 것에서 얻어질 수 있기 때문이다. 예를 들어 수학
적 지식은 한국과 미국에서 서로 다를 수 없다. 이러한 엄밀한 지식
의 추구 속에서 공간은 등질적인 것으로 이해된다. 기하학의 공간이
보여주듯, 그 공간들은 서로 균질하고 등질적이며 양적으로 규정된
다. 예를 들어 한 장소에 대한 경험과 감정은 다를 수 있지만, 이 장소
에 대한 기하학의 이해는 그러한 경험과 감정을 결코 포함하지 않는
다. 이러한 의미에서 순간순간 변화하는 것은 학적 인식으로 설명될
수 있는 것이 아니라 신화를 통해서만 설명될 수 있다. 신화 세계 속
에서 모든 것이 순간순간 변화하는 것은 신화 세계가 엄밀하게 규정
된 사실의 세계가 아니라 감정이 우선하는 세계이기 때문이다. 감정
은 항상적인 것이 아니다. 항구성과 불변성에 비교되지 않는 이상, 이
감정 속에서 파악된 순간적 모습들은 그 자체로 유의미하다. 그렇기
때문에 신화적 공간은 양적 공간이 아니라 질적 공간으로 이해된다.[3]

　신화의 세계가 늘 변화한다는 것은 그 세계의 동적 특성을 나타낸
다. 그렇지만 이 동적인 특성이 시작점과 종결점 사이의 움직임을 뜻
하는 것은 아니다. 예를 들어 한 인간의 삶은 그 죽음으로 종결되는 것
이 아니다. 죽음은 늘 다른 것으로의 변화로 이행된다. 죽음과 삶은 지
속적으로 연결되어 있고 죽음이 소멸을 의미하지 않기 때문에, 이 과
정 속에서 죽음은 늘 자신의 본성을 유지한다. 그렇지만 삶과 죽음의
연속이 인간 내에서만 이루어지는 것은 아니다. 다프네의 신화가 보
여주듯, 인간의 죽음은 자연의 삶으로 환생할 수 있으며, 따라서 인간

의 조상은 반드시 인간일 필요는 없다. 바로 이러한 점에서 인간의 조상은 인간일 수도 동물일 수도 있으며, 인간의 생명은 자연의 생명과 동일시 될 수 있다. 신화 세계 속에서 모든 생명은 하나의 유대를 맺고 있으며 하나의 생명적 흐름 속에 놓여 있다. 이러한 유대와 흐름 속에서는 전체와 부분이 명확히 구분되지 않는다. 부분처럼 보이는 모든 것들, 예를 들어 생명체들은 사실 하나의 유대와 흐름 속에 놓여 있는 것이기 때문에, 바로 이 부분들에서 전체가 드러나게 된다. 신화 세계 속에서 부분은 전체를 나눈 결과물이 아니라 바로 전체이며, 그 작동과 기능도 전체로서 이루어진다[pars pro toto].[4] 바로 이러한 사고가 인간 사회에서 제의를 통해 드러나게 되는 것이다. 개개인들은 다른 개인과 다른 나를 주장하는 것이 아니라, 그러한 자신의 개인성을 희생함으로써 전체로서 귀환되는 것이다. 이러한 일종의 사회적 통합이 바로 신화 혹은 신화적 사고가 수행했던 사회적 기능이다.

이러한 신화 혹은 신화적 사고의 사회적 기능은 파편화된 현대인의 삶에 시사해주는 바가 크다. 현대인의 삶이 사회적·경제적·정치적으로 파편화되어 있다는 점은 이미 일반화된 진단이다. 사회적으로는 소외의 문제가, 경제적으로는 양극화의 문제가 그리고 정치적으로는 지역감정이 사회의 통합을 가로막고 있다. 이제 사회 통합에 대한 요구는 정치적 구호로만 의미를 갖는 것이 아니다. 우리가 사회 통합에 대한 이념이 유의미하다고 생각한다면, 우리는 신화가 가지고 있었던 사회적 기능을 다시 한 번 반추해 볼 필요가 있다. 그리고 이 반추 속에서 신화의 사회적 기능이 유의미하다는 것을 발견할 수 있다면, 우리는 미토스가 로고스의 출발로부터 그 생을 다한

것이 아니라 여전히 그것 고유의 인간학적 가치를 유지하고 있다는
점 또한 발견할 수 있을 것이다.

3. 신화와 현대인의 삶

로고스의 눈으로 미토스를 조망하는 것은 인간의 문화 세계를 통일
적으로 고찰하는 데 매우 큰 걸림돌이 된다. 로고스의 눈에서 미토스
와 로고스가 엄격하게 분리되어 배제되거나 미토스가 로고스로 환원
되어 미토스를 저급한 로고스로 규정하는 결과를 낳기 때문이다. 인
류 문명의 견지에서 본다면, 전자는 위대한 인류 문명의 발상지를 파
괴하며, 후자는 이 발상지를 온갖 오해와 왜곡으로 점철된 것으로 규
정하게 된다. 따라서 미토스와 로고스를 인간 문화의 체계 속에서 통
일적으로 조망하기 위해서는 로고스의 눈만을 고집할 수는 없다. 로
고스의 눈만을 고집하는 경향은 사실 인간을 이성적 동물로 규정하
는 것과 매우 밀접하게 연관된다. 왜냐하면 인간을 이성적 동물로 규
정할 때, 이 이성은 곧 로고스이기 때문이다. 인간을 이성적 동물로
규정할 때, 모든 인간적인 것은 이성이라는 규준 속에서 결정된다. 문
화를 자연과 대비되는 개념으로 이해할 때, 인간의 문화 역시 이성적
으로 규정된다. 이성은 인간의 문화를 이해하는 열쇠가 된다. 그렇지
만 이성의 견지 하에서 신화나 종교는 충분히 설명되지 않는다.
　　카시러는 이러한 인간 규정이 인간의 문화를 충분히 설명할 수
없는 좁은 정의라 규정하고, 인간 문화를 통일적으로 조망할 수 있는
새로운 인간에 대한 정의를 제시한다. 그에 따르면, 인간은 이성적 동

물이 아니라 "상징적 동물"[5]이다. 상징은 미토스와 로고스를 모두 포함하는 개념이다. 따라서 미토스도 상징의 한 형식이며, 언어나 과학과 같은 로고스들도 모두 상징의 한 형식들이다. 인간의 문화는 이러한 상징형식들의 총체이며, 서로 다른 상징형식들의 보편적 경향, 즉 상징적 기능 속에서 인간 문화를 통일적으로 체계화한다. 앞서 필자의 언급들 속에서 신화, 언어 그리고 과학을 인간 문화의 한 형식이라 말한 것은 바로 이러한 이유에서이다. 로고스의 눈으로 미토스를 조망하는 태도는 학문의 영역에만 국한된 문제는 아니다. 오히려 우리가 이 문제를 일상 속에서 들여다본다면, 이 태도가 가지고 있는 한계와 그 의미가 보다 분명하게 드러날 수 있을 것이다.

우리의 일상에서 로고스의 눈의 차원에서 이상하게 비춰질 수 있는 현상들 중 대표적인 것이 온라인 게임이다. 현재 온라인 게임의 상당수는 신화를 기초로 하고 있다. 예를 들어 '라그나로크'와 같은 게임은 북유럽의 신화를 그 제목으로 사용하기도 한다. 이 외에도 여러 신화의 상징들과 이야기들을 재결합하여 만든 '길드워'와 같은 게임도 있다. 여기서 신화와 연관되어 있는 온라인 게임을 예로 드는 것은 단순히 게임 속에 신화적 모티브나 내용들이 삽입되었다는 현상 때문만은 아니다. 문제는 오히려 보다 근본적인 차원에서 발견된다. 현재의 온라인 게임은 단순한 게임기의 차원을 넘어서 있다. 온라인 게임은 디지털 기술을 바탕으로 하고 있다. 디지털 기술은 이전의 아날로그 기기들을 디지털로 전환하여 한데 모음convergence으로써 이전에는 상상도 하지 못할 정도의 기능을 가진 디지털 기계를 출현시켰다. 어떤 게임을 작동시킬 수 있는가는 컴퓨터의 기능을 가늠하는 일종의 가늠자 역할도 수행한다. 이러한 측면에서 보면, 온라인 게임은 현재 우리가 가지고 있는 디지털 기술의 집적체이며, 기술의 극단이기도 하다. 기술의 극단은 다른 측면에서 로고스의 극단이기도 하다. 로고스의 눈이 번득이기 시작하는 것은 바로 이 시점이다. 이 로고스의 극단이 다시 신화와 조우遭遇했기 때문이다. 이러한 의미에서 보면, 온라인 게임은 기술과 신화의 결합, 즉 로고스와 미토스의 결합이다. 만일 로고스와 미토스를 엄격하게 분리한다면, 우리는 이 결합을 어떻게 설명할 수 있을까? 로고스의 영토에 미토스가 지배하고 있다는 식의 설명은 가능할까? 이러한 설명은 매우 현상적인 것이어서 로고스와 미토스를 계속해서 구분하는 데에는 성공할 수 있을지 몰라도, 미토스가 로고스의 영역을 어떻게 그리고 왜 지배하는 것인지를 설명할 수는 없을 것이다. 게다가 미토스와 로고스의 엄격한 구분은 애초에 이 둘이 서로 다른 방향으로 전개된다는 점을 전제로 하고 있기 때문에, 로고스와 미토스의 결합 자체를 설명할 수도 없다.

　온라인 게임의 구상 과정은 더더욱 로고스의 눈으로 이러한 현상을 설명하기 어렵게 만든다. 온라인 게임은 디지털 스토리텔링의 과정을 통해 구상된다. 신화를 기초로 하고 있는 온라인 게임의 경우도 마찬가지이다. 물론 이 경우 신화의 줄거리와 등장인물들이 주목 받는 것은 사실이지만, 스토리텔링 자체는 이미 신화mythology와 결부되어 있다. mythology는 본래 헬라스어 μυθολογία에서 나온 말이다. LEDDELL & SCOTT판 헬라스어 사전에 따르면, μυθολογία는 그 자체로 'a legend, story, tale'의 의미도 있지만, 'a telling of mythic legends'와 같은 합성어로서의 의미도 갖는다. 이와 같은 합성 방식에 따라 예를 들어 μυθολόγος는 'a teller of legends'의 뜻을 갖는다. 어원상의 분석에 따르면, mythology는 이야기를 뜻하는 myth와 말하기를 뜻하는 logos의 합성어이며, 영어표현에 따르면, 이야기를 뜻하는 story와 말하기를 뜻하는 telling의 합성어, 즉 storytelling이 된다. 결국 mythology는 storytelling의 어원으로 이해된다.

온라인 게임의 구상과 구현이 스토리텔링에 기초하는 한, 게임은 근본적으로 신화와 관계될 수밖에 없다. 이 둘을 이렇게 근원적인 관계로 보게 되면, 더 이상 로고스와 미토스의 만남을 우연적인 것으로만 설명하기는 어렵게 된다. 더군다나 이 둘의 만남을 단순한 우연으로 설명할 수 없을 때, 미토스와 로고스를 엄밀하게 분리하여 전혀 이질적으로 것으로 규정하는 것도 설득력을 잃게 된다. 물론 신화가 갖는 우주론은 로고스들 중 특히 과학의 우주론이 등장하면서 그 가치를 상실한다. 신화의 우주론과 과학의 우주론은 양립할 수 없다. 그러나 이러한 양립불가능성에서 신화의 종말을 주장할 수는 없다. 신화가 비록 우주론으로서의 그 가치를 상실했지만, 여전히 그것이 사회 내에서 수행했던 기능, 즉 인간학적 가치까지 상실한 것은 아니기 때문이다. 만일 신화가 수행했던 기능의 유효성을 인정한다면, 다시 말해 신화의 인간학적 가치가 여전히 유효하다는 점을 인정한다면, 우리는 이를 미토스와 로고스의 만남을 설명하는 출발점으로 삼을 수 있을 것이다.

신화의 인간학적 가치가 유효하다는 것은 우리의 시대가 신화가 수행했던 기능을 필요로 한다는 말의 다른 표현이다. 우리의 시대는 과학기술사회로 규정되고 있다. 특히 현재의 디지털 기술의 발전상에 따라 우리 시대는 디지털 컨버전스 시대라 규정되기도 한다. 바로 이러한 시대에 신화의 사회적 기능이 요청되는 것은 우리가 우리의 시대에 기인하여 처하게 된 상황과 무관하지 않다. 우리는 어떤 삶을 살고 있는가?

우리의 현실적 삶을 조망하기 위해서는 근대 철학의 사유 방식으로부터 출발해야 한다. 많은 철학자들이 '탈근대'라는 주제 하에서 근대 철학의 사고방식을 배격하려 해왔지만, 이 시도들은 아직까지도 단절되지 않는 끈이 근대로부터 현대까지 이어져 오고 있다는 이면의 모습 또한 갖고 있기 때문이다. 근대 철학은 추호도 의심할 수 없는 가장 명확한 지식의 기초를 마련하고자 하였던 데카르트로부터 시작된다. 그는 '방법적 회의methodical doubt'라는 특유의 태도를 통해 진리로 받아들여지던 모든 것들을 회의하였다. 그의 방법적 회의의 결과는 '생각하는 나'와 '존재하는 나'의 발견이었다. 이제 '나' 즉 주관은 모든 지식의 출발점이 되었다. 그 유명한 주관과 객관의 이분법적 지형이 형성된 것이다. 객관은 철저히 주관의 사고 체계 하에서만 파악되고, 이를 통해 지식이 될 수 있다. 이러한 사고 체계에 있어 공간은 기하학적인 것으로 이해된다. 기하학의 공간은 질적으로 무차별적인 등질적 공간이다. 등질적 공간은 분할 가능하며, 따라서 연속된 세계는 낱낱으로 나누어진다. 신화와 신화적 사고가 보여주는 연속적 세계와 공동체성이 그 의미를 상실하게 된 것은 바로 이러한 배경 하에서이다. 이러한 근대적 공간성 하에서 신화적 공간성은 유의미하지 않기 때문이다. 철학자 하이데거에 따르면, 주관과 객관의 이분법에 기초해 있는 근대적 공간성에 현대 기술의 본질이 근거해 있다. 근대적 공간성에 따르면 자연은 이 공간으로 투영됨으로써만 유의미하다. 다시 말해 등질적 공간 내에 자연이 포섭됨으로써만 그것은 계산 가능하고, 바로 이러한 점에서만 의미를 획득하게 되는 것이다. 이제 인간을 포함하여, 존재하는 어떤 것의 의미는 그것이 갖고 있는 고유성에서 파악되는 것이 아니라 거대한 상위체계 속에 하나의 부품이 됨으로써만 인정되고 파악된다. 그 어떠한 것도 이러한 공간적 체계 하에 놓임으로써만 유의미하기 때문에, 그것이 갖고 있는 고유의 의미는 탈취된다. 이것은 근대적 공간성뿐만 아니라 현대기술의 본질이기도 하다. 현대 기술의 전개 속에서도 전체는 등질적 공간으로 나눌 수 있고, 역으로 전체는 등질적 부분들의 집합 개념으로 이해된다.

우리는 현대 사회 속에서 인간이 자신의 고유한 의미를 상실하고, 체계 속에 부품으로 전락하는 현상을 '소외疏外'라고 부른다. 인간의 소외 현상이 발생하는 것은 인간의 활동이 분절되기 때문이다. 다시 말해 인간의 활동이 전체라는 맥락 속에 놓여 있는 듯 보이지만, 이 전체의 맥락을 자신의 활동 속에 내재시키지 못하기 때문에, 언제나 교체될 수 있는 운명을 맞이하는 것이다. 전체의 맥락 속에서 인간의 활동이 고유성을 확보할 수 없기 때문에, 인간은 생산의 영역뿐만 아니라 사회와 늘 괴리감을 느끼게 된다. 이 괴리감은 일부만 느끼는 것이 아니다. 현대 과학기술사회가 그 사회의 구성원 모두를 규정하는 이상 그 모든 구성원이 느낄 수밖에 없는 감정이다. 따라서 인간 소외는 단순한 현상이 아니라 하나의 병리현상으로 이해된다. 한 인문학자는 우리의 상황을 이렇게 말하고 있다.

최첨단의 기술과 문명의 성취를 보여주는 디지털 시대에서 인간은 사물화되어 가고 기능화되어 가는 속에서 인간으로서의 고유의 존재의 자리와 인간성을 상실한 채, 대지는 거세되고, 부활하는 탄성을 잃고, 계절의 질서가 와해되고 있다. 진지하게 사고하는 모든 인간들은 21세기의 임박한 미래에 지구 전체에 닥칠 전면적인 위기를 인식한다.[6]

우리는 사회 병리현상으로서의 소외를 극복해야 한다는 점에 이견을 두지 않을 것이다. 그렇지만 이 문제를 해결하기 위해서는 인간소외가 발생하는 원인의 이중성을 이해해야 한다. 앞서 이미 언급되었듯이, 현대 기술 역시 근대의 공간성과 마찬가지로 전체가 등질적 공간으로 나뉠 수 있다. 그리고 등질적 공간의 집합으로서 전체가 이해된다. 인간의 활동도 이러한 나눔 속에서 등질적인 것이 되기 때문에, 인간은 전체와의 괴리 속에서 소외를 느끼게 된다. 만일 이 소외가 전체에서 잠시 혹은 우연히 괴리된 것이라면, 이러한 순간성과 우연성을 벗어나는 것이 소외 문제 해결의 핵심 과제가 될 것이다. 그러나 인간 소외가 순간적이거나 우연한 것은 아니다. 왜냐하면 집합으로서의 전체는 인간이 그 자신을 끊임없이 의탁했던 공동체로서의 의미를 갖지 않기 때문이다. 공동체로서의 전체는 나눌 수 있는 것이 아니다. 이것은 마치 인간을 부분 부분으로 나눌 수 없는 것과 마찬가지이다. 전체 혹은 공동체가 집합으로 전환됨으로써 인간은 자신을 의탁함으로써 끊임없이 자신을 되돌아 볼 수 있는, 즉 자기 자신에 대한 인식의 근본적인 토대를 상실하는 것이다. 인간의 파편화는 바로 이 지점에서 발생하는 것이다. 이러한 의미에서 보면, 인간 소외는 인간이 전체에서 단순히 떨어져 나온 것이 아니라 전체의 해체 속에서 인간이 맞이하는 운명으로 보인다.

인간 소외는 서로 엮인 이중의 문제이다. 이 소외 속에서 인간은 자신이 고립되었다는 느낌만을 갖게 되는 것이 아니라 그 자신이 무엇인지에 대한 윤곽조차 그려낼 수 없다. 그렇지만 인간의 자기 인식은 근본적인 욕망에 속한다. 인간이 자기 자신을 인식하려는 욕망 자체를 완전히 상실하지 않는 이상, 자기 인식의 토대를 재건하려는 시도 역시 상실되지 않을 것이다. 인간이 문화를 떠나 존재할 수 없는 것은 바로 이러한 까닭에서이다. 인간은 문화를 통해 비로소 인간으로 성장하게 된다. 인간으로 성장한다는 것은 자신이 인간으로서의 할 바를 이해한다는 것이다. 이것은 다른 말로 인간의 자기 인식이다. 문화는 개인이 임의적으로 만들어 낼 수 있는 성질의 것이 아니다. 유대의 신화가 유대 공동체를 유지시키고, 단군 신화가 우리의 공동체성을 인도하듯이, 오히려 문화는 공동체의 조건으로 그 역할을 해왔다. 문화가 공동체의 조건인 한, 공동체의 해체와 재건 모두 문화와 밀접한 연관을 맺을 수밖에 없다. 그래서 늘 문화의 위기와 공동체의 위기는 함께 해왔다. 공동체 상실의 위험 속에서 이제 다시 새롭게 요청되는 것이 바로 신화이다. 신화가 다시 새롭게 요청된다고 말하는 까닭은 근대적 사고의 등장 속에서 상실된 신화와 신화적 사고의 의미를 회복하는 것이기 때문이다.

4. 인간의 삶으로서의 신화

신화는 그 사회적 역할 속에서 개인들을 전체로 귀환시킴으로써 개인의 생과 공동체의 생을 일치시켰다. 그러나 신화의 이러한 기능이 폭압적인 전체주의로 이해되어서는 안 될 것이다. 물론 과거 독일의 제3제국이 정치적 신화political myths를 앞세워 전체주의 국가를 설립하려던 시도가 없던 것은 아니지만, 이 정치적 신화는 본래의 신화와는 거리가 멀다. 그러한 까닭은, 본래적인 신화가 어떠한 의도를 위해 만들어질 수 있는 것이 아닐 뿐만 아니라, 정치적 신화의 역할이 본래 신화와 신화적 사고가 수행했던 사회적 역할과는 근본적으로 다르기 때문이다. 신화와 신화적 사고가 수행해왔던 사회적 역할이 개인을 철저히 기망하여 전체로 귀속시키는 것은 아니었다. 오히려 개인의 생과 공동체의 생 사이의 일치는 일종의 치료 기능을 내포하고 있었다.

신화의 인간학적 가치가 유효하다는 것은 한낱 허망한 구호에 머물지는 않는다. 최근의 연구는 이를 여실히 증명해주고 있는데, '인문학적 치료'는 특히 이 가운데서 주목할 만하다. 인문학적 치료는 사회 병리적 현상과 같은 인간의 마음의 병을 물리적으로 치료하는 대신 인문학을 활용하여 치료하는 것을 목적으로 한다. 그리고 이러한 치료에 적극적으로 활용되고 있는 것이 바로 신화이다. 물론 이 연구에서 신화는 주로 이야기의 측면에 집중되어 있다. 그리고 신화만이 치료책은 아니다. 그러나 그렇다고 할지라도 이 연구는 신화가 사회 병리적 현상과 같은 인간 마음의 병에 대한 치료 기능을 갖고 있다는 점을 확인시켜 준다. 그렇지만 이러한 치료 기능은 신화의 이야기적 측면보다 사고의 측면에 집중할 필요가 있다. 그 까닭은 신화가 단순히 '옛 이야기'만은 아니기 때문이다. 이야기의 차원을 넘어 신화적 사고가 가지고 있는 치료 기능의 활용이 오히려 신화를 적절히 활용하는 방안이 될 것이다. 이야기로서의 신화 속에서 인간은 하나의 개별적 존재로 언급되지 않는다. 한 인간은 늘 다른 인간과 더 나아가 공동체와 늘 연관을 맺는다. 이것은 인간이 단독적 존재가 아니라 전체 속에서 비로소 존립할 수 있는 존재라는 신화적 사고를 보여준다. 인간은 사회와 세계, 더 나아가 우주와 하나의 생명적 유대 속에서 그리고 공감적 결속 속에서 하나의 전체를 이룬다. 그리고 이 하나의 전체에 반대되는 것이 분리이다.

흔히 우리가 위기라고 부르는 영어 표현이 있다. crisis가 바로 그것이다. crisis의 어원은 χρίσις이다. 이 χρίσις의 의미는 본래 '분리'였다. 이 분리는 단순히 나뉨을 말하는 것이 아니라 완전성 혹은 성스러움으로부터 떨어져 나오는 것을 말한다. 이러한 까닭에 고대인들은 이 분리를 재난이나 병의 원인으로 보았다. 따라서 재난이나 질병과 분리가 갖는 관계는 재난이나 질병의 극복과 전체의 관계에 대응된다.

성聖을 뜻하는 holy는 앵글로색슨어의 hal이 어근인데, 이 말은 '건강한', '온전한' 혹은 '전체의' 의미를 지니고 있다. 동일한 어근에서 나온 hale 이란 단어도 '강건한'이란 의미를 지닌 것으로 짐작된다. 또 온전함 혹은 전체성을 뜻하는 영어의 whole이란 단어가 그리스어 heil과 친족관계를 가지고 있으며, 독일어의 heilen이란 동사로 남아 병을 치료한다는 의미가 되었다. 이렇게 보면, healthy, heal, hale, holy, whole 등은 모두 동일한 의미를 내포하고 있음을 알 수 있다. 즉 고대의 인간들은 병이나 재난의 원인을 성 혹은 완전성(전체성)에서 분리된 결과라고 보고 있다.[7]

공감적 유대 속에서 하나의 전체를 이루는 신화적 사고는 결코 폭압적인 전체주의적 사고가 아니다. 신화적 사고 속에서 전체로의 귀의는 결코 개인의 기망欺罔이 아니다. 개인은 전체로의 귀의 속에서 자신을 희생함으로써 재난과 질병으로부터 벗어나게 된다. 분리가 재난과 질병으로 이해되는 것은 우리가 현대 사회의 인간 소외 현상을 정신 병리적 현상으로 이해하는 것과 다르지 않다. 오히려 우리가 인간 소외 현상을 정신 병리적 현상으로 볼 수 있는 것은 분리가 재난과 질병으로 이해되기 때문이다.

신화의 시대에서 재난과 질병의 치유, 즉 분리의 극복은 제의를 통해 이루어졌다. 영화 속에서 가끔 그려지듯 고대 사회의 제의는 그저 신비롭고 미스터리한 것으로 보인다. 그리고 때때로 제의 속에서 행해지는 잔혹한 행위를 적나라하게 그려냄으로써 야만성과 잔혹성을 강조하기도 한다. 하지만 이것은 제의의 본질적 의미와는 무관하다. 물론 그렇게 그려지는 행위들이 제의의 과정에서 있었을 지도 모른다. 그렇지만 그것을 야만적이고 잔혹하게 보는 것은 우리의 눈이 갖는 한계일 수 있으며, 매우 단편적이고 조야한 이해일 수도 있다. 예를 들어 식인食人 풍습을 가지고 있는 부족을 단지 인간고기에 목말라 있는 정신병자로 그리거나 이해하는 것은, 이러한 제의적 행위를 통해 그 사람의 인격을 공유하는 이들의 공동체적 의미를 애써 외면하고 왜곡하는 것이다. 제의는 본질적으로 공감적 결속과 이를 통해 생명적 유대를 갖게 함으로써 재난과 질병을 치유하는 과정이다.

인간 소외라는 현대 사회의 정신 병리학적 현상이 고대 사회와 마찬가지로 분리에 기초하고 있는 것이라 볼 때, 한 가지 의문점이 고개를 든다. 우리는 고대 사회의 제의와 같은 수단을 가지고 있는가? 우리가 아무리 신화와 신화적 사고의 가치를 인정하고 이를 활용함으로써 수용한다고 하더라도 고대 사회와 같이 제의적 의식을 수행할 수는 없다. 더욱이 그러한 제의적 의식을 흉내낸다고 할지라도 당면한 문제의 해결에 접근할 수는 없을 것이다. 제의의 핵심은 그것이 가지고 있는 물리적 조건이 아니라 그것의 기능이기 때문이다. 따라서 우리는 고대 사회의 제의와 같은 수단을 기능적인 차원에서 찾아보아야 한다. 그리고 바로 이 기능적인 차원에서 온라인 게임에 주목할 필요가 있다.

최근 온라인 게임의 특이한 경향은 신화적 모티브를 최대한 활용하고 있다는 점이다. 예를 들어 어떤 게임은 북유럽의 신화를 게임 명칭으로 사용하고 있기도 하다. 그렇지만 언뜻 이러한 현상은 쉽게 이해되지 않는다. 그러한 까닭은 이 둘이 갖고 있는 성격에 기인하는 것이다. 우선 신화는 두 말 할 나위 없이 미토스이다. 이에 반해 게임은 철저히 로고스 차원에서 이해된다. 온라인 게임이 로고스의 차원에서 이해되는 것은 온라인 게임의 구현과정과 게임을 할 수 있는 장비들이 최신의 디지털 기술을 바탕으로 하고 있기 때문이다. 디지털 기술은 근본적으로 나눔과 쪼갬, 즉 분리의 형이상학을 기초로 하고 있다. 그러나 신화는 이러한 분리의 형이상학을 알지 못한다. 그래서 신화에 있어 분리는 재난과 병이며, 제의를 통해 극복되어야 할 것이다. 이렇게 보면 현재의 온라인 게임은 결코 결합될 수 없는 두 극단이 결합되고 있는 현상을 보여주는 것이다. 이러한 현상은 표면적으로 이질적인 두 극단이 결합되어 있는 듯 보인다. 그래서 이 현상은 이질적 결합 혹은 로고스의 영토를 활보하는 미토스 정도로 이해되거나 설명되곤 한다. 이러한 설명이 전혀 불가능한 것은 아니라 하더라도, 이러한 방식의 설명은 이 둘의 결합을 근본적으로 해명하는 데 충분하지는 않다. 왜냐하면 이 결합에 있어 이 둘 간의 유기적 연관성이 해명되지 못한다면, 이 결합은 실상 단순한 병립의 상태를 의미할 뿐이기 때문이다. 하지만 이러한 병립은 현실의 결합을 설명하는 데 적절하지도 않아 보인다. 신화와 결합된 게임의 세계관은 그 자체로 신화적 세계관이라 평가될 수 있을 정도이기 때문이다. 온라인 게임은 디지털화된 게임이다. 디지털화된 게임은 말 그대로 게임이 디지털화된 것을 말한다. 이 말에 따르면 게임과 디지털화된 게임 간의 연속성은 있지만, 디지털화된 게임에 앞서 게임은 늘 있어 왔던 것으로 이해된다. 이 관계는 게임의 역사성을 우리에게 말해준다. 그리고 이 역사성 속에서 게임과 신화의 결합은 근원적인 차원에서 설명될 수 있다. 애초부터 게임과 신화는 별개의 것이 아니었기 때문이다.

게임의 역사성은 게임이 근본적으로 놀이라는 점에 기초한다. 현재의 디지털 온라인 게임도 과거의 게임도 모두 놀이라는 점에서 연속성을 갖기 때문이다. 따라서 게임은 놀이라는 측면에서 근원적으로 고찰될 수 있다. 놀이는 가장 근원적으로 신화의 제의와 밀접하게 연관되어 있다. 따라서 게임은 놀이이며, 놀이의 역사 속에서 제의와 연관된다. 이러한 관계는 디지털 스토리텔링 전문가들에게서도 찾아볼 수 있다. 예를 들어 캐롤린 핸들러 밀러는 고대 디오니소스 축제 의식과 현재의 다중 접속 온라인 게임Massively Multiplayer Online Games의 유사성을 지적한 바 있는데, 그 까닭 역시 게임이 '제의'에 그 기원을 두고 있다는 것이었다.[8] 게임과 제의의 연관성 속에서 우리는 게임과 신화의 연결점을 확인할 수 있다. 제의는 신화의 극적 요소이기 때문이다.[9] 신화의 시대에 있어 제의는 일종의 축제이자 최대의 놀이 마당이었다. 가능한 모든 퍼포먼스가 집약되었을 제의 속에서 사람들은 하나로 일치됨으로써 분리로 야기된 재난과 질병을 극복하였다. 그래서 제의는 단순히 즐기고 마는 것이 아니라 놀이를 통해 치료하는 일종의 놀이치료로서의 기능을 가지고 있었다.

놀이치료에 있어 놀이와 치료는 별개의 것이 아니다. 따라서 제의를 놀이치료로 이해하게 되면, 제의는 그 자체로 놀이이자 치료방식이다. 게임은 놀이이며, 따라서 그 기원을 제의에 두는 것인 한, 게임은 두 가지 측면에서 이해될 수 있다. 하나는 그 기원에 있어 게임과 신화는 별개의 것이 아니라 내적 연관 관계를 맺고 있다는 점이다. 또한 이러한 한, 게임은 제의가 갖는 놀이치료로서의 기능을 그 자신 속에 포함한다는 점이다. 예를 들어, '기능성 게임'은 놀이치료로서의 게임의 기능과 역할을 잘 보여주고 있다. 이 기능성 게임은 직간접적으로 질병을 치료하는 데 사용되고 있다. 소니Sony 사에서 제작한 'Eyetoy'는 신체적 질병을 치료하기 위해 개발된 게임이다. 또한 정신적 재활을 통해 암 치료를 보조하는 'ReMission' 같은 게임이나 공동체성을 함양하는 'FOOD FORCE'와 같은 게임 또한 개발되어 사용되고 있다. 이러한 기능성 게임이 등장할 수 있는 것은 게임이 그 자체로 치료의 기능을 은닉하고 있었기 때문이다. 게임의 역사성과 연속성을 고려할 때, 게임의 이와 같은 기능은 기능성 게임뿐만 아니라 일반 게임에서도, 특히 온라인 게임에서도 확인해 볼 수 있을 것이다.

현재의 온라인 게임은 주로 다중접속을 통해 진행되고 있다. 게다가 게임에 접속하는 연령대도 매우 다양해짐으로써 예전과 달리 특정 계층만의 전유물인 상태를 벗어나 있기도 하다. 어떠한 경우이건 재미는 게임에 참가하게 하는 중요한 계기 중의 하나일 것이다. 그렇지만 게임 참여가 오로지 재미로만 규정될 수는 없는 듯 보인다. 왜냐하면 많은 경우 게임 자체의 재미와 더불어 참가자 간의 소통과 공감 또한 중요한 요소이기 때문이다. 게임의 참여자들은 게임을 함께 함으로써 서로 만나며 이해하고 동료의식을 느끼게 된다. 단순한 유희성을 넘어선 이러한 게임의 기능은 리니지2의 한 서버에서 벌어졌던, 일명 '바츠 해방전쟁'에서 잘 드러난다. '바츠 해방전쟁'은 리니지2의 한 서버인 바츠 서버를 가공할 공격력을 갖춘 한 혈맹이 독점하였고, 이러한 독점을 다른 유저들이 대항하게 됨으로써 발발하였다. 이 전쟁의 과정에서 특히 주목할 것은 '내복단'이라 일컬어졌던 최소 공격력만을 갖춘 민중부대가 목숨을 걸고 전투에 자발적으로 참여한 점이다. 이들의 행동은 혈맹을 중심으로 한 소수집단의 결속과는 달리 자신을 버림으로써 함께하는 과정 속에서 이루어졌다.[10] 이러한 의미에서 바로 이 과정에서 게임 참여자들이 느꼈던 것은 단순한 유희가 아니라 서로 간의 공감적 유대였다. 이들은 바츠 서버의 해방을 위해 유저로서의 개인을 희생하였고, 이 희생을 통해 파편화된 개인 유저를 벗어나 공동체적 의식을 경험하였다.

이 예는 게임을 통해 공감적 유대 하에서 개인들이 공동체적 의식을 경험하게 되는 과정을 잘 보여준다. 공감적 유대 하에서 개인들이 공동체적 의식을 경험하는 것은 개인의 파편화가 일반적인 현상으로 자리 잡고 있는 현대 사회에 있어 매우 중요하며 소중한 경험이다. 게다가 인간 소외를 사회 병리적 현상으로 간주할 때, 공동체적 의식의 경험은 사회적 치료의 계기이기도 하다. 이러한 경험과 계기는 인위적으로 주어진 것이 아니다. 그리고 누군가의 의도에 의해 계획된 것도 계획될 수 있는 것도 아니다. 오히려 이 경험과 계기는 게임 자체의 치료 기능에서 확인될 수 있는 것이다.

게임이 갖는 이러한 치료 기능은 공감적 유대를 형성함으로써 분리를 극복했던 신화의 제의에 연원한다. 우리는 여기서 신화의 인간학적 가치를 새삼 확인해 볼 수 있다. 우리가 살펴보았듯이 공감적 유대는 파편화된 개인의 고립성에 맞설 수 있는 대안적 가치이다. 그리고 공감적 유대는 근원적으로 신화적 사고에 기인하는 것이다. 따라서 신화는 인간 소외라는 사회의 정신 병리적 현상에 대응할 수 있는 가치를 제공하는 것이다. 바로 이 점에서 인문학적 치료뿐만 아니라 게임이 신화를 요청했던 것이다. 게임과 신화의 결합을 일종의 제의로 보게 되면, 우리는 이 결합 속에서 현대 사회가 직면하고 있는 정신 병리적 현상을 치유할 대안적 가능성을 모색해 볼 수 있게 된다. 그렇지만 그 모색이 순탄한 것만은 아닌 듯 보인다. 왜냐하면 이 결합이 현실적으로 디지털 기술을 기반으로 하고 있기 때문이다.

현대 사회를 특징짓는 테크놀로지는 디지털 기술이다. 디지털 기술을 통해 현실적인 것들은 점차 디지털화되어 가고 있다. 스마트폰이 보여주는 것처럼, 그간 분산적으로 존재했던 미디어 기기들이 디지털로 전환됨으로써 한 기기 안에 융합되고 있다. 현실의 삶은 이러한 디지털 융합 속에서 펼쳐지고 있으며, 우리는 이러한 현상 혹은 흐름을 디지털 컨버전스라 말한다. 게임과 신화의 결합이 실현되는 것도 실제 이러한 디지털 컨버전스 속에서 가능한 것이다. 그렇지만 디지털 컨버전스 내에서 이 결합이 실현되는 것일 때, 게임뿐만 아니라 신화도 디지털화의 과정을 거칠 수밖에 없다. 현재 온라인 게임의 구상 과정에서 통용되고 있는 '디지털 스토리텔링'이라는 용어는 바로 이러한 경향을 대표하는 개념이다. 디지털 스토리텔링은 온라인 게임의 콘텐츠를 제공하는 역할을 하고 있으며, 이 디지털 스토리텔링에서 주목받고 있는 것이 바로 신화이다. 신화는 디지털화의 대상이며, 따라서 디지털 콘텐츠로 이해된다.

디지털과 아날로그의 핵심적 차이는 나눔과 쪼갬에 있다. 아날로그가 디지털로 전환되기 위해서는 전체가 등질적 부분들로 쪼개져야만 한다. 이러한 의미에서 디지털화는 근본적으로 나눔과 분리의 형이상학을 토대로 삼고 있다. 이러한 형이상학 속에서 신화도 나누어지고 쪼개져서 여러 신화들이 서로 엮이며 하나의 스토리로 재구성된다. 그렇지만 이러한 형이상학은 본래의 신화에는 낯선 것이다. 여러 차례 이야기했듯, 신화는 끊임없이 분리를 극복하려하기 때문이다. 이러한 의미에서 나눔과 분리를 통해 재구성되는 디지털 콘텐츠로서의 신화가 신화 본래의 기능을 구현하고 있다고 말하기는 어려워 보인다. 이러한 상황은 사회적 정신 병리적 현상을 가속화시킬 공산도 클 것으로 보인다. 왜냐하면 분리의 흐름을 견제할 통합의 흐름이 상실될 가능성이 크기 때문이다. 신화 본래의 기능과 의미를 도외시할 때, 신화는 단지 스토리 구성의 소재로만 이해되며 활용될 뿐이다. 그리고 이러한 이해와 활용 속에서 우리는 디지털 컨버전스라는 기술적 흐름에 대응할 수 있는 유일한 대안적 가치로서의 신화를 상실할 수도 있다. 물론 디지털 기술과 신화에 대해 인위적으로 긴장 관계를 맺게 할 수는 없다. 그렇지만 이러한 긴장 관계 형성의 가능성은 열려 있을 수 있다. 그 가능성은 신화의 본래 기능과 의미를 파악하고 구현하려는 우리 자신의 노력 속에서 성취될 수 있다. 더불어 이러한 노력은 게임 산업에 있어서도 양질의 결과를 생산할 토대를 마련할 수 있을 것이다.

책의 형태학과 의미론:
변천의 원동력, '모바일성'

:: 이정준

프롤로그

자신이 습득하고 보유하고 있는 정보를 표현하고 그것을 남기고자
하는 노력은 본능적 욕구이기도 하다. 태초부터 추구되어 온 이러한
노력들은 처음에는 짐승 뼈나 돌, 나무, 잎 등 주변의 자연 환경에서
구할 수 있는 재료에 글자를 써넣는 방식을 찾아내었다. 그리고 점
토판, 파피루스 그 다음엔 양피지를 고안해내고, 그 후 마침내 종이
가 발명되어 '구텐베르크 은하계'가 형성되기까지 인간은 인류 문화
유산을 저장하여 보존, 전달할 수 있는 더 나은 매체를 찾아 끝없이
노력해왔다. 인쇄술을 사용하기 시작한 지 500년이 지난 후 컴퓨터
가 등장하면서 더욱더 많은 지식과 정보를 더욱 빠르게 저장할 수 있
는 길이 열렸고, 기술은 진화하여 이제는 책과 같이 휴대할 수 있는

모바일 전자책이 출현함으로써 모바일 전자책 시대가 열렸다. 요즘 들어서는 디지털 테크놀로지의 발전과 그에 따른 모바일 기기의 진화 속도가 너무 빨라, 어떤 모바일 기기를 예견하는 글을 헛된 것으로 만들기 십상이고, 또 그 기술 발전의 한계도 알 수 없어 가까운 미래조차 짐작키 어려운 상황이다. 그럼에도 불구하고 책의 형태와 의미의 변천을 살펴보는 일은 변천의 우연성을 압도하는 그 의도의 원천적 동력을 찾아내는 계기이며, 그 원천적 동력은 변천의 역사를 관통하고 있는 인간 문화 발전의 핵심 정신 중 하나임을 인식할 기회를 제공하는 일이다.

1. 종이책과 전자책의 역사적 관계

책의 형태를 역사적으로 살펴보면, 그것은 고대에서부터 현재에 이르기까지 지속적으로 진화를 거듭해왔음을 알 수 있다. 책은 원래 종교적 기능이 그 주된 임무였다. 그래서 책은 화려하게 꾸며져 그 품격에 맞는 곳에 전시되어 있었고, 사람들은 그곳을 방문하여 그 책을 관람했다. 그러던 것이 르네상스 이후 서서히 사고의 중심에 인간이 자리하게 되고, 인쇄술의 발달과 더불어 책의 보급이 좀 더 광범해지면서 책은 세속화의 길을 걷는다. 책은 '가서 읽는 것'에서 '가져와 읽는 것'으로 변했으며, '가져와 읽는 것'의 기능을 다하기 위해 책은 작고 가벼워지는 진화를 거듭하게 된다. 그리고 그 진화의 핵심에 '모바일성'이라는 키워드가 자리하게 되었고, 그 변천의 역사 속에는

'모바일성의 개선'이라는 목표가 존재하게 되었다. 이 모바일성을 향한 책의 진화는 단순한 변화 그 이상이었다. 의미의 변화뿐 아니라 재질과 형태 두 층위에서 동시에 진행되어 왔다.

재질의 진화

'책'이라는 말은 라틴어의 경우 liber에서 유래했는데, 이 말은 "목재와 표피 사이의 얇은 껍질"[1]을 뜻한다. 인간은 이것을 문자를 새기기 위해 사용했다. 그리스어로는 '책'을 biblion이라고 하는데, 이 단어는 '파피루스'를 뜻하는 그리스어 biblos에서 유래했고, 이 biblos은 페니키아의 파피루스 수출 항구인 비블로스Byblos에서

그림 1_ 설형문자 토기서판
(기원전 1950년)

유래한 단어라고 한다.[2] 또한 영어의 book이나 독일어의 Buch 혹은 루마니아어의 bukva까지 모두 같은 어원으로 beech(너도밤나무; Buche)라는 말에서 유래했다고 하니, 책이란 나무에 문자를 새겨 넣은 것을 뜻했다. 라틴어 어원, 그리스어 어원, 유럽 대륙의 어원이 모두 다르면서도, 결국은 유럽의 남쪽이든 북유럽이든 자신들의 환경에서 쉽게 발견할 수 있는 재료, 즉 식물을 사용한 문자 저장장치를 '책'이라 명

그림 2_ 개인용 컴퓨터

명했던 것이다. 어쨌든 '책'이라는 물건은 물질적 재질을 중심으로 이해되었음을 알 수 있다.

　인간이 책의 재료로서 가장 오랜 세월 이용한 것은 파피루스 papyrus였다. 파피루스란 지중해 연안의 습지에서 무리지어 자라는 마디가 없는 긴 녹색 줄기를 가진 식물인데, 고대 이집트에서 이 줄기의 껍질을 벗겨내고 속을 잘게 찢어 엮은 뒤 말려서 매끄럽게 만든 일종의 종이를 말한다. 기원전 3000년경에 이집트에서 발명된 이 파피루스는 고대 그리스로 건너가 유럽으로 전파되어 종이가 출현할 때까지 3500년이 넘도록 인간의 지성을 저장한 물건이다. 물론 파피루스가 발명되기 전에는 기원전 5000년경부터 진흙으로 된 토기 서판(clay tablet; Tontafel)이 사용되었고, 그 전에는 오늘날까지도 이용되고 있는 돌에 글을 새겼다. 그러나 돌은 말할 것도 없고, 진흙 서판

그림 3_ 3세기경 그리스의 파피루스

의 경우 긴 글을 소화해내기에는 불편한 매체였다. 그나마 이 파피루스는 두루마리나 코덱스(codex, 古字本) 형태의 책으로 만들 수 있었으나, 쉽게 부서지고 또 접을 수가 없었으며, 생산이 그리 쉬운 편이 아니었다. 그래서 기원전 2세기경 페르가몬의 왕 에우메네스의 명에 의하여 양피지(羊皮紙, parchment; Pergament)가 발명되었다.[3] 이 양피지는 소나 양 또는 새끼염소의 가죽을 가공하여 얇고 부드럽게 한 것인데, 파피루스에 비해 견고하고 장기간 보존이 가능하여 천 년이 넘도록 애호되다가, 값이 비싸고 부피가 크며 무겁다는 결점 때문에 14세기경에는 종이에 자리를 내주었다. 종이는 2세기에 중국에서 발명되어 8세기경 회교국가로 건너갔는데, 그 후 스페인을 거쳐 지중해 연안 국가에 전파되었고, 12세기경에 종이 생산의 혁신으로 종이의 사용이 늘면서 14세기에는 양피지를 밀어내고 문자를 담아내는 최적의 매체로서 자리를 굳힌다. 문자 매체의 재질이 위와 같이 변화하는 동안 그 매체의 형태도 변하게 된다. 돌이나 토기 서판에서 두루마리로 변하고, 1세기경에 사각형의 낱장을 여러 장 모아 묶은 코덱스 형태의 책이 나온 뒤, 약 400년경부터는 두루마리 형태는 거의 사용되지 않고, 이 코덱스 형태가 책의 일반적인 형태가 되었다.[4]

　인쇄술이 등장하기 전에는 필사에 의하여 텍스트가 보존되고 전파되었다가, 구텐베르크이후 인쇄에 의한 생산이 시작되면서 대량 생산의 가능성이 열렸다. 그러나 맨 처음에는 비교적 크기가 큰 책을 만들다가, 책이 널리 보급되면서 독서하는 사람이 증가하고, 독서가에게 독서의 취향이 다양해지는 과정에서 책의 크기가 작아져 작은 책이 정착하게 되었다. 작은 책으로의 변형은 손에 들고 책을 읽는 취향에 맞을 뿐 아니라, 책을 이리 저리 옮겨 읽는 모바일성을 부여했다는 의미도 있다. 책의 재질과 그에 합당한 형태의 발견, 그리고 책의 내구성과 편리성의 향상을 위한 새 재질의 발굴 등이 문제시 되는 책의 형태사에서 눈에 띄는 것은 책의 모바일성이 개선되는 방향으로 재질이 교체되어 왔다는 점이다. 결국 책의 재질과 모양은 책을 얼마나 쉽게 지니고 다닐 수 있느냐라는 과제를 해결하는 방향으로 진화를 거듭해온 것인데, 이러한 진화는 독서취향에 의한 수요를 기술이 뒷받침해 줌으로써 가능했고, 이것은 다시 독서의 취향이 다양하게 생성되는 데에 영향을 주었다.

형태의 진화
'책'의 역사 속에는 지금의 모든 모바일 단말기의 형태를 단순히 IT

그림 4_ 글씨판

의 기술들이 형성해낸 가장 합리적인 모양이라고만 이해하기에는 간과할 수 없는 또 다른 역사적 사실이 존재한다. 15세기에서 19세기까지 존재했던 어린이 학습 보조도구로서 '글씨판(Hornbook; 독 Buchstabentafel)'이 있었는데, 비록 전통적인 의미의 '책'이 아닌 한 쪽짜리 서판이지만, 어쩌면 책의 기원에 해당하는 돌이나 진흙 토기 서판의 맥을 잇고 있는 책의 원형에 해당한다고 말할 수 있다. 이 '글씨판'은 초창기의 두꺼운 나무로 된 '글씨판'으로부터 아주 얇고 투명한 뿔로 종이를 덮고, 쇠붙이 띠와 못으로 고정하여 종이가 더러워지고 닳는 것을 막은 '글씨판'으로 진화한다. 기도문이나 ABC 알파벳 등을 써넣은 이것은 모바일 학습도구였다. 이 학습도구는 영국과 미국에서 사용되다가 사라진 것으로 알려져 있지만,[5] 우리나라에서는 1900년대 중반부터 지도나 구구셈 등을 인쇄하여 공책이나 책에 끼

그림 5_ 애플사의 iPad

어 넣어 필기하는 데에 도움을 주었던 '뿔책받침'이 있었다. 아직 '합성수지'나 '플라스틱'이라는 말이 일반화되지 않았던 시대였던지라, 단순히 '뿔'이라는 말을 덧붙여 이름 지은 이 '뿔책받침'은 1980년대에는 유명 스타를 인쇄하여 추종자들의 노트 속에 자리 잡았고, 요즈음에도 19단과 같은 암기물과 광고주(회사)를 인쇄하여 판촉용 기념품으로 사용되고 있다. 그러나 이 모바일성을 내세운 책받침은 필요한 내용을 그때그때 인쇄하여 지니고 다닐 수 있는 A4용지의 대중화와 컴퓨터 인쇄술의 발달로 그 존재가 미미해졌다. 책받침이 담을 수 있는 콘텐츠 양의 제한이 비록 A4용지와 간단해진 인쇄술로 인하여 대체되기는 했어도, 그 아이디어만은 계승된 것이 독서 화면이 한쪽짜리인 현재의 모바일 PC, 모바일 통신기기, 모바일 e-book 단말기 등이라고 할 수 있는 것이다. 또한 iPad를 통해 널리 알려진 최근의 태블릿 PC까지도 이 '글씨판'에 디지털 테크놀로지의 모든 것을 집적integration, 수렴convergence한 것에 불과하다고 할 수 있다. 이렇게 된 데에는 다음 표 1에서 비교할 수 있듯이 '글씨판'이 모바일성에 있어서 뛰어난 것이었기 때문이었다.

살펴본 바와 같이 모바일성을 향하여 책은 끊임없이 거친 것에서 부드럽고 세련된 것으로, 무거운 것에서 가벼운 것으로, 두꺼운 것에서 얇은 것으로, 견고한 것에서 유연한 것으로, 큰 것에서 작은 것으로, 고정된 것에서 이동 가능한 것으로 변천·진화해왔다. 물론 이것이 가능했던 것은 기술의 발전이 있었기 때문이었다. 지식과 정보의 전달은 인간 사회에 반드시 필요한 요소이기도 하지만, 근본적으로 인간이 가진 표현의 욕구이기도 하다. 지식과 정보를 남기고 전달하기 위해서는 그것을 어떠한 형태로 전달할 것인가를 생각해야 했을 것인데, 그것을 위한 지식과 정보의 기호화는 획기적인 발상이었고, 기호화한 콘텐츠를 '프레임' 형태에 담아낸 것도 역시 혁명적인 일이었다. '콘텐츠를 프레임에 담는다'는 착상에 이어 비로소 혹은 드디어 그것에 모바일성을 부여하는 진화가 지속적으로 일어나게 되었던 것이다. 서판, 글씨판, 책, 그림, 사진, 영화 등과 같은 정보 전달 매체에 그 형태를 계승하도록 한 것은 그 형태가 모바일성을 부여하기에 가장 적합한 형태였기 때문이다. 이 모바일성은 마치 DNA처럼 우리 인류 문화에 기억되어 매체의 진화와 융합의 동력이 되었다. 이 DNA는 문자텍스트의 저장과 전달의 역사 속에서도 힘을 발휘했고, 영상의 저장 방식의 발전 속에도 적용되었으며, PC의 형태적 변천에서도 예외 없이 작동했고, 이 PC가 모바일 기기로 진화할 때도 여전히 유효한 원천적 힘이었다.

재료	바위, 돌, 나무	진흙 서판	파피루스	양피지	뿔, 합성수지	종이
사용 기간		BC 40C ~BC 6C 메소포타미아	BC 30C ~AD 9C 고대이집트	BC 2C ~11C 고대그리스	15C~	12 C~ 중국, 아랍, 유럽 (발명: 2 C)
형태	서판	서판	두루마리 /코덱스	두루마리 /코덱스	서판 (글씨판 Hornbook)	두루마리 /코덱스
모바일성	●	●●	●●●	●●●●	●●● ●●●	●●●●●
저장 용량	매우 제한적	매우 제한적	제한적	두: 제한적 코: 큰 용량	매우 제한적	두: 제한적 코: 매우 큰 용량

표 1_ 책의 재료와 각 특징

2. 책의 소구성訴求性과 독서취향, 그리고 전자책

위에서는 '책'과 그 재질과의 관계 속에서 형태의 변천과 그 의미를
알아보고, 또 그 맥락 속에서 전자책에 대한 이해를 시도했다. 그러나
'책'이 가진 실제의 의미는 재질에 의하지는 않는다. 나치의 1933년 5
월 10일의 분서焚書 행위를 112년 앞서 예견이라도 하는 듯한 하인리
히 하이네Heinrich Heine의 "책을 태우는 그곳에서는 결국 인간도 태
우게 될 것이다"[6](1821)라는 말에서, 또는 독일의 많은 여행사들이 광고
에 이용하고 있는 교부 아우구스티누스(Aurelius Augustinus, 354-430)의

"세상은 책이다. 전혀 여행을 하지 않은 자, 그 자는 오로지 그 중 한 페이지만 보고 있는 것이다"라는 말에서, 혹은 "부모의 삶은 아이들이 읽고서 배우는 책이다"[7]라는 말에서 '책'은 모두 무엇인가 은유하는 말임을 알 수 있다. 인간의 정신을 비롯한 인류의 모든 성과를 담아 보관하는 '책'을 태우는 일은 결국 그것을 이루어낸 '주체'까지 태울 것이라며 '책'을 인간의 정신과 문화 그 자체로 이해하는 하이네, 조물주의 창조의 다양함과 그것들의 의미를 담고 있는 자연을 '책'으로 은유함으로써 '책'을 다양한 정신을 담고 있는 매체로 이해하는 아우구스티누스, 또한 책은 가르침과 모범을 담고 있으며, 독자는 그것에서 모든 것을 배우기 때문에 어버이의 자식에 대한 관계를 '책'과 '독자'의 관계로 이해하고 있는 교육학적 관점, 이 모든 것들은 '책'을 정신적·문화적 매체로 이해하는 것을 바탕으로 가능한 생각들이다. 이러한 은유적 의미는 과거, 책의 초창기에는 '책'은 신의 말씀이었고, 해설이었으며, 기도서였다는 데에서도 드러난다. '책'은 종교적 근원이었고, 성스러움 그 자체였기에 그것에 대한 인간의 경외심은 신앙심에 대한 잣대로 작용했다. 사람들은 이러한 정서에 근거한 책의 권위를 그 책을 화려하게 장식함으로써 보여주고자 했다. 그러던 것이 책이 인간의 지식과 취향을 위한 도구로 보급되기 시작하면서, '책'은 인간 지식을 담고 있는 지성 그 자체로 존중되었으며, 책에 대한 전통적 경외심과 혼합되어 인간의 우상으로 남게 되었다. 결국 '책'이 갖는 은유는 그 재질과 형태가 갖는 의미를 뜻한다기보다는 '책'에 담긴 내용과 독자와의 관계 속에서 생긴 의미를 담고 있다.

이렇게 책에 담긴 내용과 독자와의 관계 속에서 생긴 의미는 인간의 다양한 상황과 심리와 접하면서 책의 재질과 형태에 대한 감각적·감성적 의미를 만들어냈다. 이렇게 발생한 '책'의 매력은 우리로 하여금 끊임없이 '책'에 다가가도록 하는 마력으로 작용한다. '책'은 인간이 가장 선호하는 대상 중 하나가 되었고, 그래서 가장 지속적인 구매력을 가진 상품이 되었다. 이렇게 인간 삶에 깊숙이 침투해 있는 '책'의 매력을 최근 지속적으로 독자의 관심을 끌고 있는 전자책의 매력과 비교하면서, 전자책의 새로운 방향을 가늠해보고자 한다.

아날로그 소유 개념과 디지털 소유 개념

독서의 긴 역사 속에서 종이책은 인간에게 그 책을 소유하면 마치 그것에 담긴 콘텐츠도 함께 소유된다는 착각을 일으키는 상황까지 왔다. 인간의 지성과 감성을 담은 문자 등을 종이 위에 눌러 인쇄한 물질적 책과 그 안의 콘텐츠를 하나로 생각하기 때문이다. 이러한 생각은 책의 소유는 곧 그 책에 대한 독서를 의미하고, 그것은 그 저자의 생각과 소통하게 되며, 그리하여 그 생각이 내 것이 된다는 경험에 기인한다. 그런데 전자책의 경우 종이책에 박힌 그 문자와 그림의 형태는 같을지라도, 그것을 표현해주는 메타영역이 존재하고 ―종이책에는 이것이 없다― 콘텐츠 파일과 그것을 읽어 주는 소프트웨어와 그것을 작동시키는 단말기가 존재한다. 단말기의 소유는 곧 콘텐츠나 그 저자의 생각과 소통하는 것을 의미하지 않으며, 그 생각을 공유하게 된다는 생각도 가질 수 없다. 단말기 하나에 수백, 수천 종의 개별 콘텐츠를 넣을 수 있으니 단말기를 손에 들고 종이책을 손에 넣었을 때 뿌듯해 했던 소유의식, 책뿐만 아니라 그 속에 담긴 활자, 그 내용, 저자의 생각까지 소유했다는 '매체와 콘텐츠의 일체성'을 전제로 하는 총체적 소유의식은 가질 수 없다. 통합·통일의 아날로그 문화와 해체의 디지털 문화의 혼재 속에 사는 아날로그 독자에게 전자책이 선뜻 손에 잡히지 않는 이유이다.

종이의 내구성은 전자책 단말기의 금속이나 플라스틱 소재보다는 못하지만, 그 보존성에 있어서는 단순히 물질적인 것을 넘어 인간의 취향에 의하여 생명력을 이어간다. 종이책은 먼지가 쌓이고, 색이 바래도 그것이 인간의 지성을 담은 책이라는 이유로 오히려 경외의 마음으로 보존되지만, 단말기는 더 개선된 단말기에 의하여 끊임없이 대체되고, 또 오랜 사용으로 낡으면 독자의 마음에서 멀어져 폐기되고 만다. 디지털화된 콘텐츠도 그 영구성이 의심스러운데다가, 언젠가는 증발해버리든지, 아니면 그것을 읽어줄 소프트웨어가 더 이상 존재하지 않든지, 단말기 혹은 저장매체 속에 묻혀 그 존재 자체가 잊힐 위험이 있다. 그래서 제러미 리프킨Jeremy Rifkin이 지적한 "소유의 종말"은 네트워크의 접속시대에만 유효한 것이 아니라,[8] 디지털 시대의 디지털 콘텐츠에도 해당된다. 디지털 콘텐츠는 소유보다는 이용과 소비를 위한 것으로 이해될 수 있는 것이다. 그래서 전자책은 그것을 소유하기보다는 소비하는 것으로 이해하는 사람들에게 더 매력이 있는 것으로 보인다.

종이책과 전자책 사이의 소구성 접근

소유의 개념에 있어 두 매체가 갖는 의미의 차이에도 불구하고, 책의 역사를 들여다보면 지금의 전자책 외형이나 독서 방식이 종이책의 발전 과정에서 드러나는 여러 특성과 유사성을 띠고 있음을 발견할 수 있다. '책'의 초기 형태인 두루마리는 "낱장을 나란히 이어 붙이고 양끝을 나무나 상아로 된 막대기에 말아서 만든 것"이다.[9] 두루마리에는 긴 내용을 넣을 수 없었기 때문에 아직은 단락의 구분이나 페이지 구분 또는 장의 구분 등이 존재하지 않았다. 1세기경에 두루마리의 불편함을 극복한 책의 형태인 코덱스가 등장함으로써 종이의 양면을 사용할 수 있게 되었고, 취급이 간편해졌으며, 보존이 쉬워졌고, 독서 장소의 제약이 극복되었을 뿐 아니라, 책을 한 손으로 들고 읽을 수 있게 되었다. 또한 두루마리에 비하여 책에 담을 수 있는 분량이 커짐으로써 책을 구조화하는 기술, 즉 쪽 매기기, 장章의 분리 및 구분, 제목, 목차 등이 개발되어 책이 체계화되었다. 더불어 사람들은 책을 독서대에 올려놓고 읽을 수 있게 되었고, 손이 자유로워짐에 따라 여백에 메모나 주석들을 적어 넣을 수도 있게 되었다.[10]

그런데 PC가 등장하면서 '접히지 않는' 그 하드웨어적 특성 때문에 두루마리 식, 즉 스크롤링scrolling 방식의 독서형태를 부활시켰는데, 이것은 코덱스에 의해 극복되어 습관화된 일부 독서방식에 낯선 것이었다. 예를 들어 페이지의 구분이 없어 독서메모나 글에 인용할 때 페이지를 제시하는 데에 문제를 야기하고, 독서의 휴지부 설정에 어려움을 주기도 한다. 즉 독자가 어디까지 스크롤링을 해놓고 읽어야 하는지 결정하지 못해, 일관성 없이 적당히 행을 이동시키는 임의성을 보인다. 결국 수백 년에 걸쳐 형성된 인간의 독서방식에 변화를 야기한 것이다. 몇몇 최신 단말기가 이 스크롤 방식 외에 종이책 책장을 넘기는 방식을 도입한 것은 단순한 기술적 과시가 아니라, 그

그림 6_ 고대 이집트의 두루마리

그림 7_ e-book인 아마존의 킨들

동안의 독서습관, 독서취향을 제자리로 되돌려주려는 시도라 할 수 있다.

　책은 단순히 '읽는다'는 행위의 대상이 아니다. 책을 쓰는 작업이 단순히 스토리를 만들어 전해주는 행위 그 이상이듯, 독서도 스토리나 지식을 전수하는 것 이상의 의미를 가지고 있다. 예를 들어 책 자체에서 느끼는 친근감은 독서 행위에 직접적 영향을 주는데, "종이의 거칠기나 부드러움, 책이 풍기는 냄새, 어느 페이지에 가볍게 찢긴 자국, 그리고 뒤표지 오른쪽 귀퉁이에 선명하게 찍힌 커피 잔 자국 등으로도"[11] 그 책은 그 독자에게 특별한 책이며, 그 독서 경험은 그것만으로도 고유하다고 하겠다. 종이책과는 달리, 전자책은 독서에 의한 개인적 독서의 역사를 만들어 주지 않는다. 즉, 희귀판본을 소유하는 의미도 없고, 중고서적을 소유함으로써 그 이전의 소유주가 남긴 흔적, 예를 들어 소유주의 사인이나 독서메모를 조우할 때 갖는 감회를 맛볼 수도 없으며, 독서메모를 통한 독자끼리의 소통도 있을 수 없다. 그래서 전자책은 디지털 기술을 동원하여 독서메모가 가능하도록 기능을 확장하였으며, 종이책의 책장을 넘기는 퍼포먼스를 보여주고, 햅틱 기술haptic technology에 의한 감각적 기쁨을 재현하는 등 종이책의 소구적 특성을 수용함으로써, 독자들의 독서취향에 있어 전자책과 종이책 사이에 놓인 간극을 좁히려고 노력하는 것이다.

낭만적 소구로서 공간

독서는 장소의 지배를 받으며, 독서의 즐거움은 독자의 육체적 상태에 크게 의존됨을 우리는 경험으로 알 수 있다.[12] 예를 들어 우리가 쉽게 생각해볼 수 있는 독서공간은 책상과 걸상, 안락의자일 수 있으며, 화장실 또는 기차 혹은 지하철, 버스 등이 있다. 이 모든 공간을 관통하는 공통점은 자기침잠의 장소라는 것이다. 독서의 공간은 바로 이 고독의 장소, 그래서 자신의 세계로 빠져들 수 있는 장소로 그 분위기와도 관계된다. 햇빛이 눈부신 곳과 같은 너무 밝은 곳보다는 자신의 책을 둘러싼 조그마한 공간에 빛이 있고 주위는 상대적으로 조금 어두운 곳이 독서공간으로 선호된다. 전자책의 경우 우리의 눈에 익숙한 독서와 우리의 정서에 친화적인 독서를 위해서 개발된 것이 e-잉크 기술이다. 대부분의 전자책 단말기가 이 e-잉크를 기반으로 종이책과 같은 질감을 구현해냄으로써, 눈의 보호라는 의미뿐 아니라, 빛 속에 존재하는 책의 낭만성을 가능하게 했다. 즉, 일반 종이책에서처럼 창가로 스며드는 은은한 햇빛 혹은 등불의 우아한 분위기 속의 독서가 가능해진 것이다. 이렇듯 전자책 단말기는 종이책 자체의 소구성를 모방할 뿐 아니라, 독서취향의 소구성도 계승하려고 한다는 것을 알 수 있다.

자기만의 은밀한 공간으로서 침대는 오래 전 이미 그리스, 로마 시대부터 독서의 장소로 각광을 받아왔다.[13] 침대가 놓인 곳은 과거에는 손님을 맞이하는 장소였다고 하는데, 그렇다면 당시에는 침대는 은밀한 장소가 아니었다. 따라서 그곳에서 독서를 하는 것은 은밀한 것보다는 안락한 장소이었기에 독서공간이 되었던 것이다. 그러나 침대가 점점 은밀한 장소로 변하면서 자신의 세계를 구축할 수 있는 최적의 장소가 되었고, 그래서 으뜸의 독서 장소로 손꼽히는 것이다. 독서에 적합한 이러한 은밀한 장소로 지하철이나 출퇴근 공공버스와 기차를 꼽을 수 있는데, 이러한 곳은 얼핏 은밀한 장소일 것 같지는 않지만, 긴 여행의 기차 속에 동반되는 독서는 낯선 사람과 낯선 풍경으로 둘러싸인 공간이어서 나만의 세계로 들어갈 수밖에 없는 최적의 독서공간이다. 지하철이나 버스도 물론 비슷한 환경인 것은 틀림없다. 지하철과 출퇴근 버스에서의 독서는 쉴 새 없이 순환되는 주위의 낯선 탑승객, 나와는 전혀 관계없는 대화들, 안내 방송, 그 외 기계적 소음 등은 자신을 군중 속의 고독자로 만들고, 이러한 환경은 독서를 위한 집중력을 극대화한다. 종이책과 더불어 발굴된 이러한 독서환경에 빠르게 침투하고 있는 것이 모바일 기기인데, 그것은 종이책이 보유한 모바일성을 가지고 있기 때문이며, 이것에 더하여 모바일 기기만을 소유한, 보다 개인적인 은밀성이 소구로 작용하기 때문이다.

모바일 개인서고로서 전자책

'책'이라는 매체가 이전의 주도 형태를 대체했던 데에는 정치, 경제, 사회적 요인도 당연하겠지만, 무엇보다도 독자와 사용자를 파고드는 이성적 혹은 감성적 소구성이 결정적임을 연구를 통해 알 수 있었다. 책이 독자에게 주는 매력은 수천 년이 흐르면서 책의 고유성으로 자리 잡았기 때문에 독자를 상대해야 하는 '전자책'이 종이책의 매력을 계승하려고 시도하는 것은 당연한 것이다. 그러나 위에서 살펴본 대로, 독서취향에서 오는 많은 소구적 특성들이 전자책의 경우 하드웨어와 소프트웨어의 한계로 인하여 구현되기 힘든 것들임도 알 수 있다. 따라서 전자책의 성공을 위해서는 전자책의 매력을 디지털 매체로서의 특징적 고유성에서 찾는 것 또한 필요할 것으로 본다.

전자책은 '매체와 콘텐츠의 일체성'을 기반으로 한 소유의식에 제한적임을 언급한 자리에서 말했듯이, 수많은 전자책 콘텐츠를 한꺼번에 담고 있는 전자책 단말기는 그렇기 때문에 단순히 전자책이라고 할 수 없다. 지금까지 살펴본 책과 독서의 특징들을 상기해볼 때는 더더욱 전자책 단말기를 책의 범주에 둘 수 없다. 그것은 일종의 모바일 책장冊欌이며, 모바일 서가書架이고 모바일 서고書庫이다. 따라서 이러한 서가 혹은 서고의 특징을 가진 전자책 단말기에 서가나 서고의 특징을 부각시켜 특성화하는 방안을 모색해야 한다. 즉 단말기 내에는 단순히 텍스트 콘텐츠를 읽어주는 소프트웨어(프로그램)만 존재하는 것이 아니라, 그 텍스트 콘텐츠를 분류·나열하고, 보관·검색하며, 정리된 모습을 가시적으로 보여주는 소프트웨어가 융합되어 있어야 한다.

전자책에 있어 특히 저작권 보호에 대한 강조는 종이책이 베풀었던 돌려보기의 혜택, 즉 공유의 기쁨을 박탈했으며, 결국 전자책과 독자 사이의 간극을 더욱 벌려 놓는 결과를 낳았다. 이 저작권 문제, 즉 전자책 단말기의 배타성을 해결할 수 있는 방안은 어쩌면 전자책 단말기를 전자책 그 자체로 이해하는 것이 아니라, 모바일 개인서고로 바라보는 것에서 찾을 수 있을 것 같다. 단말기에 들어와 있는 콘텐츠 파일들을 소유의 개념으로 이해하지 말고, 도서관에서 잠시 빌려다 내 서고에 꽂아 놓은 책이라 생각하는 것이다. 도서관의 책은 공유할 수 있는데, 그 공유 개념은 누구나 빌려다 읽을 수 있다는 생각 때문에 가능하다. 전자책 단말기를 통해 읽고 싶은 책은 언제든지 약간의 대여 수수료를 지불하고 일정기간 책을 빌릴 수 있도록 하는 것이다. 그 책을 소유하는 것은 사실 파일 형태보다는 종이책 형태의 것이 소유의 영구성을 담보할 수 있기 때문에 전자책의 경우 파일을 소유하는 것은 그 보존성과 관련하여 별 의미가 없다. 서가에는 모든 종류의 책을 꽂을 수 있듯이, 모바일 서고로서 전자책 단말기도 모든 종류의 전자책 파일을 보유하고 읽을 수 있어야 한다. 만약 그렇게 된다면 단말기를 전자책 파일과 묶어 판매하는 것 대신, 단말기 제조는 단말기의 하드웨어적 특장과 소프트웨어적 애플리케이션으로 승부하게 될 것이고, 전자책 파일은 그 내용으로 독자의 관심을 유도할 것이기 때문에, IT 기술 응용과 개발에 취약한 일반 중소 출판업계에도 독립적 경쟁력을 부여할 수 있을 것으로 생각된다. IT 내에서의 하드웨어와 소프트웨어의 컨버전스는 장려될 일이지만, 이것에 전자책 콘텐츠 자체를 독점케 한다면, 끊임없이 자유를 추구해온 인간 정신이 전자책을 거부하지 않으리라 확신할 수 없다.

에필로그, 전자책의 미래

디지털 콘텐츠 열람이 PC에서 모바일 기기로 옮겨간 것은 그 크기와 형태에 있어 모바일성을 가지고 있는 종이책의 영향임에 틀림없다. 그리고 이 모바일 전자책은 독서방식과 취향이라는 측면에서도 종이책이 이루어 놓은 매력, 즉 그 소구성을 빌려와 그 지위를 함께 누리려고 한다. 결국 이를 위해 전자책에 새 기술들이 지속적으로 융합되어갈 것이며, 소통의 방식과 그 속도와 범위, 또 저장방식과 그 용량 등등에 있어 그동안 이루어낸 디지털 기기만의 소구성을 종이책이 보유한 소구성과 융합한다는 점에서 전자책의 매력은 충분하다고 하겠다. 그렇다면 책의 형태적 진화와 독서의 역사에서 보유하게 된 그 소구성, 그리고 전자책이 종이책을 닮고자 하는 경향 등을 총체적으로 생각해볼 때 전자책의 다음 형태는 무엇일까? 태블릿 PC에 이르기까지 보여주고 있는 그 형태, 그 서판의 형태를 유지할까? IT는 컨버전스하는 방향으로 진화한다는 것을 상기한다면, 모바일 기기는 컴퓨터와 융합할 것이며, 특히 노트북과 모바일 기기의 컨버전스는 당연한 수순이라 생각한다. 태블릿 PC와 노트북의 융합된 모습은 한쪽이 다른 쪽을 흡수하는 방향의 융합이 아니라, 어쩌면 두 모양과 기능이 하이브리드(혼합)하는 쪽으로 갈지도 모른다. 전자책의 미래 형태는 두 쪽짜리 독서화면을 가진 단말기일 것이라는 예상을 해

그림 8_ 양면 디스플레이를 이용한 e-book

볼 수 있는데, 이것의 장점은 컴퓨팅을 할 경우 단말기를 90도 돌려 윗 화면은 모니터로 아랫면은 자판으로 이용할 수 있어 패드형보다 작업환경이 개선될 것으로 생각된다. iPad의 자판 활용이 매우 제한 적임을 고려할 때 이 양면 디스플레이 형의 자판 활용이 더 실용적이 고 편할 것 같다. 물론 전자책으로서 이 기기는 코덱스 형의 종이책 과 같은 모습이며, 양면 디스플레이를 이용해 멀티태스킹 작업환경 이 가능해질 것이다. 실제로 2008년과 2009년에 듀얼 디스플레이 전 자책이 나왔으나 아직은 기능, 무게, 두께 등에서 개선할 점이 많고, 스마트폰과 태블릿 PC의 명성에 눌려 세간의 관심을 얻지 못하고 있 다. 그러나 무게와 두께를 해결하고, 이것에 편리기능들이 다양하게 융합, 수렴된다면 차세대에 주목받을 computing e-book으로 자리 잡 을 수 있을 것이라 추측해보는 것은 위에서 살펴본 책과 전자책의 관계에서 보여주는 진화의 개연성 때문이다.

　직립의 호모 에렉투스Homo erectus의 후예인 인간은 그 자신 스스로 모바일성을 보유한 종種이다. 그리고 도구를 이용해 노동을 하는 호모 에르가스터Homo ergaster의 후손이다. 그런데 인간의 모바일성은 시간과 공간의 제약을 받고 있어 그 한계를 극복할 방안을 찾지 못하는 한에는 지속적으로 주변의 것, 특히 도구를 모바일화 할 것이고, 그것을 개선해 나갈 것이다. 동일한 의미로, 인간이 읽고 싶은 책으로 일일이 찾아갈 수 없고, 또 그 서고에 한없이 머물 수 없는 한, 인간은 인간 자체의 불완전한 모바일성을 보완해줄 기기에 의존할 것이다. 바로 여기에 전자책의 미래가 놓여 있는 것 아닌가 싶다. 결국 인간의 모바일성과 기기의 모바일성 사이의 하이브리드는 더욱 활발히 진행되어 갈 것이다.

디지털 미디어로서의 스포츠 비디오게임 그리고 하이브리드

:: 이정우

스포츠와 미디어 그리고 비디오게임

오늘날 스포츠는 현대인들의 삶에 가장 깊숙하게 파고들어 있는 문화콘텐츠 중 하나로 자리매김하고 있다. 스포츠 경기의 중계는 물론 주요 경기의 결과, 스타선수들의 활약 및 이들의 일상생활 동정 등은 신문과 방송 그리고 인터넷 등의 매체에서 매일같이 빠지지 않고 등장하는 내용이며, 경우에 따라 이들 매체들은 스포츠 콘텐츠의 독점 사용권을 취득하기 위해 고가의 중계권료를 지불하기도 한다. 뿐만 아니라 영화와 소설 그리고 만화 등의 분야에서 스포츠는 특유의 내러티브를 갖는 하나의 독립적인 장르로 인식되고 있으며, 이를 소재로 제작된 TV 드라마 역시 간간히 등장한다. 광고 산업도 예외일 수 없다. 거리에서부터 방송에 이르기까지 스포츠를 소구로 하는 상품 및 기업광고들이 즐비하며, 유명 선수들은 고가의 출연료를 받으며 각종 광고에 등장하고 있다. 또한 메이저리그 소속 팀 그리고 유럽의 대형 축구클럽 등은 하나의 브랜드로 작용하여, 이들 선수단의 로고와 심벌은 모자와 티셔츠 그리고 점퍼 등 각종 의류를 장식하고 있는 현실이다. 이와 같이 스포츠의 범람으로 인해 현대인들은 의지와 취향과 관계없이 거의 매일 스포츠를 경험하며 살고 있다.

이상의 내용들을 주의 깊게 살펴보면 한 가지 중요한 특징이 발견되는데 이는 바로 스포츠의 미디어화이다. 즉, 스포츠가 단순한 신체활동의 영역을 뛰어넘어 대중문화의 한 부분으로 거듭나는 데 있어 미디어는 지대한 영향을 미쳤으며, 또 이러한 변환과정은 지금도 여러 플랫폼을 통해 활발히 진행되고 있다.[1] 물론 오늘날에도 많은 스포츠팬들이 직접 축구장 혹은 야구장을 방문하여 경기를 관람하고 있을 뿐만 아니라 현장에서 자신이 응원하는 팀의 서포터즈로 활동하며 독특한 하위문화를 형성하기도 한다. 하지만 양적인 측면에서 볼 때 매체를 통해 스포츠를 소비하는 수용자의 수는 경기장에서 스포츠를 관람하는 열혈 팬들의 수를 훨씬 압도하고 있기에, 대부분의 대중들의 경우 스포츠를 향유하는 데 있어서 미디어에 대한 높은 의존도를 갖고 있다고 말할 수 있다. 또한 미디어는 실제 경기의 중계뿐만 아니라 영화나 드라마와 같이 가상적 시나리오에 입각한 허구적 스포츠 콘텐츠를 생산하기도 하며, 특정 선수나 팀의 이야기를 극적으로 재현한 다큐멘터리를 제작하기도 하는데 이러한 내용들은 반드시 미디어를 통해서만 접할 수 있는 소위 '미디어 스포츠'[2]인 셈이다.

미디어를 통한 스포츠의 생산 및 소비가 다양한 형태로 이루어지는 가운데 비디오게임을 포함한 디지털 스포츠 콘텐츠 역시 지속적으로 발전하고 있다.[3] 특히 스포츠 비디오게임의 경우 수용자와 매체 간의 상호작용이 그 어떤 매체의 경우보다 긴밀하게 발생하고 있으며, 이러한 적극적인 양방향성 커뮤니케이션을 근간으로 하여 스포츠에 참여하고 또 이를 경험하는 방식의 전환을 추동하고 있다는 점에서, 기존의 미디어 스포츠와 뚜렷이 구별되는 모습을 보인다. 즉, 스포츠 비디오게임은 비록 가상적 상황이기는 하지만 사용자가 직접 콘트롤러를 작동하여 스포츠 경기에 참여하고 있으며, 승부를 결정짓는 데 게이머의 능력이 결정적인 역할을 하는 독특한 미디어 스포츠인 것이다. 전통적으로 스포츠의 참여가 선수로 또는 감독·코치로 직접 경기장에서 활동하는 행동적 참여와, 관중석에서 또는 미디어를 통해서 관람하는 인지적 참여 등으로 구분된다는 점을 감안하면[4], 비디오게임을 통한 스포츠 참여는 이 두 영역을 가로지르는 다소 모호한 성격을 갖고 있다고 말할 수 있다.

아울러 국제축구연맹FIFA과 국제올림픽위원회IOC 등의 스포츠를 관리하는 국제기구들이 공식적인 비디오게임 경기대회를 정기적으로 개최하고 있으며, 스포츠게임을 특정 종목의 홍보 및 교육을 목적으로 활용한다는 점에 근거해 볼 때, 이러한 게임의 사용이 게임이 개인적인 이용과 충족에 그치지 않고 조직적인 차원에서도 비중 있는 기능성 스포츠 콘텐츠로 인식되고 있음을 시사한다. 이러한 상황을 좀 더 깊숙이 들여다보면, 현재 비디오게임 올림픽으로 불리는 '월드 사이버 게임'이 매년 개최되고 있으며, 여기에 참가하는 게임 국가대표를 선발하기 위한 치열한 경쟁이 벌어지고 있는 실정이다.

더불어 이러한 조직적 디지털 스포츠 경기대회의 경우 기존의 메가 스포츠 이벤트와 마찬가지로 대기업들의 적극적인 후원이 이루어지고 있음은 물론 경기기간 동안 비디오게임을 통한 다양한 판촉활동 역시 진행된다. 이와 같은 사실들은 오늘날 스포츠게임이 비생산적이고 오락성만을 지닌 가벼운 콘텐츠로 치부될 수 없음을 반증한다.

이상과 같은 스포츠 비디오게임의 존재양식을 보면서 우리는 스포츠게임의 하이브리드적 속성을 발견할 수 있다. 기존의 스포츠가 격렬한 신체활동을 동반한 경쟁 또는 이를 간접적으로 지켜보는 모양새를 갖추고 있었다면, 비디오게임을 통한 디지털 스포츠의 경우 매체와 사용자 간의 매우 적극적인 상호작용 및 인터페이스 기술의 발전에 의해 스포츠를 가상적으로 체험할 수 있는 환경을 제공한다. 디지털 스포츠 속에서 나타나는 수용자의 적극적 참여 및 커뮤니케이션의 심층적 양방향성은 딜로이트가 분류한 미래형 하이브리드 콘텐츠의 전형적인 모습이며,[5] 나아가 스포츠게임은 스포츠의 모습을 재생산하는 차원을 초월하여 이의 경험방식을 재창조하는 하이브리드 미디어 스포츠의 성격마저도 갖고 있다.[6] 아울러 매우 사실적인 그래픽 및 실감나는 음향효과의 사용으로 화면 속에 전개되는 경기는 실제보다 더욱 실제 같은 모습을 보이며, 사용자들이 직접 개입하여 내용을 통제한다는 사실은 이들로 하여금 관중으로서 또는 선수로서 실제 경기장에서는 경험할 수 없는 짜릿한 흥분을 느끼게 만든다. 결국 화면 속의 사실적 이미지, 다양한 효과음, 그리고 이러한 가상적 환경으로의 몰입은 디지털 스포츠 속의 하이퍼리얼리티를 또한 보여주고 있는 것이다.

디지털 스포츠와 e-스포츠

하이브리드 문화가 등장하는 데 있어서 디지털 미디어 및 커뮤니케이션 기술의 발달은 필수적인 요소로 작용하고 있다.[7] 현대사회의 스포츠 역시 대중매체의 영향력과 분리되어서는 그 속성을 정확히 파악하는 데 무리가 따른다. 디지털 스포츠 역시 이러한 맥락 속에서 이해되어야 할 것이다. 스포츠가 미디어와 만나면서 스포츠는 대중문화로 편입되었고, 또 이것이 디지털 기술과 접촉하면서 스포츠게임과 같은 하이브리드 스포츠 콘텐츠를 양산하고 있다.[8] 이를 좀 더 구체적으로 살펴보면 송해룡은 디지털 스포츠란 디지털 정보통신기술이 접목되어 공간적 제약을 탈피한 스포츠이며, 스포츠에 대한 다양한 정보가 인터넷에서 정리·가공·보급되어 가상공간에서 즐기는 스포츠라고 정의하고 있다.[9] 또한 김문화는 디지털 스포츠의 특성으로 첫째 거주 공간 및 근무 공간 내에서 실행, 둘째 가상공간에서의 현실성 추구, 셋째 개인화된 스포츠의 추구, 넷째 상대선택의 다양성, 다섯째 사회적 만남의 계기, 그리고 마지막으로 스포츠에 대한 풍부한 정보욕구 충족 등으로 들고 있다.[10] 즉, 디지털 스포츠는 보는 스포츠뿐만 아니라 하는 스포츠의 영역까지도 아우르는 것이며, 나아가 사용자로 하여금 이를 통해서 지금까지와는 전혀 다른 방식으로 스포츠를 경험할 수 있도록 유도하는 것이다. 이상과 같은 설명은 인터넷상의 스포츠 관련 정보 그리고 온라인 스포츠 커뮤니티 등을 포함하는 매우 광범위한 디지털 스포츠를 대상으로 한다. 하지만 스포츠문화의 극적인 변화를 견인하고 있는 디지털 스포츠의 핵심요소는 무엇보다도 스포츠를 테마로 한 비디오게임이라고 할 수 있다. 그러므로 본 장에서는 이와 같은 비디오게임 중심의 디지털 스포츠를 집중적으로 다루어 보고자 한다.

비디오게임과 관련된 디지털 스포츠를 논할 때 빠뜨릴 수 없는 것이 바로 e-스포츠이다.[11] 비디오게임의 진행은 사용자가 컴퓨터 또는 네트워크로 연결된 다른 사용자 사이에 끊임없이 이어지는 매개된 상호작용이 필수적으로 수반되어야 한다는 특징을 갖는다.[12] 다시 말해 게이머의 적극적인 참여가 게임을 성공적 수행하는 데 반드시 요구되는 것이다. 이러한 비디오게임의 특성을 감안해 보면 e-스포츠란 이러한 비디오게임을 중심으로 벌어지는 게이머들의 실력 겨루기 또는 경쟁 활동의 하나로 이해될 수 있다. 한국 e-스포츠 협회는 자신의 홈페이지를 통해 e-스포츠를 다음과 같이 정의하고 있다.

실제 세계와 유사하게 구현된 가상의 전자 환경에서 정신적·신체적인 능력을 활용하여 승부를 겨루는 여가활동을 통틀어 이르는 말로서, 대회 또는 리그의 현장으로의 참여를 비롯해 전파를 통해 전달되는 중계의 관전을 포함하며, 이와 관계되는 커뮤니티 활동 등의 사이버 문화 전반 또한 e-스포츠 활동에 속한다.

이러한 내용에 근거해 보면 협회는 e-스포츠를 설명하는 데 있어 가상의 환경 속에서 벌어지는 경쟁은 물론 이와 관련된 제반 문화현상까지도 포함시키는 등 매우 광범위한 방법을 사용하고 있음을 알 수 있다. 더불어 바그너는 경쟁적 컴퓨터 게임을 의미하는 e-스포츠를 '정보통신기술을 사용하여 훈련된 정신적·신체적 기술을 활용하는 스포츠의 한 영역'으로 정의[13]하면서, 이러한 새로운 스포츠 문화의 등장은 산업사회에서 정보통신사회로 전환하면서 발생한 필연적 귀결이라고 주장한다. 결국 미디어 및 커뮤니케이션 기술의 발달이 새로운 형태의 스포츠 활동을 주조해낸 것이다.[14]

　이상의 정의들을 종합해 보면 디지털 스포츠와 e-스포츠는 밀접한 관계가 있으며 다수의 유사점 역시 발견되지만 명확한 차이점 역시 존재함을 알 수 있다. 두 형태의 컴퓨터 기반 스포츠는 무엇보다도 콘텐츠 면에서 그 차이점이 분명히 노정된다. 디지털 스포츠의 경우 포함하고 있는 정보가 스포츠와 직접적인 연관성이 있는 데 반해, e-스포츠는 그 콘텐츠가 반드시 스포츠와 관련되어 있지는 않고, 다만 컴퓨터게임의 대회가 마치 스포츠 경기를 연상케 하고, 그 내용이 경쟁적으로 수행된다는 측면에서 스포츠와 유사한 특성이 발견되는 것이다. 예컨대 e-스포츠의 대표적 종목인 스타크래프트는 스포츠와 전혀 관계없는 전략 시뮬레이션 게임이지만, 이것이 다른 게이머들과 경쟁을 통해 우승자를 가리는 형식을 띠면서 스포츠적 외연을 갖추게 되는 것이다. 나아가 스포츠를 모태로 만들어진 비디오게임의 경우, 예를 들어 'FIFA 10' 이나 '위닝 일레븐' 등과 같은 축구게임은 디지털 스포츠임과 동시에 e-스포츠로 볼 수 있다. 왜냐하면 이러한 게임들은 내용면에서 분명히 스포츠의 정보를 담고 있음과 동시에 다른 사용자들과 경쟁 또한 충분히 가능하기 때문이다.[15] 아울러 인터넷을 비롯한 여러 가지 디지털 플랫폼을 통해 공급되는 다양한 형태의 개인화된 스포츠관련 정보 서비스(예: DMB로 시청하는 스포츠 중계) 역시 디지털 스포츠의 일부로 볼 수 있는데, 이러한 콘텐츠의 소비는 e-스포츠의 영역과는 분리되는 디지털 스포츠의 독자적 영역에 포함된다(그림 1 참조).

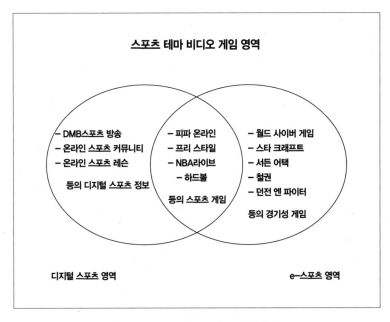

그림 1_ 디지털 스포츠와 e-스포츠의 영역별 구분

나아가 스포츠를 테마로 한 비디오게임 또한 그 특성에 따라 다음과 같이 3가지 유형을 분류 될 수 있을 것이다. 첫째는 스포츠 액션 게임으로 사용자가 화면 속의 선수를 콘트롤러 및 보조기기를 통해 조작함으로써 게임을 진행하는 유형이다. 스포츠 장르로 구분되는 대표적인 비디오게임으로는 '피파온라인'(축구), '하드볼'(야구), 'NBA 라이브'(농구) 등이 대표적이다. 최근 이러한 스포츠 액션게임이 보이는 특성으로는 사용자가 자신만의 아바타를 제작하여 경기에 참여하거나 유명 선수들을 자신의 캐릭터로 선정하는 등 가상적 정체성을 게이머들에게 부여하고 있다는 점이다. 두 번째 유형은 선수가 아닌 감독 또는 구단주의 역할을 수행하면서 스포츠 팀의 운영을 수행하는 스포츠 매니지먼트 시뮬레이션이다. 피파 매니저 시리즈, 판타지 축구 등이 이러한 유형에 속한다. 팀을 운영하는 데 제공되는 정보의 대부분은 실제로 선수들이 거둔 성적에 근거하고 있으며, 운영하는 기법 또한 현실에서 사용되는 방법을 택하고 있다. 따라서 향후 스포츠 매니지먼트 사업에 관여하고픈 게이머들에게 가상적으로나마 팀을 운영해 볼 수 있는 모의실습의 기회를 제공하기도 한다. 마지막 세 번째 유형은 컴퓨터와 사람 간의 인터페이스 기술의 발전에 따라 등장한 체감형 스포츠게임이다. 닌텐도사의 게임 플랫폼인 Wii의 게임 타이틀(예: Wii 스포츠, Wii 리조트, Wii 피트니스) 그리고 뒤이어 등장한 플레이스테이션 무브 시리즈로 처음 선보인 '타이거우즈 PGA 투어' 등이 대중적으로 성공한 체감형 스포츠게임의 대표적 사례다.[16] 앞선 두 유형의 게임과는 차별되게 신체의 움직임을 통해 게임을 진행하며, 실제로 스포츠경기에 임하는 듯한 느낌을 제공한다는 것이 체감형 스포츠게임의 특징이다. 최근 우리나라에서 인기를 얻고 있는 스크린 골프 역시 이러한 범주에 포함된다.

스포츠 비디오게임의 혼종성

스포츠 비디오게임의 하이브리드적 특성을 이해하기 위해서는 '순종' 스포츠의 모습을 간략하게나마 살펴볼 필요가 있다. 이를 위해서는 스포츠란 과연 무엇인가라는 원론적인 질문에 대한 답을 찾아봐야 한다. 스포츠라는 것이 현대인의 일상에 너무나 편재해 있기 때문에 누구나 나름대로 스포츠의 모습을 어렴풋이나마 그려보는 것은 그다지 어려운 일이 아니다. 하지만 그럼에도 불구하고 이에 대한 명확한 정의를 내리는 작업은 결코 쉽지 않다. 스포츠의 특성을 규명하기 위해 다수의 스포츠 학자들은 철학적·사회학적·심리학적 지식들을 동원하여 스포츠에 대한 정의를 내리기 위하여 노력해 왔으며, 그러한 과정을 통해 상호보완적인 여러 가지 스포츠의 의미를 규정지어왔다. 이러한 내용을 종합해 보면 '전통적 관점의 스포츠'라는 정의를 발견할 수 있는데, 이는 스포츠란 '내적 또는 외적 보상에 의해 동기화된 참가자들이 격렬한 신체활동과 상대적으로 복잡한 신체기술을 사용하는 제도화된 경쟁 활동'임을 지칭한다.[17]

이러한 설명에 의하면 스포츠는 크게 내적 및 외적 보상, 격렬한 신체활동 및 신체기술, 제도화 그리고 경쟁성 등 네 가지의 특징을 갖고 있으며, 이 중 한 가지 요소라도 배제되어 있으면 스포츠의 범주에 들어갈 수 없다고 본다. 스포츠는 그것이 취미활동이든 프로 선수들의 경기이던 간에 내적으로는 경기 참여를 통한 자기만족 또는 자아성취, 외적으로는 상품이나 메달 그리고 상금 등의 보상을 받는다. 그리고 스포츠에 참여하는 데에는 대근활동을 요구하는 신체적 활동이 반드시 수반되며, 더불어 경기력을 향상시키기 위해서는 어느 정도의 신체기술이 요구된다. 또한 스포츠는 프로와 아마추어를 막론하고 대한축구협회, 한국야구위원회 등 각 종목별로 경기규칙 및 운영 등을 관리하는 조직이 존재한다. 마지막으로 스포츠는 상대 팀 또는 다른 사람에 의한 기록을 갱신하기 위한 경쟁성을 띄고 있다. 따지고 보면 우리가 일반적으로 스포츠라고 부르는, 다시 말해 스포츠뉴스 시간에 등장하는 종목이나 올림픽에 정식종목으로 채택된 경기들은 모두 이와 같은 네 가지 요소를 모두 포함하고 있음을 알 수 있다.

하지만 최근에는 이상과 같이 전통적인 관점에서 바라보는 스포츠의 정의를 일반적 사실로 받아들이기는 어려운 부분이 있다. 왜냐하면 오늘날 새로운 유형의 스포츠들이 계속해서 등장하고 있으며, 이들 '뉴 스포츠'의 경우 앞선 4가지 스포츠의 특징 중 한 가지 이상의 요소가 결여되어 있는 사례가 종종 발견되기 때문이다. 예를 들어 스케이트보드, 인라인스케이트, MTB 등을 즐기는 익스트림 스포츠 마니아의 경우 제도화 및 경쟁성이 결코 자신의 스포츠의 구성요소가 아님을 강조한다.[18] 물론 익스트림 스포츠의 종합 경기대회 격으로 ESPN이 주관하는 X-게임이라는 미디어 이벤트가 매년 개최되고 있으며, 일부 종목의 경우 동·하계 올림픽의 시범 및 정식종목으로 채택되기도 하였지만, 익스트림 스포츠 마니아들은 제도권 및 상업성 스포츠 이벤트에 출전하는 선수들을 소위 '가짜들'이라며 폄훼하는 경향을 보인다.[19] 하지만 스포츠의 외형을 물씬 풍기고 있는 엑스게임의 경우 전통적인 테두리에 들어맞지 않는다고 해서 스포츠가 아니라고 주장하는 것은 현실적으로 한계가 있다.

디지털 스포츠 역시 마찬가지이다. 스포츠 비디오게임은 신체적인 요소들이 배제되어 있는 경우가 대부분이다. 물론 키보드 또는 콘트롤러를 능숙하게 조작하기 위해서는 복잡한 손기술이 요구되지만, 이러한 활동은 예컨대 야구나 축구 또는 육상이나 수영경기에서 필요로 하는 신체활동 또는 신체기술에 비교해 볼 때 상당히 미미한 수준에 불과하다. 하지만 바둑이 지난 2006년 대한체육회의 준 가맹단체로 승인되고 2009년에는 정식 경기단체로 승격함에 따라 정신적인 요소를 중시하는 종목 역시 스포츠로 받아들어지는 시각이 점차 대두되고 있다.[20] 또한 이러한 정신적 경쟁성을 지닌 스포츠의 종합대회 격인 월드 마인드 스포츠게임[21]이 지난 2008년 베이징에서 국제올림픽위원회의 후원 하에 첫선을 보였다는 사실은 체력뿐만 아니라 지력 역시 스포츠를 구성하는 데 중요한 요소로 자리매김하고 있음을 암시한다.

군이 말하자면 스포츠 비디오게임 역시 정신적 측면에 중점을 두고 있는 활동이며, 따라서 전통적 개념에 의하면 스포츠의 범주에 들어가기 힘들다. 하지만 그 내용적인 측면에서 선수, 감독, 또는 운영자가 되어 실감나는 스포츠를 경험하게 만드는 디지털 스포츠게임이나, 정신적 경쟁성이 강조되고 이를 겨루는 국가대항 경기대회가 정기적으로 개최되며 국내외 프로 및 아마추어 리그가 존재하는 e-스포츠의 문화에서 드러나는 스포츠의 모습을 부정하기란 결코 쉽지 않다. 특히 신체활동이 가미된 스포츠 비디오게임의 등장은 정신적 그리고 신체적 요소를 종합적으로 사용하는 디지털 스포츠이며, 이러한 컴퓨터 기술과 신체적 활동, 그리고 스포츠 콘텐츠의 하이브리드는 새로운 방법으로 스포츠를 경험할 수 있는 기회를 확실히 제공하고 있다. 이러한 점에서 보면 오늘날 사회전반의 현상들이 단일성에서 다양성에서 나아가 다양성의 혼합으로 급속히 변모함에 따라 사회의 각 분야에서 일어나는 변화를 하이브리드의 시각에서 바라볼 필요가 있다는 김연순의 주장[22]은 스포츠 현장에서, 특히 디지털 스포츠의 영역에서도 유용하게 적용할 수 있다. 이러한 입장에서 보면 결국 스포츠라는 개념도 지속적으로 변화와 융합이 발생하는 유기체적 특성을 갖고 있기에 전통적인 스포츠의 정의를 너무 경직되게 사용하는 것은 무리가 있는 것이다. 이러한 맥락에서 사회적 변화를 반영한 대안적 스포츠의 개념의 필요성이 대두되고 있다는 사실은 어찌 보면 당연한 귀결이다.[23]

미디어 커뮤니케이션으로서의 스포츠 비디오게임

앞선 논의가 스포츠의 본질적 측면에서 비디오게임의 속성을 바라본 것이라면, 이를 미디어 커뮤니케이션적 관점에서 바라봐야 할 필요성도 제기된다. 서두에서 간략하게 언급된 바와 같이 스포츠 비디오게임은 상호작용성이 강화된 미디어 스포츠의 한 부분이며, 따라서 이것이 기존의 대중매체를 통한 스포츠의 소비와 어떤 유사점 및 차이점이 있는가를 구분하는 것은 스포츠 비디오게임의 속성을 파악하는데 유용한 정보를 제공해 줄 수 있다. 이와 관련하여 스포츠 비디오게임은 개방형 미디어, 몰입형 미디어, 가상현실 미디어, 사회적 미디어 등 네 가지의 특성을 지니고 있다.

첫째, 스포츠 비디오게임 사용자가 화면에 전개될 내용을 즉시적으로 통제하는 개방형 미디어이다. 생중계로 전송되는 스포츠 경기의 시청은 영화나 드라마의 시청과는 달리 비록 그 경기의 결과가 미리 정해져 있지 않다는 점에서 어느 정도 불확실성을 가지고 있기에 부분적이나마 개방적 성격을 띄고 있다고 볼 수 있다. 하지만 경기의 진행에 수용자가 영향을 미치지는 못하다는 점에서 그 개방성은 제한적인 수준에 머무르는 데 그치며 녹화중계나 하이라이트의 경우는 그 내용전개에 있어 생중계일 때 가졌던 부분적 개방성마저도 완전히 상실되고 만다. 반면 스포츠 비디오게임은 앞으로 진행될 사건에 대한 책임이 전적으로 사용자에 귀속되어 있다.[24] 즉, 경기결과가 예정되어 있지 않을 뿐만 아니라 경기를 어떻게 풀어나갈 것인지 역시 전적으로 사용자의 결정에 달려있는 것이다. 이러한 개방성은 비디오게임이 갖는 양방향적 상호작용성에 기인하는 것인데, 이러한 인터렉티브 미디어의 요소는 비디오게임 상황에서 가장 진보적인 형태를 보인다.[25] 따라서 TV나 신문 또는 인터넷과 같은 매체들은 스포츠의 소비형식이 인지적 참여 수준에 머무르는 데 불과하지만 스포츠 비디오게임의 사용은 행동적 참여까지도 가능케 하는 개방형 미디어인 것이다.

둘째, 스포츠 비디오게임은 상당한 수준의 집중력을 요구하는 몰입형 미디어이다. 다른 미디어 스포츠의 경우 굳이 화면이나 소리에 집중하지 않아도 경기의 맥락을 따라잡는 데 큰 어려움이 없다. 사실 야구나 축구를 보면서 맥주를 마시거나 식사를 하는 모습은 우리네 일상에서 흔하게 볼 수 있는 풍경이다. 하지만 스포츠 비디오게임의 경우는 이러한 것이 쉽지 않다. 예를 들어 사이버 축구경기를 온전히 수행하기 위해 사용자는 자신의 정신력을 게임에 집중해야만 하며, 이러한 몰입도가 낮아지면 낮아질수록 게임의 목표를 달성하는 것은 어려워진다.[26] 즉, 비디오게임을 수행할 때는 사용자의 높은 몰입수준으로 인해 게임 이외의 다른 활동을 병행하는 것이 비록 불가능하지는 않을지라도 매우 어려운 것이다. 하지만 사실은 스포츠 비디오게임이 제공하는 몰입상태에서 경험하는 스포츠야말로 사용자에게 재미와 흥분을 느끼게 하는 원천이다.[27] 최근 등장하고 있는 체감형 비디오게임이나 3D 게임, 그리고 고화질의 HD 환경에서 진행되는 게임들은 사용자의 몰입정도를 강화하여 게임을 더욱 흥미롭게 만든다. 아울러 몰입상태에서 느끼는 독특한 경험은 사용자들은 장시간 동안 게임에 빠져들게 만들며, 이것이 지나칠 경우 게임중독이라는 부작용을 낳기도 한다.[28]

셋째, 스포츠 비디오게임은 경기가 실제적 상황이 아닌 가상공간에서 벌어지는 가상의 경기라는 점에서 가상현실 미디어의 특성을 갖는다. 스포츠 경기는 연극이나 영화처럼 조작된 상황이 아니라 실제로 벌어지는 사건이기 때문에 이를 중계 및 보도하는 매체들은 매 순간 집중하며 극적인 요소를 찾으려 노력한다. 하지만 스포츠 비디오게임은 모든 경기내용이 임의적으로 만들어지는 가상적 상황이다. 뿐만 아니라 스포츠 비디오게임은 가상적 인물과 가상적 공간도 동시에 제공한다. 골프게임을 예로 들면 사용자는 때로는 타이거 우즈 선수와 같은 현존하는 선수가 되어 현실에서는 불가능해 보이던 멋진 골프 샷을 치기도 하며, 경기수행능력이 매우 높은 가상적 캐릭터를 구성하여 특출한 퍼팅능력을 구사하기도 한다. 이러한 기능을 활용하여 사용자들은 게임 속에서 자신들의 독특한 사이버 정체성을 구축하고 이를 기반으로 타 게이머들과 사이버 공동체를 구성하기도 한다.[29] 또한 전 세계의 유명 골프코스를 시공간적 제약 없이 이동하며 플레이를 할 수 있다는 점도 비디오게임이 갖는 가상현실 미디어의 특징 중 하나이다.

주목할 만한 사실은 현실에서 마주치는 것보다 훨씬 더 실제 같은 스포츠의 하이퍼리얼리티를 스포츠게임을 통해 경험할 수 있다는 것이다. 하이퍼리얼리티는 원본이 없는 복사된 공간을 의미하는데, 이를 이정준은 원본이 있는 복사과정에 인간의 상상에 의해서 사실성을 가미하는 과정으로부터 시작되는 원본에는 없는 복사라고 설명한다.[30] 대부분의 스포츠 비디오게임에서는 선수들의 자세한 움직임의 재현, 공이 날아가는 궤적의 수학적 묘사, 다양한 각도에서 잡은 카메라 샷, 귀를 자극하는 효과음, 각 지역 또는 경기장의 난이도 및 특징을 정리하여 보여주는 장면 등을 제공하고 있다. 또한 게임 상황에서 등장하는 스타플레이어들은 이들이 현실세계에서 보유한 기량보다 훨씬 탁월한 퍼포먼스를 보여준다. 이러한 요소들은 실제 스포츠 또는 기존 매체 스포츠 속에서 볼 수 없는 생소한 장면들이며, 결국 사용자들은 원본에 기반하고 있지만 원본보다 더욱 생생한 스포츠 하이퍼리얼리티를 스포츠 게임을 통해 경험하고 있는 것이다.

마지막으로 스포츠 비디오게임은 네트워크를 통해 타 이용자와의 교류 및 소통을 가능케 하는 사회적 미디어다. FIFA 온라인 또는 슬

러거 등과 같은 스포츠게임을 통해 게이머들은 멀티플레이 게임을 즐기기도 하고 또 필요한 아이템을 거래하는 등 나름대로의 사이버 공동체를 구성하고 있다. 또한 게임 콘텐츠에 부수적으로 따르는 아이템 판매 및 교환, 선수 트레이드, 게시판, 쪽지보내기 그리고 실시간 대화의 기능들은 사용자로 하여금 단순히 게임을 즐기는 데 그치지 않고 공통적 관심사를 보유하고 있는 타 사용자와 활발한 커뮤니케이션이 이루어질 수 있도록 돕는다. 아울러 스포츠 비디오게임을 제작하는 대표적 회사인 EA 스포츠는 각 게임별로 별도의 웹페이지를 개설하고 여기에 커뮤니티 기능을 추가하여 사용자들이 게임 관련 경험담 그리고 새로운 기술의 공유는 물론 게임 진행 시 발견된 오류사항 등을 게시하고 이에 대한 잠정적 해결책까지도 제시하는 높은 수준의 소통 또한 가능토록 하고 있다. 이러한 사실에 빗대어 볼 때 오늘날의 게이머들은 단순한 사용자에 그치지 않고 게임을 중심으로 진행되는 집단협력mass collaboration을 통해 게임문화의 변화를 추동하고 있음은 물론 이를 기반으로 사용자와 생산자를 동시에 의미하는 프로슈머prosumer의 양상마저도 보이고 있는 것이다.[31] 즉, 비디오게임은 네트워크 활동으로 말미암아 사용자들은 나름대로의 공동체 의식을 함양하고 사회성을 기를 수 있는 환경을 제공하고 있는 것이다.[32] 이처럼 비디오게임은 사회적 미디어의 역할을 수행하기도 하며, 따라서 독방에 홀로 앉아 게임을 즐기는 소위 '게임폐인'의 모습은 대다수의 비디오 게임 사용자의 모습과는 거리가 있다고 할 수 있다.

하이브리드 콘텐츠로서의 스포츠 비디오게임

다양한 미디어 플랫폼 및 콘텐츠들의 융·복합을 의미하는 디지털 컨버전스는 하이브리드 시대의 대표적 커뮤니케이션 패러다임이다.[33] 이러한 컨버전스 현상은 플랫폼의 융합을 의미하는 크로스 플랫폼 측면과 하나의 원천 콘텐츠가 다양한 형태로 변형되어 유통 및 소비되는 원소스 멀티 유즈One Source Multi Use의 측면에서 바라볼 수 있다.[34] 크로스 플랫폼이란 하나의 콘텐츠가 다양한 매체를 통해 소비되는 것을 말한다. 예를 들어 오늘날 스포츠 경기를 시청하는 데 있어 TV뿐만 아니라 인터넷, DMB, 휴대폰 등과 같은 다양한 디지털 기기들이 활용되고 있는데 이러한 현상이 바로 크로스 플랫폼의 대표적 사례이다. 물론 주요 스포츠 기구들이 텔레비전 및 라디오 방송과 더불어 뉴 미디어를 통한 중계권 및 저작권을 엄격히 통제하고 있음에 따라 스포츠 영역에서의 무제한적 크로스 플랫폼은 현실적으로 어려움이 따르고 있지만, 어느 정도 규제 하에서 벌어지는 이러한 현상은 앞으로 더욱 복잡한 양상을 보일 것으로 예상된다.

스포츠게임을 포함한 비디오게임은 기본적으로 PC, 아케이드, 게임콘솔, 휴대용 디지털 기기 등 다양한 플랫폼을 통해 이루어지고 있다. 하지만 이들을 연결하는 크로스 플랫폼 현상은 게임 환경에서는 그다지 활발히 이루어지지는 않고 있다. 그 이유는 게임 산업의 독특한 산업구조에 기인하기 때문이다.[35] 비디오게임 산업의 경우 게임을 개발하는 소프트웨어 제작사와 이를 실행하는 하드웨어 제작사들이 별도로 존재하고 있으며, 또 각 영역별로 별도의 경쟁체제를 갖고 있다. 말하자면 소니(플레이스테이션), 마이크로소프트(X박스), 닌텐도 (Wii) 등의 하드웨어 제작사들은 게임콘솔 시장의 선점을 위한 치열한 경쟁을 벌이고 있는 것이다. 문제는 각 콘솔들이 기능적 측면에서 큰 차이를 보이고 있지 않기 때문에 상호 간 호환되지 않은 상이한 게임타이틀의 유통을 통해 시장경쟁력을 확보하려는 경향이 있다는 것이며,[36] 이러한 구조적 요인은 비디오게임 환경에서 원활한 크로스플랫폼 현상을 저해하는 요소로 작용한다.

하지만 OSMU의 측면에서는 스포츠 비디오게임은 디지털 스포츠의 컨버전스가 어떤 분야 못지않게 활발히 이루어지고 있는 분야다. 김원제는 디지털 스포츠는 OSMU 모델로의 높은 성공가능성을 잠재적으로 가지고 있다고 설명한다.[37] 프로야구나 축구 등의 관람스포츠의 경우 경기장에서 직접 뛰는 선수들의 모습이 원천 콘텐츠라면, 이것이 다양한 형태의 방송콘텐츠로 변형되고, 또 특별히 대중들의 관심을 유발하거나 소장가치가 있는 경기의 경우 DVD등으로 재발매된다. 또한 스포츠 경기를 각색하여 시사 및 예능 프로그램으로 변형하여 등장하는 경우도 종종 발견된다. 같은 맥락에서 스포츠 비디오게임 역시 원천소스를 기반으로 하여 소비자로 하여금 새로운 스포츠 경험이 가능토록 생산되는 스포츠 OSMU의 한 형태이다.

스포츠 콘텐츠의 OSMU 가운데 스포츠게임이 갖는 특성은 매년 게임타이틀이 갱신되는 정기성에 있다. 새로운 야구나 축구 시즌이 시작되거나 주요 국제 스포츠 이벤트가 개최되는 해에는 새 버전의 스포츠게임이 빠지지 않고 출시되며, 이러한 신간 게임은 업데이트된 선수들의 데이터베이스뿐만 아니라 보다 진보된 형태의 그래픽 및 사운드 환경 그리고 컴퓨터와 사용자 간의 새로운 인터페이스를 제공한다. 한편에서는 상대적으로 빈번한 스포츠게임의 출시를 두고 게임콘솔 및 게임타이틀의 판매를 목적으로 하는 과도한 상업주의 라는 비판이 일기도 하지만, 그럼에도 불구하고 정기적으로 게임이 출시되는 이유는 매 출시마다 스포츠게임을 소비하는 두터운 게이머 커뮤니티가 존재하기 때문이다. 이렇게 시장의 안정성에서 비롯된 정기적인 게임출시는 게임 산업의 부흥은 물론 프로그램 및 콘솔 제작사들이 프로 스포츠리그 및 국제 스포츠기구에 지불하는 거액의 라이선스 및 캐릭터 사용료로 인해 스포츠 산업의 발전에도 어느 정도 기여하고 있다.

이상과 같은 비디오게임의 디지털 컨버전스의 특징과 더불어 스포츠게임은 그 내용적 측면에서 재미, 기능, 감동이 복합적으로 작용하는 멀티테인먼트적 하이브리드 문화콘텐츠의 특징 또한 눈에 띈다.[38] 첫째, 스포츠 비디오게임이 성공하기 위해서는 게임이 갖는 재미, 즉 놀이의 요소가 반드시 수반되어야 한다.[39] 사실 이러한 재미요인은 게임이 평가받는 가장 중요한 기준 중 하나이다. 다시 말해 아무리 화려한 그래픽과 음향효과 그리고 최신의 컴퓨터 테크놀로지를 동원하는 등 기술적 그리고 미학적으로 완성도가 높은 게임이라 할지라도 재미가 없는 비디오게임은 시장에서 쉽게 모습을 감추고 만다. 둘째, 스포츠 비디오게임은 사회적인 기능을 수행하기도 한다. 우선적으로 많은 게이머들이 스포츠 경기의 규칙 및 경기기술을 이해하는 데 게임은 긍정적인 영향을 미친다. 특히 상대적으로 룰이 복잡한 야구나 미식축구 등의 경우 스포츠게임만큼 자연스레 규칙을 익힐 수 있도록 도와주는 매체는 드물다. 아울러 체감형 스포츠게임의 경우 거실이 하나의 가상 피트니스센터로 변모하면서 사용자들의 건강증진에도 기여하고 있다. 또한 스크린 골프는 상대적으로 적은 비용으로 골프를 즐길 수 있는 환경을 조성하여 골프의 대중화에도 영향을 미친다. 셋째, 스포츠 비디오게임은 사용자로 하여금 감동을 느끼게도 한다. 사운드와 그래픽, 게임에서 선보이는 화려한 스포츠기술의 수행, 우승을 향해가는 스포츠게임의 독특한 내러티브의 구성은 실제로 게임을 성공적으로 완수했을 때 사용자들의 감성을 자극하는 요인으로 작용한다.

FIFA 인터렉티브 월드컵

FIFA는 축구 비디오게임의 국제대회 격인 인터렉티브 월드컵을 지난 2008년부터 매년 개최해 오고 있다. FIFA 인터렉티브 월드컵은 스포츠와 디지털 테크놀로지의 접합 그리고 이러한 혼합이 만들어낸 디지털 스포츠의 하이브리티를 가장 대표적으로 구현하고 있는 사례이다. 이 대회는 각 지역의 대표적 프로 축구리그 및 선수들이 디지털 형식으로 재현되고 있는 FIFA 축구시리즈를 기본 형식으로 하고 있으며, 게이머들은 기존의 선수 데이터베이스를 기본으로 자신만의 팀을 구성하여 경기에 참가한다. 세계 각지에서 모여든 게이머들은 때로는 화면을 마주보고, 때로는 온라인상에서 만나 높은 수준의 경쟁 활동을 경험하게 된다. 대회의 주관은 현실 축구세계를 조직 · 관리하는 국제축구연맹이 담당하고 있는데, 이는 현실 축구세계와 가상 축구세계의 접합을 의미한다. 다시 말해 지금까지 디지털 스포츠의 원천 콘텐츠 제공자 역할만을 해왔던 현실의 스포츠 조직이 직접 사이버 스포츠의 운영에 관여하기 시작한 것이다. 따라서 어디까지가 사이버 축구대회이며, 또 어디서부터 현실의 축구 토너먼트인가의 경계가 모호해진다.

인터렉티브 월드컵 개요

비록 비디오게임을 중심으로 벌어지는 사이버 축구월드컵이지만 경기가 조직되는 방식 역시 실제의 월드컵 축구대회 못지않다.[40] 2010년 5월 스페인 바르셀로나에서 개최된 2010 FIFA 인터렉티브 월드컵을 중심으로 살펴보면, 우선 월드컵 축구와 마찬가지로 전 세계에서 약 80만 명의 게이머들이 각 지역 예선전에 참가하였으며, 이를 통해 선발된 31명의 선수와 전 대회 우승자 1명 등 총 32명이 본선 대회 개최지에서 만나 경쟁하였다.[41] 지역예선은 두 차례에 걸쳐 진행되었는데 첫 번째 예선 토너먼트는 전 세계 10개국에서 각각 벌어졌으며, 각 대회에서 우승한 총 10명의 게이머들이 본선 진출 자격을 얻었다. 첫 번째 지역 예선은 게이머의 국적에 관계없이 누구나 참가할 수 있지만, 대회에 참가하기 위해 예선전이 개최되는 국가를 직접 방문해야 한다는 번거로움이 따른다. 2010년 대회의 1차 예선 개최지는 〈표 1〉과 같다.

개최지	개최도시	대회일자
호주	시드니	2010년 4월 9-11일
브라질	상파울로	2010년 4월 11일
프랑스	파리	2010년 3월 12-14일
이탈리아	밀라노	2010년 3월 20일
일본	도쿄	2010년 3월 21일
덴마크	코펜하겐	2010년 3월 13일
폴란드	바르샤바	2010년 2월 6일
러시아	모스크바	2009년 11월 6-8일
남아공	요하네스버그	2010년 3월 6일
영국	런던	2010년 3월 22일

표 1_ 2010 FIFA 인터렉티브 월드컵 지역 토너먼트 일정

2차 예선은 1차 예선 방식과는 다른 형식으로 구성되어 있다. 온라인상으로 참가신청을 한 게이머들이 네트워크와 연결된 자신의 게임콘솔을 가지고 게임을 진행한다. 따라서 참가자들이 경기를 위해 여행을 할 필요가 없다. 하지만 2차 예선 토너먼트는 참가자의 국적에 따라 제한을 받는다. 즉, 자신이 속한 대륙별 축구연맹에 따라 총 21장의 본선 진출권이 상이하게 배정되어 있기 때문에, 참가자는 반드시 자신이 속한 대륙별 연맹에 귀속되어 경기에 출전해야만 하는 것이다. 2010년 월드컵의 경우 대륙별 분배 현황은 유럽 8장, 북미 5장, 남미 2장, 아시아 3장, 아프리카 2장, 오세아니아 1장 등이다.

인터렉티브 월드컵의 정치경제학

FIFA 인터렉티브 월드컵의 구조를 좀 더 주의 깊게 살펴보면 월드컵 방송시장의 구조를 설명하는 개념인 글로벌 스포츠 미디어 복합체의 모양새가 인터렉티브 월드컵에서도 유사하게 나타난다는 것을 알 수 있다. 글로벌 스포츠 미디어 복합체란 월드컵이나 올림픽과 같은 메가 스포츠이벤트 방송의 정치경제학적 구조를 묘사하는 개념으로 미디어, 글로벌기업, 국제스포츠기구 등 3대 구성요소들이 상호의존적인 관계를 유지하면서 세계 스포츠미디어 시장을 통제한다는 내용이다.[42]

인터렉티브 월드컵의 경우 게임콘솔 제작사인 소니, FIFA 축구 시리즈를 개발하는 EA 스포츠, 그리고 FIFA 간의 삼각동맹체제가 형성되어 있으며, FIFA 파트너라 불리는 글로벌 기업들이 이 대회를 측면에서 지원하는 구조를 갖고 있다. FIFA는 소니의 플레이스테이션을 게임의 공식 사용 콘솔로 지정하였고, 따라서 반드시 이 기기를 통해 접속해야만 한 경기에 참가할 수 있다. 또한 FIFA10의 정품 게임타이틀을 통해서만 경기에 등록이 가능하도록 경기를 통제하고 있으며, 이에 대한 반대급부로 FIFA는 이들 업체로부터 거액의 후원금을 지원받고 있다. 아울러 FIFA의 공식 후원기업들은 현실 월드컵과 마찬가지로 경기 장소에서 다양한 판촉활동을 벌인다.

앞서 언급된 바와 같이 비디오게임 산업에서 게임 콘솔제작사들은 치열한 시장점유율 경쟁을 벌이고 있다. 이러한 상황에서 FIFA와 공식적으로 연계된 소니사는 콘솔시장에서 자사의 위치를 공고할 수 있는 기회를 가질 뿐만 아니라 항상 최신버전의 기기를 공식 사용콘솔로 지정함으로써 새로운 모델의 판매를 촉진하는 효과를 얻을 수

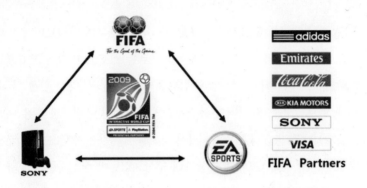

그림 2_ FIFA 인터렉티브 월드컵에서의 삼각동맹 구조

있다. 또한 EA 스포츠사의 다양한 게임 타이틀은 경쟁사 기기용으로도 동시에 발매되고 있는데, 월드컵 대회에서 플레이스테이션만을 사용케 하여 EA 스포츠사와 소니사의 연계성 또한 높이고 있으며, 이는 소니 기기의 시장점유율을 높이는 데 긍정적으로 기여할 수 있다. 다음으로 EA 스포츠사는 인터렉티브 월드컵을 통해 자사의 정품 타이틀 판매를 증진시킬 수 있다. 대회에 참가하려면 반드시 정품 소프트웨어를 사용해야만 하는데, 이를 위해 참가자들은 게임 타이틀을 구매해야만 하기 때문이다. 지난대회에 약 80만 명 정도가 공식적으로 등록했다는 점을 감안하면, 대회 때문에 판매되는 FIFA10 타이틀의 수 역시 적은 수가 아닐 것이라는 추측이 가능하다. 또한 매년 새로운 버전이 등장하고 있음을 생각해 보면 FIFA의 인터렉티브 월드컵은 이의 홍보행사장으로 기능하는 측면도 있다. 마지막으로

FIFA는 이들 회사로부터 거액의 후원금 및 라이선스 비용을 획득함과 더불어 인터렉티브 월드컵의 개최를 통해 비교적 젊은 층의 축구 팬들과 소통하는 스포츠기구라는 이미지를 구축할 수 있다. 이러한 점을 숙고해 볼 때 글로벌 스포츠의 정치경제적 요인이 사이버 스포츠 대회에도 동일하게 작동하고 있음을 알 수 있다.

디지털 미디어의 속성으로 본 인터렉티브 월드컵

인터렉티브 월드컵이 등장하기 이전 시대에 월드컵 축구는 대중들에게 하나의 스펙터클 즉, 볼거리로만 존재했었다.[43] 하지만 디지털 미디어의 급속한 발전과 함께 등장한 사이버 스포츠문화는 비디오게임을 통한 경쟁이라는 새로운 형태의 경기대회를 잉태했으며, 이러한 흐름 가운데 등장한 FIFA의 디지털 축구 콘테스트는 월드컵이라는 콘텐츠가 보는 스포츠의 차원을 뛰어넘어 참여하고 즐기는 스포츠 콘텐츠라는 인식을 점진적으로 강화하고 있다. 이러한 변화는 미디어의 의사소통의 구조가 일대 다one to many체제에서 다대 다many to many 커뮤니케이션 모델로 변동하는 가운데 매체사용자의 참여문화가 점차 증대하는 디지털 미디어의 특성을 반영하고 있는 것이다.[44] 이러한 이해를 바탕으로 FIFA 인터렉티브 월드컵의 사례를 디지털 미디어의 속성과 연계하여 알아보도록 하자.

첫째로 디지털 미디어의 상호작용성을 들 수 있다. FIFA 월드컵과 관련하여 상호작용성은 경기에 참가하는 게이머들 간의 상호작용 그리고 게임 콘텐츠와 게이머와의 상호작용 등 두 영역으로 나뉠 수 있다. 둘째로 디지털 미디어의 비동시성이다. 현실 월드컵에서는 경기의 진행 그리고 관람이 전 세계적으로 같은 시간에 펼쳐지지만, 사이버 월드컵은 시간과 공간의 제약을 상대적으로 덜 받으며 경기가 전개되는 특성이 있다. 셋째는 디지털 미디어의 무제한성이다. 현실 월드컵의 경우 고도로 훈련된 소수의 선수들만이 경기에 출전할 수 있는 데 반해 인터렉티브 월드컵은 디지털 네트워크 환경이 조성되어 있는 경우 누구나 국가대표가 되어 무제한적으로 참가할 수 있다. 이러한 무제한성은 참가의 제한이 거의 없다는 점에서 스포츠 경기대회의 엘리트적 속성을 제거하여 스포츠 문화의 민주화에 기여하기도 한다. 넷째, 디지털 미디어의 개인성이다. 월드컵 게임에서는 각 사용자들이 자신만의 유일한 선수단 및 캐릭터를 형성하여 게임에 참가하고 있으며, 경기내용에 있어 대중의 관심을 유발하기보다는 참가자 자신의 흥미 충족을 위한 행위인 측면이 강하다. 다섯째, 디지털 미디어의 기능성이다. FIFA 축구 시리즈를 중심으로 구성되는 인터렉티브 월드컵은 기존에 볼 수 없었던 새로운 경기형식 및 축구문화를 생성할 뿐만 아니라 축구와 관련된 제반 지식 및 기술들을 전파 및 보급하는 기능을 수행한다. 마지막 여섯째는 디지털 미디어의 연결성이다. 경기에 참가하는 데 있어서 네트워크와의 연결은 필수적인 요소이며, 이러한 연결망을 통해 각 참가자들은 국제적 스포츠 커뮤니티를 형성할 수 있다. 이상과 같은 디지털 미디어의 여섯 가지 속성에 빗대어 보면 FIFA의 인터렉티브 월드컵은 디지털 스포츠 문화를 함축적으로 보여주는 대표적 사이버 스포츠 이벤트인 것이다.

인터렉티브 월드컵의 반성적 평가

인터렉티브 월드컵이 디지털 기술에 기반을 둔 새로운 스포츠문화를 형성하는 데 기여하는 바가 적지 않지만, 기존의 스포츠 현장 및 정보사회 일반에서 드러났던 문제점을 답습하고 있는 부분이 있다는 점은 분명히 지적되어야 한다. 첫째로 본 대회의 정치경제학적 구조에서 드러난 바와 같이 인터렉티브 월드컵은 스포츠의 상업화가 야기한 결과물이란 점이다. 다시 말해 스포츠기구, 게임콘솔 제작사, 프로그램 제작사, 후원기업 간의 복잡한 이해관계 속에서 사이버 월드컵 대회는 등장 할 수 있었던 것이다. 이러한 관계 속에서 각 기업들은 경기의 개최를 통해 축구문화의 발전보다는 자신들의 이윤추구를 보다 중시하는 경향이 있으며, 이에 맞추어 FIFA는 이들의 상업 활동이 원활하게 진행될 수 있는 환경을 조성해 준다. 그 결과 대회장소 및 게임 콘텐츠 속에서 발견되는 여러 상업적 문구, 기업들의 PR 활동 및 광고들은 참가자가 게임을 경험하는 데 있어서 피할 수 없는 요소로 자리하게 되며, 그러한 가운데 사용자들은 소비자본주의의 이데올로기를 무비판적으로 수용하게 될 가능성이 있다.

둘째, 대회에 참가하기 위해서는 디지털 기술의 발달 및 이의 능숙한 조작이 필수적으로 요구된다는 점에서 인터렉티브 월드컵은 지역 간 디지털 격차의 문제를 내포하고 있다.[45] 비록 예선경기 일부의 경우 본선 진출 자격이 대륙별로 배분되어 있지만 상대적으로 정보통신기술이 잘 발달된 북미, 유럽 그리고 아시아 일부지역 출신 참가들에게 보다 유리한 접근기회가 주어지고 있는 것이 현실이다. 실제로 32개의 본선 진출자 가운데 아프리카 출신은 3명, 남미 출신은 4

명에 불과하며 북미 및 유럽 출신들이 나머지 25명의 대부분을 차지한다. 이러한 문제로 인해 인터렉티브 월드컵은 특정 국가들의 첨단 기술 과시의 장으로 변질될 수 있다.

셋째, 스포츠는 일반적으로 남성의 영역으로 간주되고 있기에 여성은 스포츠 활동의 참여에서 소외되는 경우가 존재하며, 또 스포츠를 재현하는 미디어 역시 남성 중심적인 콘텐츠를 생산하고 있다.[46] 비디오게임 분야도 예외는 아니며, 이러한 경향은 인터렉티브 월드컵에서도 마찬가지로 발견된다.[47] 대표적인 사례로 인터렉티브 월드컵에 등장하는 축구 팀 및 선수가 모두 남성이라는 점을 들 수 있다. 남자 프로축구시장이 워낙 크기 때문에 어쩔 수 없는 현상으로 볼 수도 있겠지만, 실제로 FIFA는 남성 경기와 더불어 여성 축구대회를 정기적으로 개최하고 있으며, 또 스포츠 현장에서의 양성평등 구현이 FIFA가 중시하는 가치 중 하나이기에, 사이버 환경에서 여성 캐릭터의 부재는 아쉬운 부분이다. 본선에 참가한 32명 전원이 남성이라는 사실도 게임 콘텐츠의 성 편향성과 무관하지 않을 것이라는 판단이다.

스포츠 비디오게임 되돌아보기

인터넷의 등장과 디지털 미디어 기술의 급속한 발전으로 매체 사용자의 커뮤니케이션 참여가 일상이 되어버린 작금의 상황에서 디지털 매체이자 콘텐츠인 비디오게임에 대한 관련 학자들의 관심이 증대되고 있다.[48] 스포츠 커뮤니케이션 분야 역시 이러한 디지털 전환이 신속히 이루어지고 있으며, 그 콘텐츠 역시 디지털 시대에 걸맞게 다양화되고 있는 추세이다.[49] 이 가운데 e-스포츠를 비롯한 스포츠 비디오게임은 디지털 시대를 대변하는 스포츠 콘텐츠로서 끊임없는 진화가 이루어지고 있는 영역이다.[50] 특히 비디오게임의 스포츠 장르는 디지털변환의 차원을 넘어 스포츠문화 전반에도 큰 변화를 추동하는 기제로 작동하고 있다.

물론 스포츠 장르의 비디오게임이 과거에 존재하지 않았던 것은 아니다. 1972년 아케이드 게임이 처음 선보였을 때 등장한 게임 중 하나가 탁구를 소재로 한 퐁pong이란 게임이었으며, 이후 야구, 축구, 배구 등의 구기종목과 권투, 프로레슬링 등의 격기종목, 그리고 올림픽을 모방한 종합 스포츠경기대회 등을 모태로 한 비디오게임들은 1980년대 전자오락실을 풍미하던 대표적 종목이었다. 그럼에도 불구하고 오늘날 유독 스포츠 비디오게임에 대한 학문적 관심이 요구되는 이유는 첫째, 인터넷의 등장과 더불어 네트워크와 연결된 스포츠게임이 최근 급증하고 있고 둘째, 게임의 공간이 공공장소에서 PC와 게임콘솔의 등장과 함께 사적 영역으로 이동하였으며 셋째, 스포츠 산업과 게임 산업 간의 연대가 최근 들어 두드러지게 발전하고 있다는 데 있다. 이러한 변화로 말미암아 디지털 또는 사이버 스포츠라는 용어가 탄생하였으며 이는 스포츠의 개념 및 미디어스포츠의 속성에 큰 변화를 야기하고 있다. 다시 말해 스포츠 비디오게임은 현대 스포츠문화의 보다 정확한 이해를 위해 반드시 검토해 봐야 할 주요 키워드 중 하나인 것이다.

이러한 이해를 바탕으로 우리는 스포츠 비디오게임이 갖는 하이브리드 특성을 도출해 볼 수 있다. 첫째로 스포츠를 수행하는 데 있어서의 혼종성이다. 전통적으로 스포츠는 이를 위해 특별히 조성된 물리적 공간에서 행해지는 신체활동이었다. 하지만 스포츠 비디오게임은 이와 같은 개념을 과감히 탈피하여 게임기기만 설치된 장소면 어디에서나 자유로운 스포츠의 참여를 가능케 했다. 더욱이 체감 스포츠게임의 등장은 정신적 경쟁에 국한된다는 비디오게임의 한계를 넘어 신체적 활동이 가미된 게임을 수행할 수 있는 환경을 조성하였다. 더욱이 스포츠 비디오게임의 기량을 겨루는 월드 사이버게임이나 인터렉티브 월드컵의 등장은 디지털 스포츠가 개인적 차원을 넘어서 하나의 제도로 발전하고 있음을 시사한다. 이러한 점을 숙고해 볼 때 오늘날 스포츠 비디오게임은 스포츠와 디지털 기술이 만나 새로운 스포츠의 경험을 창출하는 혼종 스포츠인 것이다.

둘째, 스포츠 커뮤니케이션방식의 혼종성이다. 지금까지 매체 사용자들은 스포츠 미디어 콘텐츠를 일방적으로 수용하는 데 그쳤다. 물론 인터넷의 등장과 함께 사용자 요청에 의한 시청, 개인화된 스포츠 프로그램의 구성, 블로그 등을 통한 새로운 스포츠 저널리즘의 도래 등은 사용자에게 어느 정도 자율성을 부여하기도 했지만, 그럼에도 불구하고 미디어를 통해 스포츠를 경험하는 방식은 참여보다는 소비의 성격이 강했다. 하지만 스포츠 비디오게임의 등장은 대중에게 스포츠 콘텐츠라는 것이 단순히 보면서 즐기는 것이 아닌 참여하면서 만족하는 형태로의 전환을 유도하고 있다. 예컨대 화려한 음향 및 영상효과가 만들어내는 하이퍼리얼리티에 몰입한 가운데 화면 속에서 골을 넣는 자신의 모습은 단순히 텔레비전 축구중계를 보며 느끼는 재미와는 다른 감성을 자극하고 있는 것이다. 따라서 스포츠의 원천 콘텐츠에 디지털 및 커뮤니케이션 기술이 가미된 스포츠 비디오게임은 또 다른 하이브리드 스포츠미디어 콘텐츠의 일면이다.

　하지만 우리는 스포츠 비디오게임에 대한 이상과 같은 설명에 만족해서는 안 될 것이다. 디지털 미디어의 등장이 현대사회의 구조 및 문화산업에 엄청난 변화를 야기한 것처럼, 디지털 스포츠, 특히 스포츠 비디오게임의 발전 또한 현실 스포츠의 구성 및 미디어스포츠의 경험방식에도 지대한 영향을 미치고 있으며, 앞으로도 이러한 전환은 지속적으로 이루어질 것이 분명하다. 하지만 이와 같은 스포츠 분야의 디지털 혁명이 반드시 긍정적인 미래를 담보하는 것은 아니며, 나아가 디지털 스포츠는 자본주의 사회의 불평등한 사회관계와 대륙간 디지털 격차를 심화시킬 수 있는 가능성을 내포하고 있다는 점을 반드시 주지해야만 한다. 때문에 사이버 스포츠문화의 변동 및 게임이 야기하는 새로운 현상의 등장에 대한 계속적인 관심과 더불어 그러한 변화를 비판적으로 바라보고 이를 냉철하게 평가해보는 작업이 반드시 뒤따라야 할 것이다.

3부

문화의 에너지로서 하이브리드

문화의 에너지로서 하이브리드, 그 가치와 활용 전략

김창현

요즘 세상은 온통 두 개 이상을 섞어 놓는 일에 열중하고 있다. 퓨전이라는 말이 뜨더니 곧 컨버전스가 지면의 여기저기를 장식한다. 크로스오버하고 하이브리드한 세상이다. 한 가지 분명한 것은 지금까지 이질적인 것들을 결합하고 관련지음으로써 새로운 것들이 탄생해왔고, 온 세상, 특히 이 시대의 자본과 저널이 이것들이 만들어내는 가치, 특히 경제적 가치에 열광하고 있다는 것이다.

1997년 PMC 프로덕션에 의해 초연된 뮤지컬 퍼포먼스 〈난타〉는 한국의 전통음악인 사물놀이를 계승하면서 영국의 〈스톰프Stomp〉나 미국 블루 맨 그룹의 〈튜브Tubes〉 공연에서 아이디어를 착안했다는 평가를 받았다. 서로 다른 형식을 합쳐 새로운 매력을 만들어냈으니, 이 결합에 퓨전이라는 이름을 붙여도 되겠다. 문화예술영역에서 사용되는 크로스오버도 비슷한 의미로 사용되지만 퓨전이 융합이라는 개념에 가깝다면 크로스오버는 장르의 교차, 혹은 중첩에 가깝다고 하겠다. 예컨대 대중음악에서 컨트리와 팝이라는 두 장르의 중첩 같은 것으로 퓨전과는 달리 재래 장르들에 익숙한 청중이라면, 그 두 장르 특유의 느낌을 분별해 낼 수도 있다.

1867년 하이만에 의해 세상에 나온 지우개 달린 연필은 가난했던 그에게는 부富를 세상 사람들에게는 편리함을 주었다. 이 물건의 연필 부분은 연필의 역할을, 지우개 부분은 지우개의 역할을 온전히 해내면서 하나가 됨으로써 새로운 편의를 창조했으니, 이 결합에 융합, 혹은 컨버전스의 조상이라는 평가를 내려주어도 될 것 같다. 하이브리드는 이종결합이라는 점에서는 컨버전스와 비슷하지만, 컨버전스가 기능들의 결합이라는 개념에 가깝다면 하이브리드는 이종결합에 의한 새로운 탄생(창조)을 강조한다. 하이브리드는 원래 이종교배에 의한 변종, 즉 잡종雜種을 의미하는 말이었기 때문이다.

하지만 퓨전이든 크로스오버든 컨버전스든 모두 새로운 어떤 것―그것은 기능일 수도 편의일 수도, 어떤 미美나 가치일 수도 있다―을 낳는다는 점에서 넓은 의미의 하이브리드에 포괄될 수 있을 것이다. 그리고 하이브리드 현상의 첫 번째 가치 역시 바로 이 점, 창조에 있으며, 이 창조는 자본에게 새로운 시장, 블루오션을 개척해주는 위대한 항해사이다.

하이브리드의 경제적 가치는 단순히 오늘날 시장을 지배하고 미래의 아이콘이 된 몇 가지 단어를 떠올려 보는 것만으로도 실감할 수 있다. 하이브리드 자동차는 자동차 기업들의 가장 뜨거운 이슈이다. 전기와 화석연료를 번갈아 쓰는 이 차는 고유가와 환경문제에 대응하기 위한 현실적인 대안일 뿐 아니라 앞으로 미래의 자동차 시장을 지배하기 위한 '절대반지'이다. 오늘날 통신시장의 화두는 스마트폰이다. 스마트폰은 휴대전화와 인터넷 컴퓨터의 하이브리드라고 하겠는데 삼성과 애플 등 다국적 기업들의 총력전 속에서 끊임없이 진화해 갈 것이다.

더욱 중요한 것은 이들 하이브리드 제품들이 시장을 개척하고 확장하면서 새로운 문화를 만들어낸다는 것이다. 하이브리드 자동차는 이 차의 소비자들에게 환경문제에 대한 관심을 불러일으킨다. 이들은 온라인과 오프라인에서 커뮤니티를 구성하여 자동차와 관련된 정책이 보다 친환경적이 되어야 한다고 주장한다. 스마트폰은 사람들을 쉽게 연결해주면서 동시에 고립시키기도 한다. 일면식도 없는 사람들이 특정 사안에 대해 같은 견해를 가진 유명인을 리트윗하면서 무리를 이루고 여론을 환기하는 힘까지 발휘한다. 하지만 사람들은 점차 이웃이나 친구의 필요성을 덜 느끼게 되기도 한다. 스마트폰이 언제 어디서나 저마다 원하는 정보를 제공해 주기 때문이다. 하이브리드 시대에는 이렇게 기기器機와 문화도 서로 교섭한다.

하지만 스마트폰은 자동차보다 그 교섭의 양상이 더 역동적이다. 스마트폰은 기기와 문화의 교섭이 사용자의 선택에 따라 매우 다채롭게 바뀌기 때문이다. 어떤 사람은 스마트폰을 이용해 언제 어디서나 업무를 처리할 수 있는 효율성을 중시한다. 그는 더 많은 이익을 얻을 것이다. 그러나 다른 이는 24시간 게임을 할 수 있다는 사실이 더 중요하다. 그는 점차 고립되어 갈지도 모른다. 또 다른 이는 사회적 이슈에 실시간으로 자신의 의견을 개진할 수 있다는 점에 매력을 느낀다. 그는 더 많은 사회적 영향력을 가지게 되고 더 참여적인 성향을 가지게 될 것이다. 이런 역동적 가능성은 스마트폰이 쌍방향 미디어 기기이기 때문에 가능하다. 미디어 기기는 본질적으로 문화적 기기이다.

스티브 잡스는 이 점을 가장 잘 인식한 인물 중의 하나이다. 그는 개인용 컴퓨터든 스마트폰이든 기기 자체가 아니라 그것이 소통시키는 문화에 초점을 맞춘 상품을 만들어야 한다고 생각했다. 여기에서 우리는 문화상품으로서 하이브리드 제품이 지녀야 할 덕목을 짚어 낼 수 있다. 잡스는 무엇보다 사용자 편의성에 집착했다. 기기는 사용자의 뜻대로 작동해야 한다. 그렇게 하기 위해 기기는 단순하고 완결되어 있어야 했다. 오늘날 전자제품들은 상호 호환을 위한 수많은 접속 단자들을 가지고 있다. 그러나 그는 아이폰 시리즈에서 그것들을 없애고자 노력했다. 이를 통해 그는 사용자 편의성(소비자지향)과 유려한 디자인(구조적 완결성), 두 가지를 다 잡고자 했다. 이 노력이 얼마나 성공했는가 하는 것보다 더 중요한 것은 이것이 지닌 문화적 함의이다.

최근 문화상품으로서 가장 주목받은 것을 든다면 〈해리포터〉 시리즈를 빼놓을 수 없을 것이다. 소설, 영화, 테마파크, 캐릭터 상품 등 문화산업의 거의 전 영역에서 천문학적인 이윤을 창출했다. 그 열광의 기저에는 물론 혼종의 전략이 있다. 여기에는 분명히 동화童話의 구조가 있으며 그것도 꽤나 유형적이다. 주인공은 부모를 잃고 이모네 집에서 구박받으며 살고 있다. 신데렐라를 위시한 수많은 동화에서 발견되는 서사이다. 그러나 여기에는 '살아남은 아이' 포터 위에 드리워진 버겁고 비극적인 운명의 사슬, 포터의 잠재된 능력 등 성인용 영웅비극서사를 능가하는 긴장감도 존재한다. 또 신비롭지만 음울한 마법학교라는 배경, 마법과 괴수 등 판타지 소설의 요소로 가득 차 있으면서도 고층빌딩 즐비한 현실세계가 등장하기도 한다.

하지만 이 서사의 성공요인에는 더 중요한 것이 있다. 그것은 곧 문화영역에서 하이브리드 전략을 사용할 때 주목해야 할 지점이기도 하다. 그것은 이 작품이 닫힘과 열림의 구조를 동시에 추구하고 있다는 점이다. 하이브리드는 흔히 열림의 문화적 태도와 관련지어지곤 한다. 그러나 이 점이 하이브리드 전략의 실패 요인으로 드러나는 경우도 흔하다. 닫힘, 즉 자기완결성에 대한 고민이 부족할 때 그 결과는 엉성함과 모호함으로 드러나게 된다. 한국에서 많은 지역축제들이 부딪히고 있는 지점이다. 〈해리포터〉 시리즈 각 편은 절정과 결말에 이르러 그때까지 서술되어 온 수많은 사건들이 모두 의미를 가지고 있었다는 것을 증명한다. 수많은 복선으로 연결된 완전한 체계, 그것이 작가가 지향한 이 작품의 핵심이다. 이러한 닫힌 구조는 그러나 다음 이야기를 향하여 열려 있는 것이다. 이렇게 닫혀 있으면서도 열린 구조가 이 작품 성공의 비결이다.

다음으로 이 작품은 작가와 독자의 욕망을 통합하는 지점에서 탄생했다. 작가 조앤 롤링은 자신의 아이들에게 들려줄 목적으로 이 이야기를 구상했다. 그녀는 무엇보다 아이들에게 재미를 주려고 했다. 동시에 그녀는 이 이야기를 함으로써 상상력을 펼치고자 하는 자신의 욕망도 동시에 충족하고자 했다. 그 결과 이 이야기에는 어린이와 어른을 동시에 만족시키는 요소들이 풍부하게 결합했다. 이것은 완결적이고 평이한 사용자 인터페이스에 집착했던 잡스의 욕망과 닮아 있다. 그녀는 영화 제작 과정에서도 적극적으로 자기 이야기의 완결성을 지키고자 했다. 만약 영화가 원작을 변형하거나 왜곡했다면 그것이 비록 매우 창의적이었다고 해도 원작과는 다른 이야기가 되어 서로의 가치를 잠식했을 가능성이 높다. 대중의 욕망을 읽어내고 수용하는 자세는 대중적 성공의 출발점이다. 그러나 그것으로는 부족하다. 작가는 자기 욕망의 대중성에 대한 확신을 가져야 한다. 그것이 자기 욕망에 대한 배신을 원하는 대중의 숨겨진 욕망에 뛰어드는 가장 강력한 힘이다. 내 욕망이 있어야 타인의 욕망을 이해하고 수용할 수 있다. 문화 영역에서의 혼종은 결국 욕망의 혼종이다.

단일한 욕망의 지속적인 충족은 단조로워지고 결국 지루해 진다. 혼종된 욕망은 섞이고 변화하면서 이야기를 만든다. 『제3 물결』이후, 많은 미래학자들은 '제4 물결'을 예측해 왔다. 하지만 아직까지 가장 설득력 있는 주장 중 하나는 롤프 옌센의 '드림 소사이어티'일 것이다. 그것은 꿈―그러니까 욕망―그리고 욕망을 이야기로 표현하는 스토리텔링의 사회이다. 이 스토리텔링은 본질적으로 하이브리드를 지향한다. 다양한 욕망들의 협주, 긴장, 충돌, 융합이 이야기의 본질이기 때문이다.

최근 〈나는 가수다〉라는 프로그램이 큰 이슈가 되었다. 이 프로그램에 출연한 가수들은 새롭게 등장한 가수도 아니고 당시 큰 인기를 끌던 가수들도 아니다. 그들은 대중에게는 생소한 이른바 '얼굴 없는 가수'거나 이미 한물 간 옛 가수들이었다. 그들이 대중적인 인기를 끌지 못한 이유가 있었을 것이다. 그런데 이들이 등장해 서로 경연을 펼치자 프로그램은 물론 이들의 인기도 급상승했다. '경연'에 대한 비판에도 불구하고 경연이라는 형식이 이런 효과를 만든 중요한 요인임은 분명하다. 경연은 이야기를 만들어 냈다. 이들의 노래는 저마다 장르가 달랐다. 다시 말해 이들의 노래는 저마다 다른 욕망을 표현하고 있었고, 이것들이 경연을 통해 서로 관계를 맺으면서 긴장과 충돌, 승리와 패배가 교차하는 이야기를 만들어 낸 것이다. 그리고 이 이야기가 거세게 표출되면서 이야기가 프로그램의 연출자까지 삼켜 버리자 위기가 왔다. 이 위기를 돌파한 힘도 이야기였다. 임재범이라는 가수는 이 프로그램에 완전히 새로운 이야기를 가지고 왔고 그것은 대단히 대중적인 색채로 덧씌워졌다. '왕의 귀환'이니 '나만 가수다' 같은 언술들은 그에게 마치 판타지 소설의 주인공 같은 이미지를 부여했다. 그것은 물론 그를 소비하는 대중에게 수많은 이야기를 만들어 내도록 하는 동인이 되었다. 임재범과 초기 멤버들이 물러나면서 이 프로그램은 소강상태에 빠진 것처럼 보였다. 그것은 새 가수들의 실력이 부족했기 때문은 아닐 것이다. 그것은 이야기의 약화로 인한 것이다. 새로운 가수들, 그들의 노래는 그들만의 가치를 지니고 있었다. 그러나 그들과 그들의 노래들을 하나로 섞어 새롭고 강렬한 이야기를 만들 계기와 에너지가 부족해진 것이다.

하이브리드는 강력한 문화 창조의 에너지이다. 새로운 것들의 만남은 새로운 이야기와 이미지를 만들어낸다. 그러나 이 이야기에 강력한 중심과 역동성을 부여해야 더 많은 사람을 움직이는 감동을 만들어낼 수 있다. 그 에너지는 어디에서 오는가? 실은 그것조차도 혼종, 하이브리드에서 온다. 나가수의 위기는 새로 합류하는 가수로 인해 심화되거나 극복될 것이다. 그 가수가 실력을 갖추어야 할 것은 말할 것도 없지만 그것만으로는 부족할 것이다. 그는 기존의 가수가 지니지 않은 어떤 새로운 것을 가져야 할 것이다. 그것은 음악적 색깔, 그가 살아온 이력, 그의 기질과 외모 등 무엇이든 좋다. 그것이 기존의 멤버들과 어울려 새로운 이야기를 만들어 낼 수 있다면.

하이브리드한 세상에 사는 것은 어쩌면 모험인지도 모른다. 이 에너지는 매우 생산적이지만 어디로 전개될지 모르는 위험한 것이기도 하다. 그래서 우리는 이 에너지에 대해 더 많은 이해가 필요하다. 우리는 이 에너지를 통제하는 법을 배워야 한다. 하지만, 왜? 우리가 이 에너지를 이끌어 갈 방향을 모른다면 통제의 기술은 아무런 소용이 없을 것이다.

역설적으로 그래서 우리는 이 에너지에 희망을 걸어야 하는지도 모른다. 시장의 질서가 고착되면서 우리는 변화의 가능성이 줄어드는 것을 보아왔다. 개천에서 용이 날 수 없는 사회가 되었다는 한탄과 대중문화의 획일화에 대한 우려는 이제 일상화되었다. 하이브리드는 다양성을 생산하며 이를 통해 기존의 질서에 균열을 일으킨다. 기존의 권위를 꿈꾸는 문화 앞에서 하이브리드 문화는 '그래, 나 잡종이다' 하고 자신을 드러낸다. 혼혈을 멸시하던 사람이 혼혈인이 똑똑하고 아름답다고 인정할 때, 이것이 아직 완전한 평등을 의미하지는 않는다 하더라도 그도 역시 가치 있는 존재—사람—이라고 인정하는 계기는 될 수 있을 것이다. 잘 만들어진 하이브리드 문화는 그렇게 고착된 질서 사이에서 본질을 생각하게 한다. 하이브리드 현상의 끝에 인간미 넘치는 문화상품으로 가득 찬 인간 중심의 새로운 시장이 도래하는 꿈을 꾸어 본다.

축제를 통해 본
탈경계 현상

:: 김화임

프롤로그

축제는 한 사회의 문화 역량이 집약된 이벤트이다. 누군가는 축제를 보면 그 나라를 이해할 수 있다고 하였다. 한 시대, 한 지역의 문화뿐만 아니라, 현대문화 일반을 이해하는 데에도 축제를 빼놓고 논의하기 힘들다. 특히 근래의 축제는 고급문화와 대중문화의 경계를 허물고, 문화의 경향성을 리드할 뿐만 아니라, 문화 유통 시장과 지방 경제를 견인하는 중심축으로 자리하고 있다.

오늘날의 축제들에서는 전통적인 의미의 제의적 성격은 찾아보기 힘들게 되었다. 립Wolfgang Lipp이 주장하듯, 현대의 축제에서 세속화는 가장 두드러진 특징 중의 하나로 꼽힌다. 과거의 축제들에서 두드러졌던 삶과 죽음, 육체와 정신, 귀족과 천민, 진지함과 우스꽝스

러움을 넘나드는 '경계선', '틈새'로서의 축제 기능을 오늘날의 축제
들에서는 쉽게 찾아지지 않는다. 이제 축제는 과거의 축제들에서 두
드러졌던 '제의'와 '놀이'가 결합된 잡종문화라고 보기는 어렵다. 그
렇다고 현대의 축제들이 잡종성과는 거리가 멀다는 이야기는 결코
아니다. 축제는 그 자체로 종합예술적인 특성을 갖고 있어 다양한 장
르와 요소들의 결합은 불가결하다. 더구나 기술의 발달 및 전지구화
과정은 축제의 잡종화 경향을 더 촉진하고 강화시키고 있는 추세이
다.

　이 글은 축제의 하이브리드적 성격과 관련하여 전통적인 축제에
서의 탈 경계성 및 그 의미를 살펴 본 후, 현대 축제들에서 나타나고
있는 잡종화 경향에 주목하고자 한다.

1. 하이브리드 문화 현상으로서 축제

하이브리드가 서로 다른 이질적인 요소들의 결합이라고 할 때, 축제
야말로 이러한 정의에 적합한 문화 현상임에 분명하다. 축제祝祭란
서로 다른 두 가지 요소의 결합 형태를 취하고 있다. 즉 '축'이 유희
적, 놀이적 의미를 갖고 있다면, '제'는 신성한 제사를 뜻한다. 고조선
시대의 조천무朝天舞는 하늘에 대한 감사와 더불어 모든 백성들이 즐
겼던 집단 놀이였다. 고대사회의 제의였던 부여의 영고, 고려의 동맹,
동예의 무천, 삼한의 시월제 역시 종교적인 제사와 놀이가 결합된 형
태를 띠었다. 국가적 차원의 행사뿐만 아니라 민간 차원에서 행해졌

던 '동제'[1] 역시 지역에 따라 그 형태가 조금씩 다르긴 하였지만 대체로 '제'와 '축'이 결합되어 있는 점이 특징적이다. 우리는 '줄다리기', '차전놀이', '횃불놀이'와 같은 전통 놀이를 동제와 분리시켜 생각하기 쉬운데 사실 이러한 놀이들은 대체로 동제와 함께 행해졌다. 마을 주민들은 정성을 다하여 제사를 지낸 후에 풍물과 함께 마을 잔치를 벌이면서 지역마다 갖가지 놀이를 벌였던 것이다.

반면 서양에서의 축제 Fest는 라틴어 festivus, festia, festium에서 온 말로 '기쁘고, 쾌활한, 태만한 상태'라는 뜻을 담고 있다. 일반적으로 서구적 의미에서 축제란 즐겁고, 기쁜 일로 간주된다. 이렇게 언어 그 자체에서는 우리의 경우와 달리 서로 다른 의미의 결합으로 보기는 힘들지만 축제의 개념 및 의미를 들여다보면 상당히 유사한 측면이 발견된다. 특히 프로이트S. Freud가 이를 잘 대변해 주는 경우에 속한다. 프로이트는『종교의 기원』에 관한 책의 일부,〈토템과 타부〉에서 축제의 근원 및 본질에 대해 언급하고 있다.

토테미즘의 교리문답서에 따르면, 특정 종류의 동물은 죽이거나 먹어서는 안 되며, 또한 그 동물이 죽었을 경우 애도를 표하고, 종족의 일원이 죽은 것과 마찬가지로 경의를 표하고 매장하도록 되어 있다. 토템의 뜻은 곧 신의 뜻으로 친자 확인 같은 일도 토템에게 맡겨졌으며, 병을 낫게 하는 일에서 재액의 경고까지 모두 토템에게 부여되어 있었다. 종족의 구성원들은 중요한 상황이 발생할 때마다 토템과의 근친관계를 강조하여, 토템과 비슷한 외양을 하거나, 토템 동물의 가죽을 몸에 두르기도 하였고, 그 모습을 문신으로 새기기도 하였다. 그런데 종족의 구성원들이 제사를 드릴 때 바쳐졌던 동물은 바로 신성시되었던 그 '토템'이었다. 바로 이 사실에 프로이트는 주목한다.

　그는 한 인간이 오이디푸스 콤플렉스의 시기를 거치면서 성인이 되는 것과 마찬가지로 인류 역시 토테미즘의 시기를 거쳐 문명화되었다는 것이 그의 지론이다. 그의 정신분석학적 해석에 의거할 때 토템 동물은 아버지의 대역이라고 할 수 있다. 여느 때는 죽이고 먹는 것이 금지되어 있는 토템 동물을 특정한 시기에는 죽여서 나누어 먹고 슬퍼한다는 모순된 사실에서 아버지의 경우와 일치한다는 것이다. 인류사에는 아버지로부터 쫓겨났던 아들들이 힘을 모아 아버지를 죽이고, 그의 시체를 함께 나누어 먹었던 시기가 있었다는 점을 가정한다. 그 형제들은 먹는 행위를 통해 아버지와의 일체화를 성취시켰을 뿐만 아니라, 각자 아버지가 휘두르던 힘의 일부를 자기 것으로 동화시켰다는 것이다. 그래서 "아마도 인류 최초의 제사였을 토템 향연은 이 기억할만한 범죄 행위의 반복이며 기념 축제였을 것이다"라고 한다. 특히 이 토템향연이 갖는 양면성을 다음과 같이 언급하고 있다. "그러나, 애도가 끝나면 떠들썩한 축제의 기쁨이 따르고 모든 충동들의 고삐가 풀어지면 온갖 욕구 충족이 허용된다. 우리는 축제의 본질을 어렵지 않게 통찰할 수 있다. 축제란 허용된, 오히려 제공된 과잉이며 금지의 엄숙한 파괴다"[2]라고 하며, 아이가 아버지(혹은 어머니)에 대해 양가적 감정을 갖고 있는 것과 유사하게 '축제' 역시 양가성이 그 본질을 이루고 있다고 보는 것이다.

2. 카니발의 탈 경계성

바흐친의 카니발 개념

 우리나라의 전통적인 축제가 '굿', '동제'로 대변된다면 서양의 전통
적 축제는 두말할 여지없이 카니발을 들 수 있다. 공동체성을 담보하
고 있던 '굿', '동제'가 외세의 침입 및 농촌 공동체의 상실과 함께 그
명맥을 유지하지 못한 반면, 카니발은 다양한 형태로 변형된 채 아직
까지도 서양의 중요한 축제로 자리매김하고 있다. 카니발은 민중 축
제의 성격을 띠고 있고, 서구 축제의 기원으로도 불리어진다. 카니발
이 열리는 시기는 11월 1일 만성절에서 사순절 직전까지의 시기로,
그 절정은 사순절 전의 일요일, 월요일, 화요일에 해당된다. 사순절이
라는 금욕기에 들어가지 전에 마음껏 먹고 마시는 향연의 시간이기
도 하다. 이 사실만 볼 때 카니발은 사순절과 밀접히 관련된 것으로
이해되기 쉽다.

 하지만 그 기간이 11월에서 3월에까지 이른다는 점으로 미루어
볼 때 본래 카니발은 산업화 이전 시기의 사회, 경제적 상황과 무관
하지 않음을 알 수 있다. 중세 시대만 하더라도 11월 11일 마틴 축일
경에 이르면 대부분의 하인들과 하녀, 도제들은 일자리를 잃어야 했
고, 다음 해 봄이 되어서야 새로운 일자리를 찾을 수 있었다. 이 시기
와 카니발 시기가 겹친다는 것은 결코 우연적인 현상은 아닐 터이다.
아마도 카니발은 개별로 흩어져 굶주려야 했던 '민중'들을 하나로 묶
어주는 테두리였으며, 어려운 시기를 동고동락하며 새로운 '삶'을 품
도록 하였던 매개체 역할을 하였을 법 하다. 카니발을 단순한 민중들

의 놀이로 보는 시각을 넘어서 새로운 유토피아의 발현 형태로 본 학자가 바로 바흐친Mikhail Bakhtin(1895-1975)이다.

러시아 문학이론가이자 사상가인 바흐친은 스탈린 체제가 건재하고 있던 시절, 사회주의와 자본주의 양쪽의 문제점을 독백주의로 분석하였고, 그 대안으로 '대화주의'를 제시한 바 있다. 중세 및 르네상스 시대의 카니발 유형의 축제들에 대한 그의 관심 역시 같은 맥락 속에 있었다. 바흐친이 볼 때 스탈린 체제는 중세의 '공식적 질서'와 유사하게 화석화의 위험을 안고 있었다. 민중들의 자발성이 배제된, 위로부터 명령된 문화가 자리하고 있었기 때문이다.

중세의 공식문화는 바흐친의 표현대로 "일방적인 엄숙함의 음조, 섭리설, 속죄, 고통"과 같은 범주로 특징지어졌으며, "극단적인 위협과 박해의 형식"을 수반하였다. 이러한 것들은 "독특한 음조의 일방적 성격과 얼음처럼 경화된 엄숙함의 원인"[3]이었다. 교회의 상징과 의식들은 부동성. 영원성을 대변하였고, 과거로 향해 있었으며,현존하는 질서를 신성화하고 승인하는 역할을 떠맡았다. 반면 교회의 주변 혹은 장터에서 장날을 기해 행해졌던 카니발 유형의 축제들은 "보수적인 부동성과 '초시간성', 확립된 제도와 세계관의 불변성"에 대립하는 놀이였다. 즉 중세의 '공식문화'는 고착되어 융통성을 상실하고 있었던 반면, 민중 축제는 그러한 문화의 경계를 허물어뜨리고, 그 경계를 넘나드는 문화라고 할 수 있었다.

바흐친이 주목한 중세의 카니발 유형의 축제들로는 〈바보제〉, 〈당나귀 축제〉, 〈부활절 웃음〉, 〈성탄절 웃음〉 등이 있다. 이 모든 축제들은 공식적인 기독교 의례를 패러디하고 풍자적으로 개작하는 성격을 띠었다. 〈바보제〉에서는 변장을 하고, 가장을 하며, 무례한 춤이 동반되었다. 〈바보제〉의 의식들은 교회의 다양한 상징과 의식들을 물질.육체적 차원으로 전환시키는 방법을 통해 그로테스크적으로 격하시키는 것이었다. 즉 신성한 제단에서 포식과 폭음을 즐기고, 육체를 노출시키는 등 무례한 몸짓도 서슴지 않았다. 여기에서 배변 역시 중요한 역할을 하였는데, 주교로 뽑힌 어릿광대가 교회에서 장엄한 의식을 접견할 때 본래 하던 대로 향을 피우는 대신에 똥을 태웠다. 의식이 끝나면 사제들은 똥을 실은 마차를 탔고, 하급 성직자들은 거리 여기저기를 누비며 민중들에게 똥을 던지곤 하였다. 여기에서 똥은 모욕의 구체적인 이미지인 동시에 땅을 비옥하게 만들어 식물이 자랄 수 있게 한다는 점에서 '생산'을 뜻하기도 하였다. 곧 똥은 그로테스크한 양가성을 대변하였던 것이다.

〈당나귀 축제〉는 어린 예수와 함께 마리아가 이집트로 도피하였던 것을 기념하기 위해 제정되었는데, 이 축제의 중심은 마리아나, 예수가 아니었다. 독특한 당나귀 미사를 드리는 것이 특징이었다. 미사각 부분에 코믹한 당나귀 울음소리인 힝햄! 소리를 내었고, 사제는 일반적인 축성 대신에 당나귀처럼 세 번 울부짖었으며, 신자들도 '아멘' 대신에 당나귀 울음소리로 대답하였다. 여기에서 당나귀는 "격하되고(죽어가는) 동시에 부활하는 물질. 육체적 하부의 가장 오래되고 가장 생명력 있는 상징"[4]의 하나로 그 역할을 하였다.

또한 양가성은 '변장'으로도 대변되었다. 변장을 통해 사람들은 본래의 자신의 사회적 이미지와 의상을 바꾸었다. 상부에서 하부로 위계질서를 전환하였던 것이다. 어릿광대를 임금으로 선포하였고, 〈바보제)에서는 우스꽝스러운 수도원장, 주교, 대주교가 선출되었다. 교황 직속의 교회에서는 우스꽝스러운 교황이 선출되는 일도 있었다. 이렇게 기존의 위계질서를 뒤엎는 가운데 장엄한 미사가 진행되었다. 또한 옷을 거꾸로 입고 바지를 머리에 뒤집어쓰는 일도 행해졌다. 변장은 상부를 하부로 자리바꿈시키고, "고상한 옛 것 ―기존하는 완성된 것― 을 죽음과 새로운 탄생(갱생)을 위해 물질. 육체적 지옥"[5]으로 던져버렸다. 바흐친이 주목한 위의 축제들은 직접적으로 카니발의 세계관을 잘 드러내는 실례들에 속한다.

먼저 바흐친이 지적하고 있는 바, 공식적 축제는 교회와 봉건 국가라는 현존 세계 질서를 성화하고, 인준하며, 강화하는 데 그 목적이 있다. 따라서 축제는 기존의 지배적 진리에 대한 승전제 형식을 띤다. 축제의 색조는 단층적이며, 엄숙하다. 그것으로 현존하는 계층 질서, 종교적, 정치적, 도덕적 가치와 규범을 확고히 하고자 한다. 이와 달리 카니발 유형의 축제들에서는 모든 계층 질서적 관계, 특권, 규범, 금지의 일시적 파괴가 일어난다. 이를 두고 바흐친은 진정한 시간성의 축제이며, 생성과 변화 갱생의 축제라고 한다. 모든 종류의 영구화, 완성, 완결성에 대해서도 적대적이다. 간단히 말하여 카니발은 모든 위계질서의 경계를 파괴하고, 겉치레 형식을 내던지며, 모두가 평등한 유토피아적 세계를 구현하고자 한다. 즉 "인간의 창의성. 자율성, 또는 억눌려 있던 폭력성과 욕망이 과감하게 표출되면서 사회적 억압에 대항하는 난장트기와 놀이의 형식으로 표현된 것이다"[6] 이러한 방식으로 기존 사회 체제를 넘어서려는 것이 카니발의 탈 경계성이라고 할 수 있다.

이러한 탈 경계성은 "신성한 것과 세속적인 것, 고상한 것과 저급한 것, 위대한 것과 보잘 것 없는 것, 현명함과 어리석음을 통합하고, 섞으며, 결합"7하는 방식으로 구현된다. 따라서 카니발은 '순수한' 세계와는 거리가 멀고, 잡종적인 뒤섞임을 그 본질로 하고 있다.

전통적 카니발의 현대적 구현

그런데 과연 현대의 카니발에서도 바흐친 의미의 탈 경계성이 구현되고 있을까? 서양의 현대 축제들은 그 양태가 다르긴 하지만 일정 정도 카니발 형태를 지니고 있는 점이 특징적이다. 더구나 아직도 많은 지역에서 카니발 형태의 축제가 계승되고 있다. 그 중에서도 유럽의 3대 카니발하면 〈베니스의 가면축제〉, 〈니스의 카니발〉, 〈쾰른 카니발〉을 꼽을 수 있는데, 이 축제들을 간략히 살펴보는 것만으로도 전통적 카니발의 현대적 구현 현상을 알아보기에 충분해 보인다.

〈베니스의 가면축제〉에서는 '가면'과 '의상 대회'가 특징적이다. 전통적인 카니발에서의 전복적 의미는 '가면'을 통해 아직도 유지된다고 볼 수 있다. '가면'은 사회적 신분이나 구속 등을 무너뜨리고 가면 착용자들에게 일종의 '자유'를 부여한다. 사회적 신분 질서가 공고하였던 시기, 가면은 체제 전복의 위협감마저 주었었다. 만약 그런 두려움이 없었다면 '가면' 금지의 역사도 없었을 터이다. 축제에서의 가면 착용은 1204년 베니스의 총독이 제 7차 십자군 원정을 통해 점령한 콘스탄티노플에서 베일을 쓴 이슬람여인들을 데려오면서 유래하였다고 한다. 그런데 1608년에 이르면, 가면이 갖는 위협이 공론화되기 시작한다. 물론 카니발 기간과 공식 연회에서만 그것이 허용되었으나, 1658년에는 아예 신성한 장소에서 가면을 쓰는 것 자체를 금지하기에 이른다. 1699년과 1718년에는 사순절과 카니발 기간이 포함된 종교적 축일에 조차 가면 착용에 대한 금지령이 발효된다. 공화정이 무너지는 정치적 격변기에 이르러서는 〈가면축제〉 자체가 탄압의 대상이 되었다. 오늘날의 〈베니스 가면축제〉는 이탈리아의 몇 몇 섬들에서야 그 명맥이 유지되어 오던 것을 지난 70년대 베니스의 시민단체에 의해 복원된 것이다.

'가면'을 둘러싼 간단한 역사를 살펴보는 것만으로도 그것의 사회적, 정치적 의미는 어렵지 않게 추론되고 남는다. 그러면 오늘날 '가면'은 어떤 의미를 갖는 것일까? 지난날처럼 가면을 통해 기존 사회에 위협을 가하고, 주인과 하인의 위치를 뒤 바꾸려는 전복적 세계관이 구현되고 있다고는 볼 수 없다. 오늘날에는 각자 원하는 취향대로 가면과 의상을 걸치고 '또 다른 세계' 속에서 '자유'를 만끽할 따름이다. 일종의 자기를 표현하는 연출 행위이며, 그것을 통해 자기 내면의 욕구를 발산하고, 그것 자체를 즐기는 것이라고 볼 수 있다. 어떤 이들은 그것을 두고, 또 다른 '나'를 발견하는 행위라고 말하기도 한다. 이전과는 그 양상이 크게 다르다할지라도 현대 사회 역시 사회적 위계나, 개인의 구속이 사라진 것은 아니기 때문이다. 가령 사람들은 자신의 지위, 연령, 성별에 따라 행동해야 한다. 이런 점에서 '가면'은 여전히 전통적 의미의 카니발 기능을 유지하는 데 중요한 매개 역할이 된다고 볼 수 있다. 그렇지만 예전과 같이 집단적인 전복적 기능과 같은 사회적 위상은 상실하였다고 보아야 한다. '또 다른 세계' 내지 '자유' 역시 개인적 측면에 한정되어 이해될 수 있다.

〈니스 카니발〉은 본래 베니스 카니발의 전통을 이어받았으나 가장 현대화된 카니발 중의 하나가 되었다. 이 축제는 꽃마차 경연대회, 가마행진, 가장행렬, 색종이 뿌리기 대회, 밀가루 전쟁 등 총 7개의 대형 쇼로 구성되어 있다. 카니발의 왕을 비롯하여 조형물을 만드는 데 예술가들이 직접 참여한다. 카니발의 왕이 주로 시사적인 문제와 관련되어 형상화된다는 점에서 전통적인 카니발의 비판적 의식을 찾아볼 수 있다. 하지만 축제의 중심은 화려한 꽃마차 행렬과 가장 행렬에 있다. 행렬이 진행되는 동안 관중은 색종이 가루와 종이 스프레이를 뿌리고, 꽃마차를 탄 미녀들은 길가에 늘어선 사람들에게 꽃을 던져준다. 뿌려지는 꽃의 양은 무려 10톤에 이른다. 여러 나라들이 이 축제의 행렬 대열을 이루며, 현재 국제적인 축제로 거듭나고 있다. 13세기경부터 시작된 이 카니발에서 현재 전통적인 의미의 현실 전복적 행위는 찾아보기 힘들다. 축제 마지막 날 가장 행렬 속의 카니발 왕에 대한 모의 화형식이 바다에서 거행되는데 이것도 카니발의 외형적 형태를 빌려온 것에 지나지 않는다. 〈니스 카니발〉은 다른 나라들에도 참여 기회를 부여함으로써 지역적 한계를 허물어뜨리고 있지만, 볼거리 위주의 축제라는 점에서 전통적인 카니발과는 상당한 거리가 있다. 니스의 자연경관을 배경으로 관광객을 불러들이려는 '기호와 이미지' 중심의 축제 경향이 농후하다.

〈쾰른 카니발〉은 앞의 두 카니발에 비해 고유한 카니발의 전통을 가장 잘 구현하고 있는 경우에 속한다. 그 중심에는 시민들 중심의 카니발 협회가 있다. 축제 전반에 대한 기획과 리드는 시가 아닌, 자발적인 시민 단체들의 몫이다. 중세 시대에는 수공업자들이 카니발을 주도하여 일탈적이며, 방탕한 행동으로 사회 불안을 조장하기도 하였다. 18세기에 들어서면서 쾰른카니발 역시 니스와 마찬가지로 베니스 축제의 가면과 가장무도회의 영향을 받아들이기 시작하였다. 프랑스 혁명군의 점령 당시 축제는 실내에서만 행해졌으나, 차츰 가장 행렬이 허용되었다. 1814년 프랑스 혁명군이 물러난 자리에 프로이센 군대가 들어섰다. 프로이센 정부는 처음부터 카니발을 허용하였지만 쾰른 시민들은 프로이센 정부의 억압에 분노하며, 광대 가면을 쓰고, 정부를 풍자하며, 부도덕하고, 무례한 행동을 서슴지 않았다. 현재 카니발의 세 별로 칭해지는 '농부', '처녀'는 옛 자유 제국도시 쾰른을 상징하며, '왕자'는 황제를 상징한다. 카니발을 통해 독자적이며, 전통적인 자유 도시를 구현하고자 했던 것이다. 1822년 쾰른의 지식층과 재력가들이 축제를 재정비하고, 재조직화한 결과였다. 이후 카니발 집행위원회와 문학위원회가 구성되어 '쾰른적인 것'을 발굴하기 시작하였고, 쾰른 방언으로 된 카니발 노래, 로젠몬탁, 영웅과 농부와 처녀의 세 인물이 만들어졌다. 축제에 적극적으로 참여하는 시민들은 스스로를 '바보'로 자칭하며, 정부 정책을 풍자하는 '바보들의 의회' 등을 통해 카니발의 전통성을 유지하고 있다. 로젠몬탁으로 절정을 이루는 행렬은 그 자체만으로도 시민들의 힘을 과시하는 장치라고 볼 수 있다.

중세 시대의 전통은 다음과 같은 데서 보다 구체적으로 확인된다. 쾰른 카니발은 11월 11일 11시 11분에 세 별의 등장과 함께 그 시작을 알린다. 물론 그 절정은 사순절이 시작되기 전 6일간에 집중된다. 여기에서 11이라는 숫자는 중세의 카니발의 이념에 따라, '단결과 평등'을 상징한다. 우스꽝스러운 사육제 연설은 카니발의 전통에 따라 바보의 언어로 세계를 비판한다. 중세 시대의 공적 세계에 대한 비판의 정도와 비교할 수는 없을 지라고 사육제 연설과 행진은 그 원형을 계승하고 있다고 볼 수 있다. 세계사적 이목을 끈 사건, 정치, 경제, 교회, 사회에 대한 비판이 행해진다. 통속어와 사투리로 표현되었던 중세의 장터 언어는 사육제 연설과 카니발 노래로서 존속되고 있다. 중세 시대 당시 신비적인 것의 극복을 뜻하였던 지옥 불의 모티브는 오늘날 누벨Nubbel을 태우는 것과 연결된다. 누벨을 태우는 일은 카니발 시기에 행했던 모든 죄악으로부터 해방의 뜻을 담고 있다. 가장假裝은 그때에나 지금이나 역할의 변화에 기여하면서 중요한 측면을 담당하고 있다. 중세 시대에는 남자들이 여자 옷으로 갈아입거나 귀족들이 하인들의 옷을 입었던 데 반해 오늘날에는 되도록 덜 걸치는 형태를 취하고 있다. 즉 표현 형태는 다르지만 규범 파괴는 동일하다고 볼 수 있다. 탈 규범의 현상은 옷뿐만 아니라, 성욕, 충동도 해당되는데, 이러한 현상은 오늘날에도 유지되고 있다. 카니발의 목요일은 여성들의 축제라 불리어지는 데, 이날 여성들이 시청에 돌입하여 열쇠를 탈취한다. 탈취한 열쇠는 왕자에게 넘겨진다. 넥타이를 맨 남자들은 여성들에게 그것이 잘리도록 내 주어야 한다. 이 날은 중세 시대 수녀들이 카니발을 기해 수녀원을 나와 다른 옷으로 갈아입고, 춤을 추고, 밤에는 수도원에서 카드놀이를 했던 것과 연결되어 이해된다.

현재 진행되고 있는 카니발들은 전통적인 형식을 빌고 있지만 그 실제 내용은 많이 달라졌음을 알 수 있다. 전통적인 카니발은 기존 질서를 해체코자 하는 유토피아적 민중의 염원이 담겨져 있었다면,

오늘날의 카니발은 지역민들의 놀이를 넘어서 '산업'으로서의 성격이 강화되고 있다. 탈산업 사회로의 진입과 함께 '문화'가 경제적 동력이 되면서 카니발 역시 본래의 사회 비판적 기능보다는 지역 경제 활성화 차원에서 관광객을 불러들이는 데 역점을 두고 있는 것이다. 이와 함께 카니발은 서로 다른 지역의 사람들이 거리낌 없이 함께 즐길 수 있는 형태로 변모되고 있으며, 그에 따라 지역의 전통성을 넘어서 다른 지역의 사람들과 서로 공유할 수 있는 콘텐츠 역시 요구받고 있다. 하지만 카니발은 탈 경계성을 그 본질로 하고 있고, 오늘날까지도 그러한 측면을 완전히 벗어나 있지 않음을 확인할 수 있다.

3. 〈음악축제〉를 통해 본 탈 경계성

현대 축제 이해를 위한 전제

- 글로벌화와 축제

글로벌화는 지속적인 시간과 공간의 변화와 함께 탈전통화 과정을 강화시키고 있다. 민족국가와 같은 낡은 지배체계는 흔들리고, 초국가적 체계가 등장하고 있으며,전통적인 사유 모형이 그 효력을 상실해 가고 있다. 그 자리에 인식적 영역이 서로 연결되고, 이질적인 정보들이 서로 임의적으로 조합된다. 최근 들어 '문화 이해' 전반에 대한 새로운 문제 제기와 함께 새로운 문화 개념이 정초되고 있다. 문화 인류학에서의 일상생활 전반을 포괄하는 '폭넓은 문화개념'을 넘어서 '문화'란 이제 '생산물'이 아닌, 끊임없이 만들어지는 과정 중에 있는 '생산' 내지 '흐름'으로 이해되고 있다. 축제 문화 역시 이렇게 새롭게 '만들어져 가는 과정 중에 있는 것'으로 이해되어야 한다.

현재 다양한 축제 문화도 글로벌화와 밀접하게 연관되어 있다. 사회학자 프랄Hans-Werner Prahl은 글로벌화와 관련하여 축제의 증가를 주장한다. 글로벌화는 지역화를 동반하면서, 지역의 문화를 활성화시킨다고 본다. 유럽 연합과 같은 초국가 형태의 등장은 개별 지역 주민들로 하여금 세계에 대한 조망을 불가능하게 하고, 감정적 가치에 젖어들게 한 결과, 지방의 음식, 의상, 민속, 혹은 전형적 스포츠가 재발견되거나 여가와 관광에도 이용된다는 것이다. 하지만 그의 시각을 일반화하는 데는 문제가 있다고 볼 수 있다. 프랄의 관점은 문화연방제에 기반하고 있는 독일의 특수한 경우에나 잘 들어맞기 때문이다. 사실 글로벌화 과정 속에서 지역 문화의 재발견은 감정적 가치의 산물이기보다는 지역이 살아남기 위한 경제적 전략 차원이 더 많은 게 사실이다.

프랄보다는 지젝의 글로벌화에 대한 평가가 더 주목된다. 그는 글로벌화가 자본주의가 전 지구적으로 확장되면서 토착 자본이 다국적 기업의 이익에 따라 재편되는 과정이라는 점을 분명히 한다. 이 과정의 효과는 단지 경제에만 국한되지 않는다는 것이 그의 주장이다. 그동안 토착 산업에 의해 지탱되던 민족 문화와 정치 체제 역시 심한 영향을 받게 된다는 것이다. 가령 맥도날드와 같은 다국적 기업의 진입은 미국적 음식과 문화, 사회구조의 침입을 의미한다. 이러한 과정이 확장되면 확장 될수록 지역적, 민족적 경계는 사라지고, 지역의 전통과 가치는 표준화된다. 이러한 세계의 동질성의 확대에 맞서 특수성을 보존하려는 시도는 경제적 이유와 밀접히 관련된다는 사실 역시 배제하지 않는다. 그의 시각에서 축제의 양산은 전 지구적 '동질성'에 맞선 민족적 '향락' 추구이며 경제적 전략이란 양 측면을 지닌다.

현재 지역 축제들은 앞에서 살펴 본 현대 카니발의 변모에서도 잘 드러나고 있듯, 지역경제 활성화 전략과 불가분한 관계에 있다. 축제에서 '기호'와 '이미지'가 중요한 요소로 등장하는 것도 그 때문이다. 차별화된 지역이미지야말로 지역 정체성을 강화하는 동시에 상품으로서의 가치 역시 지닐 수 있다고 보는 것이다. 이것은 경제 전반적인 흐름과도 그 맥을 같이 한다. 이미 대량생산이 그 경제적 의미를 상실하고, 그 자리에 마케팅과 이미지 등과 같은 문화적 측면이 경제적 중요성을 획득해가고 있듯, 소비문화 역시 대량소비에서 심미적 내지 문화적 소비로 그 질적 전환이 이루어지고 있는 현상과 맞물려 있는 것이다. 전통적으로 축제는 지역민의 정체성 형성에 기여하였고, 그래야 한다는 생각이 팽배하였다. 그런데 현대 축제는 교통의 발달과 불가분한 관계에 있는 '휴가'와 '여가'라는 개념이 도입되지 않고는 생각하기 힘들다. 자동차 문화가 등장하기 전까지만 해도 지역축제들은 대체로 지역 주민들의 잔치에 국한되었다. 그런데 자동차와 여가문화의 활성화로 사라졌던 전통이 재가동되고, 이미 손상된 전통적 축제가 새롭게 탈바꿈하거나, 새롭게 만들어지고 있다.

문화산업이 지배하는 사회, 문화산업의 일환이 된 축제에서 사회 비판적 의미의 축제 의미는 점차 그 힘을 상실해 가고 있다. "축제는 지나간 것을 기억해 내는 행위가 아니며 또한 일상으로부터 벗어난 새로운 공동체적 삶에 대한 동경도 아니다. 축제는 단지 정기적으로 찾아오는 휴가처럼 간주"[8]된다. 일상과 축제의 경계가 해체되면서 오히려 '일상의 축제화' 현상이 두드러지고 있다. 즉 축제 자체가 삶 자체로 혹은 삶을 구성하는 요소로 파악된다. "전통적으로 시공간적인 제한 내에서 제도적으로 행해졌던 축제도 이제 일상 속으로 편입됨으로써 일상과 축제의 경계가 해체되고 있는 것이다."[9]

— U와 E[10]의 경계 상실

지난 70년대와 80년대를 거치면서 탄생한 마이크로 전자공학, 디지털 혁명 등은 아방가르드 시기의 기술 혁명에 버금가는 사회 구조적 변화를 야기하고 있다. 특히 컴퓨터 기술은 대량생산에 유연성을 부여함으로써 대량소비로부터 개인의 미적 소비를 가능케 하고 있고, 더 나아가 디지털 기술은 서로 다른 세계, 다른 의미 분야 간의 경계를 허무는 데 적극적으로 앞장서고 있다. 가령 국가 간의 경계를 넘어서 실제와 허구의 경계에 이르기까지 디지털 기술이 미치지 않는 영역이 없을 정도이다. 이러한 기술 문명은 겉보기의 외향성과는 달리 개인을 더욱 더 내부 지향적으로 내몰고 있다. 이를 두고 사회학자 슐체는 "체험 지향성은 더 이상 어떠한 만족도 허용하지 않는 습관화된 궁핍이다. 충족의 순간에 다음 것을 기대하는 문제가 발생하며, 만족에 대한 추구가 습관이 되기 때문에 더 이상 만족이 억제되지 않는 결과를 낳는다"[11]고 하였다.

주체의 체험 욕구가 더욱더 강화되어 가는 현대 사회에서는 기존 예술 장르 간의 경계만이 문제되지 않고, 전통적인 고급문화와 대중문화 간의 간극 역시 희미해져 간다. 고급문화를 향유하기 위해서는 일정 정도의 교육 내지 훈련이 요구된다. 가령 음악성, 언어적 능력, 명상, 문화사적 지식, 색과 비율에 대한 감정 등을 갖추어야 한다. 그런데 투자와 동시에 즉각적인 만족을 요구하는 세대들에게 그와 같은 문화는 점점 외면당하고 있다. 슐체는 독일의 일상미학을 고급문화, 통속문화, 긴장의 문화로 구분하는데, 체험사회와 함께 이 세 차원이 동일한 미적 차원을 갖게 되었다고 보았다. 다시 말해 각각의 차원이 예전 시기처럼 우열을 갖는 것으로 취급되지 않는다는 것이다. 이러한 현상은 문화정책을 통해서도 잘 드러나고 있다. 지난 80년대까지만 하더라도 독일에서 뮤지컬은 상업적인 예술 분야로서 전혀 정책적인 고려대상이 되지 않았다. 하물며 축구장 같은 곳에 지원을 해야 한다는 주장은 생각 조차 할 수 없는 일이었다. 그런데 2000년대 이후에는 그러한 주장까지도 공공연하게 제기되고 있다. 또한 슐체에 따르면 위의 각각의 문화 영역은 우열을 넘어서 서로 조화를 이뤄가는 경향을 띠고 있다. 대중문화의 위상 변화와 함께 문화적 잡종화 현상이 구현되고 있는 것이다.

기존의 고급문화와 대중문화의 경계가 무너지는 동시에 주체의 체험 욕구에 부응한 문화 현상으로 '이벤트 문화'가 활기를 띠고 있다. 이벤트란 그 자체로 이해할 때 일회성을 지니며, 다른 어떤 것과도 비교 불가한 특별한 사건을 뜻한다. 이러한 이해에 기반하여 하인리히스Werner Heinrichs는 항상 새로운 것을 추구하고 앞선 것을 넘어서고자 하는 체험에의 욕망을 지닌 '체험사회'에서는 이벤트만이 그에 적합한 만족을 제공한다는 점을 지적하였다. 프랄이 이벤트 문화를 지루한 일상을 벗어나기 위해 인위적으로 만들어내는 긴장이라고 한 반면, 오파쇼프스키Horst W. Opaschowski는 체험사회가 이벤트문화 시대에 더욱 확대된다는 관점을 취한다.

새로운 문화 형태로 자리하고 있는 '이벤트'는 간단하게 정리하기 힘들 정도로 다양하다. 가령 상업적인 이벤트 문화의 대표적인 경우로서 미국의 〈월트 디즈니 세계〉를 본딴 테마파크를 비롯하여 공연장을 쇼핑센터, 레스토랑, 사우나와 연결시킨 경우 역시 그에 해당된다. 더 나아가 여행, 스포츠, 방송 매체, 축제 등 대부분의 여가문화는 이벤트와 불가결한 관계를 유지하고 있다.

이벤트를 앞세운 축제들에서 두드러진 현상 중의 하나는 바로 'U'와 'E'의 경계 상실이다. 특히 음악축제들에서 이 현상이 자주 발견되며, 지금은 세계적인 축제로 발도음한 프랑스의 〈음악축제〉를 그 대표적인 경우로 볼 수 있다.

프랑스의 〈음악축제〉

현대 축제의 두드러진 경향 중의 하나는 '음악'에 있다. 그 어느 축제들 역시 음악을 빼놓고 논의하기 힘들지만, 전통적인 축제에서는 음악 그 자체가 축제의 중심에 있었던 경우는 드물었다. 음악은 오히려 축제의 흥을 돋우는 역할에 머물렀다. 현대 축제에서는 음악이 빠지지 않을 뿐더러 음악이 중심적 역할을 하는 경우가 늘어가고 있는데 그 이유는 어디에 있을까?

음악은 언어와 문자를 초월한다. 음악은 인종적, 국가적 경계를 허물고 '공존'과 '화합'의 물결을 만들어내는 정서적 매체라는 점에서 그 한 이유를 찾을 수 있을 법 하다. 또한 축제란 서로 어울리며, 공동체성을 이루어야 하는데, 오늘날에는 그러한 감정을 불러일으킬 만한 기제들이 많이 파괴된 상태이다. 하지만 '음악'은 아직도 지역과 시대, 인종을 초월하여 모든 사람들을 하나로 동화시킬 수 있다는 점이 또 다른 이유가 될 것이다.

나라들마다 음악축제가 없지 않을 정도로 음악축제는 다양하다. 프랑스의 〈음악축제〉, 체코의 음악축제 〈프라하의 봄〉, 잘츠부르크의 〈음악축제〉, 일본의 〈후지 록 페스티벌〉과 같은 축제들은 이미 세계적인 음악축제로 부상하였다. 여기에서는 프랑스의 〈음악축제〉에 대해 살펴보고, 그것이 갖는 탈 경계성의 의미를 조명해 보고자 한다.

프랑스 문화정책사에 큰 족적을 남긴 두 사람을 꼽는다면, 앙드레 말로와 자크 랑이 우선적으로 언급된다. 1958년 드골 정부 시절 10년 간 문화부 장관을 역임하였던 말로가 문화유산의 보수 및 보존 등에 관심을 가졌던 데 반해, 미테랑 정권 시절 1981-1986년과 1988-1993년까지 문화부 장관을 역임한 랑은 "문화의 대중화, 여가의 대중화"를 주장하였다. 그는 말로와 달리 "새로운 탄생"과 "문화의 재건설"을 호소하면서 새로운 문화의 창조와 다 같이 참여할 수 있는 문화축제를 많이 탄생시켰다.

1982부터 시작된 〈음악축제 Fete de la Musique〉 역시 같은 맥락 속에서 탄생한 축제이다. 하지 날을 기해 개최되는 이 축제의 애초의 목적은 콘서트 기회를 갖기 힘든 무명 그룹이나 음악인들에게 연주 기회를 주고자 함이었다. "음악을 연주하라. 음악축제"가 슬로건이었다. 큰 기대를 갖지 않은 채 출발하였으나 이 축제는 예상을 뛰어 넘어 대중들의 적극적인 참여를 이끌어내는 데 성공하였다. 1985년부터 외국으로 수출되기 시작하였고, 1987년에는 50개국이 넘는 나라가 이 축제를 개최하였다. 유럽연합의 출범을 기리면서 열린 2000년 음악축제의 구호는 "국경없는 음악"이었다. 베토벤의 "환희에 바치는 송시"라는 제목 하에 아테네, 바르셀로나, 베를린, 브뤼셀, 부다페스트, 이스탄불, 리버풀, 룩셈부르크, 나폴리, 로마에서 동시에 음악축제가 거행되었다. '다양한 유럽', '통일된 유럽'을 상징하는 행사가 되었다. 유럽연합 내에서는 물론, 폴란드, 이집트, 시리아, 모로코, 캄보디아, 베트남, 콩고, 카메룬, 토고, 칠레, 일본 등에서도 개최되었다. 베를린의 브란덴부르크 문에서 환희의 송가가 연주되는 동안, 브뤼셀의 화폐광장에서는 전자음악이 연주되었고, 바르셀로나의 거리에서는 200여개의 음악회가 거리에서 열렸으며, 아테네의 중심가에서는 음악 퍼레이드가 진행되었다. 이스탄불의 거리에는 "음악의 트럭"이 행진을 하였고, 뉴욕, 샌프란시스코에서도 음악 연주회가 열렸다. 인터넷과 영상매체에 힘입어 세계 각지의 여러 나라에서 각기 진행되는 축제가 실시간으로 연결될 수 있었다.

프랑스 문화부에 따르면 2005년도에는 약 500만 명의 뮤지션들이 노래를 부르고 악기를 연주하였고, 12000여개의 문화행사가 프랑스와 국외에 조직되었다. 더불어 1000만 명이 넘는 사람들이 프랑스 전역의 거리에서 음악을 듣거나, 콘서트를 관람하였다고 한다. 그럼 이 축제의 몇 가지 특징을 지적해 보자.

이 축제는 전문가, 아마추어를 구분하지 않고 누구에게나 열려있다. 전문인들은 이 날을 기해 무료 공연을 선보인다. 음악의 장르도

구분하지 않는다. 클래식, 레게, 힙합, 락, 하드 락, 재즈, 테크노, 퓨전 음악 등, U와 E의 경계가 없다. 길거리나 광장, 혹은 정원 어디에서나 가능하다. 또한 대도시에만 집중되지 않고, 전국 어디에서나 진행되어 지리적 불평등이 해소된다.

사실 이 축제는 단 하루, 길지 않은 시간 동안 진행되지만 그 의미만큼은 적지 않다. 인종차별을 비롯한 숱한 사회적 갈등들이 이 시간 동안 해소되고, '화합'과 '공존'의 세계가 열린다. 이런 점에서 이 축제는 전통적인 축제의 기능과 유사하다고 할 수 있다. 한편으로 사회적 갈등을 무마시키는 데 기여하고, 또 다른 한편으로 불평등 너머, 유토피아의 세계를 지향하기 때문이다. 또한 이 축제는 글로벌화의 문화적 구현 내지 다문화주의의 실현이라고도 볼 수 있다. 다문화주의는 단일 민족주의 내지 혈통주의를 내세우지 않으며, 다른 인종, 다른 국가 출신의 사람들이 서로 이해와 관용을 베풀며 함께 살아가려는 데 그 목적을 둔다. 다시 말해, '다름'과 '차이'를 인정하면서 상호 공존을 목표로 한다. 음악을 통한 '통합'은 바로 다문화주의의 유토피아를 상징한다고도 볼 수 있다. 음악은 민족, 국가의 경계를 넘어서고, 서로 소통하게 하는 인간이 가진 가장 뛰어난 매개체이다. 음악은 사람들의 정서에 파고들어 '몸'과 '마음'을 사로잡는 힘이 있기 때문이다.

에필로그

세계적 규모의 경제적 장벽을 허물어가고 있는 글로벌화는 여러 가지 사회 변화를 동반하고 있는데, 축제 문화 역시 그 흐름 속에 자리하고 있다. 전통적으로 축제는 그 시대를 대변하는 대표적인 문화 형태였고, 현재에도 그러하다. 기존 사회를 대변하는 축제가 있었는가 하면, 민중들에 의해 자발적으로 만들어져, 그들의 염원이 담긴 축제들도 있었다. 서양의 경우 카니발이 이 후자에 해당하였고, 우리나라에도 '굿', '동제' 등의 축제들이 오랜 동안 민중들을 삶과 동반되었다.

이 글은 특히 카니발의 흐름과 연관하여 현대 축제 문화의 다양한 양상들 중에서 '탈 경계성'에 초점을 두었다. 물론 프랑스의 〈음악 축제〉는 시민들에 의해 만들어진 축제도 아니며, 전통적인 카니발의 세계관이 구현되고 있다고 보기도 힘들다. 사람들은 하루 동안 음악에 취해 엄연하게 존재하고 있는 인종, 종교, 민족, 성별의 갈등을 망각할 따름이다. 하지만 '음악'을 통한 감성적인 소통은 '다름'과 '차이'를 인정하는 열린 세계를 여는 데 긍정적으로 작용할 수도 있을 것이다. 현재 '탈 경계성'이라는 말 역시 여러 가지 측면에서의 조망을 요구한다. 한편으로 '경계 넘나들기', '노마드적 세계관'은 그 이면에 초 자본주의의 경제적 전략 역시 숨겨져 있다. 또 다른 한편으로 이러한 개념들은 그 간의 인종적, 민족적, 종교적 차이를 넘어선 새로운 휴머니즘의 길을 열고 있다는 점에서도 주목을 요한다.

일본 문화를 움직이는 힘,
하이브리드의 전승과 이상

:: 이노미

프롤로그, 모방을 통한 새로운 창조

역사적으로 우리는 섞이는 것, 경계를 넘나드는 것에 대한 본능적인
거부감을 가지고 있다. 순종은 그 무엇도 섞이지 않는 순백의 선善이
며 이상理想인 반면 하이브리드와 같은 잡종은 이물질이 섞인 더러움
의 표상이며 악惡의 상징으로 받아들인다. 전래동화의 주인공인 장
화와 홍련은 착한 심성을 지닌 순수혈통인 반면 계모가 데리고 들어
온 자식은 다른 혈통의 잡종으로 악을 대변하는 인물이다. 단일민족
이라는 자부심은 다문화사회에 접어든 21세기에도 여전히 혼혈인을
'튀기'로 비하하며 배타적 성향을 노골적으로 표출하는 일이 적잖게
발생한다. 이러한 순수혈통에 대한 강한 순종의식은 문화의 순수성
에 대한 집착에 반영되어 무엇이든 정통을 중시하는 단일화를 견지

하고자 한다. '백의민족'의 표상은 흰색 본연의 '순수함'을 의미하며 유교는 발현지 중국이 아닌 한국에서 오히려 그 전통의 순수한 맥을 이어오고 있다.

그리하여 순종을 중시하는 우리에게 일본은 혼혈인으로 추정되는 아이누ainu족이 원주민인 저속한 민족으로 인식되었으며 한반도와 중국의 대륙문명과 서구문명을 표방하여 혼종화한 '모방의 나라'로 폄하되곤 하였다.

실질적으로 일본은 사면이 바다를 향해 열려 있는 '섬나라'의 지형적 요인에 의해 지난 3천여 년 동안 한반도와 중국을 통한 아시아 문화와 제국주의의 유럽문화, 패전 이후의 미국문화가 서로 융합·교차하여 일본 그 자체가 하나의 세계인 동시에 다양한 문화가 함께 뒤엉켜 있는 '혼종성'으로 폭발할 것 같은 이미지를 갖고 있다.

하지만 다른 것을 그대로 본뜬다는 의미의 '모방'에 대한 우리의 부정적인 견해와 달리 일본인들의 의식 속에 자리 잡고 있는 '모방'은 '새로운 것에 대한 창조'를 의미한다. 이는 무도武道, 검도劍道, 차도茶道와 같이 일본인들이 도道에 이르는 과정에 반드시 지켜야 할 '수(지킬 수守)·파(깨트릴 파破)·리(떠날 리離)'의 관념과 일맥상통한다. 즉 '남에게 배우고 배우면서 배운 것을 파괴하고 결국 새로운 것을 창조한다'는 규범인 '시쓰케躾'가 최고의 경지로 높이 평가되는 것이다.

'공부하다'는 의미의 일본어 '마나부學ぶ'와 '흉내내다', '모방하다'는 뜻의 '마네스루眞似する'가 같은 어원이라는 사실은 '모방'이 곧 '배운다'는 의미이며, 외래문화의 수용은 '창조'라는 의미와 다름 아

니다. 다시 말해 일본의 모방은 단순히 남의 것을 그대로 따라 베끼는 것이 아닌 외래문화를 배우고 이용함으로써 일본의 토양에 맞게 실용적으로 갈고 다듬어 자신들만의 더 좋은 문화를 만든다는 진보적인 취지를 담고 있다.

'모방'을 통한 일본의 궁극적 목표는 '창조'라는 역설은 외래문화와 전통문화의 '혼종화' 양상을 구축하는데 크게 기여하였다. 굳이 가르시아 칸클리니García Canclini의 지적이 아니더라도 '혼종화는 개인적이고 집단적인 창조성의 결과'인 것이다.[1]

이를테면 일본은 백제를 통해 들어 온 한자를 간략화하여 '히라가나'와 '카타카나'로 변용하였으며 오스트리아 음식인 슈니첼 schnitzel이 변형된 포크커틀릿pork cutlet이 태평양을 건너 일본식 '돈가스'가 되어 세계 속의 '일본 음식'으로 거듭나고 있다. 일본 만화 '아톰 atom'은 미국의 '마이티 마우스mighty mouse'를 모방한 것이며 '시부야케sibuyakei' 음악 또한 유럽의 일렉트로닉electronic과 프랑스의 예예ye-ye,[2] 브라질의 삼바와 보사노바, 미국의 힙합 쟝르를 교묘하게 뒤섞어 일본인의 기호와 감성으로 재해석한 하이브리드 문화의 전형이다. 이처럼 일본의 하이브리드 문화는 다른 문화를 흡수하고 토착화하면서 일본이라는 문화적 경계를 교묘하게 다시 만들어가는 과정이다.[3]

대단한 문화적 연금술사인 일본인들은 스스로를 '탐욕스런 모방자'로 일컬으며 모방을 수치가 아닌 문화적 자부심으로 여긴다. '다른 문화를 적극적으로 수용하고 그것을 일본문화와 결합하여 고유한 문화를 만들어 내는 능력'이야말로[4] 일본문화의 특수성이라는 것이다. 심지어 일본을 전 세계문명이 공존하는 '살아있는 문명 박물관'으로 파악해야 한다는 일본학자 가와가츠山勝는 일본의 뛰어난 외래문화 수용능력은 새로운 문명창조의 패러다임으로 세계에 내세울 필요가 있다고 주장한다.

비록 세계 속의 일본은 극동의 자그마한 섬나라에 불과할지라도 비서구 국가 중 가장 먼저 기적의 경제대국을 이룩한 원동력이 다름 아닌 '모방'에서 비롯된 하이브리드 문화의 창의성 때문이라는 사실은 그 누구보다 일본인 자신이 가장 먼저 인지하고 있는 것이다.

그리하여 컴퓨터와 전화, 디지털 카메라, TV와 Mp3 뮤직 플레이어가 서로 결합된 디지털 복합기의 대중화와 같이 일상생활에서 조차 경계가 해체되어 융합되는 하이브리드 문화의 강세에 뒤쳐져 이제서야 '순종의식'을 벗고 쫓아가기 분주한 우리를 향해 일본인들은 '모방의 나라'의 저력을 확실히 보여주고 있다.

그림 1_ 일본의 대표적인 만화 '아톰'은 미국의 '마이티 마우스'를 교묘하게 뒤섞어 일본인의 기호와 감성에 맞게 혼종화한 하이브리드 문화의 전형이다.

노벨 화학상 쾌거에 빛나는 하이브리드 정신

끊임없는 혼종의 역사를 지닌 일본의 하이브리드 문화가 세계화시대에 주목 받는 이유는 다른 문화를 잡종화한 일본의 경험이 내부에 국한하지 않고 전 지구적 차원의 '세계화' 의미로 확대되기 때문이다.[5] 더욱이 하이브리드는 '형식들이 기존의 실천들과 분리되고 새로운 실천 속에서 새로운 형식들과 결합되는 방식'으로[6] 여러 문화의 모방과 융합에서 새로움을 창조해내는 일본문화의 본질과 다를 바 없다.

피에터스J. N. Pieterse는 세계화를 '혼종화'로 이해할 것을 주장하며, 울프 해너즈Ulf Hannerz는 세계사 전체를 혼종화의 진행으로 본다. 피에터스의 표현을 빌자면 세계화는 '전 지구적인 혼합물을 부상시키는 혼종화의 과정'이며[7] 반대로 세계화 과정 또한 '외래문화와의 관계를 새롭게 사유하기 위한 중심부와 주변부의 문화혼종'이라는 것이다.[8]

'진짜의authentic', '고유의', '독자적인' 문화란 있을 수 없으며 모든 문화는 서로 영향을 주고받으며 진화한다. 문화란 괴어 있지 않고 흘러가는 것으로 각국의 문화는 자기 문화 고유의 특수성과 동일성을 기반으로 형성되지만 '나는 타자에 의해 의식됨으로서 존재 한다'는 자크 라캉Jacques Lacan의 말처럼 모든 문화적 아이덴티티는 바로 타자의 이타성異他性과의 인식적 교류와 하이브리드를 통해 확립된다.

그러므로 문화의 동일성과 타자 문화의 이타성을 묶어주는 문화적 하이브리드의 접점은 이종문화의 수용과 혼성을 통해 이루어지며 이는 단순히 외래문화를 이식하는 것이 아닌 주변부의 문화적 역량과 주체적 능력에 따라 문화의 재전환과 재가공에 의한 새로운 문화 창조를 뜻한다.[9] 따라서 하이브리드 양태로 스스로를 드러내는 일본 문화의 오랜 속성에 의해 일본의 문화적 가치는 세계화와 함께 크게 부상하고 있으며 나아가 일본을 '하이브리드 문화의 산실'로 인식하게 된 것이다.

그림 2_ 2010년 노벨화학상을 공동수상한 3명 중 스즈키 아키라鈴木章 홋카이도대 명예교수가 주변의 축하를 받으며 환하게 웃고 있다. 일본의 유기화학 분야가 유독 강한 것은 두 종류의 화학물질로부터 필요한 부분만을 취사선택하여 결합하는 방식이 '하이브리드' 정신을 반영하고 있기 때문이다.

보드리야르Baudrillard는 일본을 기원이나 진정성에 신경 쓰지 않고 주어진 상황을 최대한 활용하는 '무중력 상태의 인공위성'이라 일컬으며 세계의 미래를 이끌어갈 선도주자로 천명하였다.[10] 외래문화의 어떤 부분을 흡수하고 어떤 부분을 흡수하지 않을 지를 신중하게 선별할 줄 아는 일본은 세계질서의 다른 새로운 개념화를 촉진시켰을 뿐 아니라 외래문화를 수용하는 뛰어난 일본의 능력 또한 본받아야 할 모델이라는[11] 로버튼슨Robertson의 강력한 주장은 세계화 시대의 새로운 역학이 일본의 모방에 관한 부정적 인식을 긍정적으로 변화하였음을 입증한다.

열등한 주변문화가 마침내 세계를 움직이는 중심문화로 우뚝 솟아오른 것은 일본의 하이브리드 문화가 세계 다른 국가의 모범적 유형을 제시하는데 있다. 즉 서구문화는 타자에게 문화적 영향력을 이식하거나 지배하려는데 비해 일본은 타자의 문화를 적극 수용하여 선별하고 통합하여 재창조함으로써 서구문화의 본질을 초월한다는 것이다.

2010년 가을, 일본은 3명의 노벨 화학상 수상자 중 2명의 자국인을 배출함으로써 지금까지 화학 분야에서 총 7개의 노벨상을 가슴에 안았다.

왜 일본은 유독 유기화학 분야에서 세계 최고의 두각을 나타내는 것일까? 마이니치毎日 신문의 논평대로 극미량을 따지는 화학분야에서 세밀하고 꼼꼼한 작업에 능한 일본인들이 유리하기[12] 때문일까?

하지만 이는 필요한 부분만을 취사하여 결합하는 일본의 하이브리드 문화의 속성이 유기화학의 기초과학 발전과 무의식적으로 연계되어 있다는데 그 원인을 찾을 수 있다. 2010년 노벨 화학상을 수상한 노요리 료지野依良治와 스즈키 아키라鈴木章 홋카이도대 명예교수의 '촉매교차 결합cross coupling' 연구 또한 금속 팔라듐을 촉매로 다른 화합물을 결합시키는 방법으로 항암제와 항 HIV 에이즈 바이러스제, 발광 고

분자제 등을 개발하는 데 폭넓게 응용되고 있다는 것이다.

이처럼 두 종류의 형태로 이루어진 화학물질로부터 필요한 물질만을 선택하여 합성하는 '결합coupling'의 방식은 외부문화와 전통문화 중에서 일본에 적합한 부분만을 취사선택하여 혼종화하는 일본 하이브리드 문화와 닮은 꼴이다.

일본의 문화적 혼종화는 기묘하게도 기초과학분야에서 마저도 세계의 주목을 받고 있는 것이다. 일본 문화의 새로운 서장은 외부로부터 농경생활과 철기문명을 수용한 역사에서 시작되었듯이 오늘날 1억 2천만 명의 일본인은 수 천년 간 체화된 문화적 하이브리드를 실현하며 또 다른 미래를 꿈꾸고 있다.

하이브리드가 경쟁적 우위를 차지하는 세계화 시대에 일본의 하이브리드 문화의 본질에 대한 새로운 인식은 '순종주의'를 지향하는 우리에게 다양한 시사점을 안겨줄 것이다. 이에 다양한 문화를 포용하여 새로운 문화로 창조해내는 일본 하이브리드 문화에 대한 불멸의 정신과 그 특성에 대해 살펴보기로 하자

1. 숲에서 배운 잡종강세의 진리

자연과 신, 그리고 인간의 조화

세계적으로 널리 알려진 무라카미 하루키의 소설 『노르웨이의 숲』과 같이 일본 영화와 애니메이션, 게임에서는 '숲'을 주제로 한 내용들이 상당수에 달한다.[13] 애니메이션의 거장 미야자키 하야오의 대표작

'모노노케 히메怨靈公主'에서는 숲을 지키려는 신과 이를 파괴하려는 인간과의 갈등이 세밀하게 묘사되고 있으며 '이웃집 토토로'는 숲에 사는 정령과 이웃 소년과의 순수한 우정이 풋풋하게 그려져 있다. 또한 '동물의 숲'이라는 오락게임이 있는가하면 최근에는 '모리 걸' 패션이 일본 열도를 강타하고 있다. '모리 걸'은 '숲'이라는 뜻의 일본어 '모리'와 '소녀'를 지칭하는 'girl'의 합성어로 사소한 일상에서 행복을 찾아 자신의 세계를 추구하는 편안하고 여유 있는 소녀적 취향의 '숲에 있을 것 같은 소녀' 패션을 일컫는 신조어이다.

이처럼 '숲'에 열광하는 일본인들에게 과연 '숲'은 어떤 의미이며 일본의 하이브리드 문화에 반영된 '숲'의 가치관은 무엇일까?

그림 3_ 일본에는 '숲'을 주제로 한 대중문화가 상당수에 달한다. 일본인들에게 숲은 인간이 살아가는 터전이자 신들이 머무는 신성한 공간으로 인간의 구원은 숲을 통해 이루어진다. 이들은 '숲'에서 자연의 조화와 잡종강세에 대한 '하이브리드 문화'의 진리를 터득하였다

환태평양 조산대에 속한 일본은 해발 3,776m의 후지산을 포함한 국토의 약 75%가 산지로 전체 국토 면적의 66%가 숲으로 뒤덮여 있다. 외부로부터 고립된 섬나라의 특성상 전적으로 자연에 의존하며 살아야했던 일본인에게 자연은 인간이 범접할 수 없는 두려움의 대상이자 거대한 힘이었다.

150여개의 화산에서 수시로 뿜어 나오는 시뻘건 용암과 불덩이가 순식간에 땅을 태우는 초자연적 현상에 인간은 무력한 존재였던 것이다. 대지의 커다란 용틀임과 함께 땅이 요동치며 갈라지는 지진과 잦은 해일, 거센 태풍과 장마, 겨울 폭설에 일본인들은 압도당할 수밖에 없었다. 수시로 변동하는 자연의 거대한 힘과 에너지를 직접 목격한 원시 일본인들의 심성에는 산과 물, 바람, 나무, 불, 물고기, 동물 등 자연과 사물에 모두 영혼이 있다는 정령사상이 싹트기 시작했다. 이들은 자연의 신에 대한 두려움과 염원을 담아 신에게 제사를 지내며 자연과의 화해를 도모하였다.

혹독한 자연환경의 규제를 결코 뛰어넘을 수 없었던 원시의 일본인들은 서서히 자신들을 자연의 일부로 인식하며 '숲'에서 희망을 찾아내었다. 자연은 강력하고 잔인한 동시에 아름다운 것이다. 높은 습도로 울창하게 조성된 숲은 나무와 꽃, 물, 돌이 자연스럽게 조화를 이루고 있을 뿐 아니라 채집, 수렵생활을 하는 원시 일본인들에게 생명의 터전을 제공해주는 풍요와 평화의 공간이었다.

1만여 년간 장구한 시간의 흐름 속에서 외부와의 어떠한 접촉도 없이 원시림의 숲에 파묻혀 있던 조문시대의[14] 일본인들에게 숲은 인간이 살아가는 터전이자 신들이 머무는 신성한 성지聖地였다.

산사태로 숲 일부가 훼손되더라도 풀과 나무들이 다시 자라나 숲은 본연의 모습으로 재생되는 강하고 질긴 생명력을 지닌다. 또한 숲속의 생물은 유전자 변이로 인한 잡종교배를 거치면서 생존에 불리한 잡종약세는 도태되고 생존에 유리한 잡종강세는 계속 동일종을 확보하며 신종으로 고착화되었다. 숲의 생물은 잡종강세를 통해 보다 빨리 진화하며 진화는 잡종화 과정에서 발생하는 종의 소멸과 탄생이 거듭된 결과라는[15] 사실을 일본인들은 숲을 통해 터득하였다.

이로 인해 외부문명과 단절된 원시의 그들이 스스로의 힘으로 개척해낸 것이 '숲의 문명'이며, 이는 신도의 기반으로써 오늘날 까지 일본인들의 가슴 속에 숲을 자신의 일부로 여기는 깊은 심성을 심어놓은 단초가 되었다.

외부문화에 대한 탐욕스런 호기심

바다에 둘러싸인 열도에 갇힌 채 수렵과 어로, 채집 생활을 하며 문명과는 괴리된 그들을 기나긴 정체停滯로부터 구원한 것은 한반도에서 건너 온 도래인渡來人이다. 섬이라는 공간은 바다를 통한 고립과 단절을 의미하는 동시에 열린 공간으로 다양한 문화가 흘러들어와 독창적인 형태의 하이브리드 문화를 형성할 수 있는 지형적 특성을 지닌다. 일본 열도를 고립시킨 넘기 어려운 심연이었던 바다는 이제 대륙을 결합시키는 문명의 통로가 되었다.[16]

만여년의 잃어버린 꿈에서 깨어난 그들은 도래인으로 부터 농경기술과 철기문화를 받아들임으로써 국가 공동체 형성의 새로운 문명기로 접어들게 되었다.

숲을 기반으로 했던 원시적인 생활 형태가 외부인의 유입으로 훨씬 생산적이며 발전적인 모습으로 진화하였다. 외부와 뒤섞이지 않은 '숲의 문명'은 순수하다는 장점이 있지만 덧없이 나약했다는 점을 드디어 깨달은 것이다. 동종교배인 순종의 식물보다는 잡종인 이중교배가 훨씬 강하다는 것을 이들은 숲을 통해 이미 알고 있었던 터이다. 더욱이 문명 또한 잡종이 강하다는 발견은 이들에게 새로운 신천지였다. 숲의 '조화'를 통해 잡종과 순종이 균형 속에서 조화롭게 이루어져야 잡종강세가 지속된다는 진리 또한 이들이 지켜내야 할 과제였다. 문화의 순종화과 잡종화의 조화가 무너져 잡종강세가 지속되면 정체성을 상실하여 문화적 혼란이 초래되며, 순종강세가 지나치면 지체와 퇴보가 야기될 수 있는 것이다.[17] 그러므로 일본인들은 문화적 잡종화와 순종화가 통합적으로 이루어질 수 있도록 양자를 뒤섞어 그들에게 적합한 방식만을 선택하는 '혼종화'를 통해 문화적 진보를 이루고자 하였다.

문명의 도약을 위해서는 외부문화를 수용해 약점을 보완해야 된다는 것을 크게 인식하면서 일본인들은 '모방'과 '하이브리드'에 대한 열린 사고를 지향하게 된다.

그리하여 일본인들은 츠루미 가즈코鶴見和子가 『호기심과 일본인』을 통해 언설한 것처럼 자기 집단외의 모든 사물에 대한 강한 호기심으로 외래종교와 이데올로기, 제도, 문화 모두를 탐욕스럽게 도입하여 그것을 전통의 토대위에 쌓아 올리는 욕망을 지니게 되었다. '탐욕스런 호기심'은 만여 년 동안의 깊은 잠에서 깨어나 신문명을 접하게 해 준 외래문화에 대한 절대적 지지와 신뢰인 것이다.

츠다 사유기치津田左右吉가 『우리 국민사상의 연구』에서 외부자극에 민감하여 무의식적으로 모방에 빠지기 쉽고 외국문화를 순응하는 것이 일본의 단점이라고 비난한 것은[18] 외래문화의 개방성에 의한 혼재의 다중구조를 우려한 때문이다. 그러나 일본은 '숲의 문명'을 이룩한 그 시점에서부터 이미 혼종화에 대한 균형과 조화를 일구어낼 수 있는 토대를 형성하였다. '숲의 문명'에서 물과 나무, 돌이 숲에서 함께 조화를 이루며 어울려지듯 외부문화와 공존하는 것이 자연의 이치였던 것이다. 더욱이 농경생활을 통해 자연의 소중함과 집단적 조화와 협동의 중요성을 인식한 일본인들에게 서로 함께하는 '화和'의 가치는 국가적 정체성으로 굳어져 나아갔다. 숲에서 배운 자연, 인간, 신과의 '화'의 가치는 '혼종화'에 대한 츠다 사유기치의 우려가 그저 기우에 불과하다는 것을 그들은 '하이브리드'의 역사로 대변하고 있다.

2. 하이브리드의 정신적 뿌리, 화和와 화혼양재

대륙문화 수용을 통한 '화和'의 실천

역사학자 토인비가 '어떤 문화든지 주변 문화의 영향을 받지 않고 자생적으로 성장, 유지될 수 없으므로 상호 이질적인 문화 간의 접촉은 필연적이다'고 하였듯이 일본은 한반도와 중국으로부터 유입되는 외부문화 수용에 적극적이었다. 일본은 외부문화와 일본문화의 차이를 분명히 인식함으로써 일찍이 일본적인 것을 보존하면서 외부의 것을 빌려오는 '화和'의 가치를 중시하였다. '화'는 '숲의 문명'을 통한 자연과 인간, 신의 조화를 의미하며 '禾[벼]'와 '口[입]'이 합하여진 말로 '밥을 함께 나누어 먹음으로써 협동과 조화를 추구하는 행위'로 농경생활의 주요덕목이었다.

사회적 조화와 융합을 유지하고자 하는 '화'의 가치관은 외부문화를 수용해 문화를 창조해내는 뛰어난 모방능력의 '문화적 중층성'을 이룬다. 새로이 유입된 외부문화는 고유문화와 병존하거나 토착세계관의 영향 속에서 일본화 되는 과정을 거쳐 토착문화와 혼종문화, 외래문화가 공존하는 중층적 구조가 형성되기 때문이다. 숲의 물한 방울은 아무 의미가 없지만 서로 결합하여 다양한 모습의 연못과 호수, 폭포를 이루며 자연의 아름다움을 재창조하는 것이다.

'화'의 중요성을 인식한 이후 '화'는 일본의 지배 이념이자 사유의 바탕이 되었다. 일본 최초의 국가 명칭은 조화와 화합을 강조한 '야마토大和'이며 쇼토쿠 태자聖德太子는 일본 최초의 헌법 17개조 첫머리에 '조화'가 모든 것의 기초라고 명시하고 "화和가 귀하다!"고 강조해 오늘날 일본 관료제도의 정신적 토대가 되었다.

쇼토쿠 대자는 6세기에 이르러 한반도에서 유입된 불교를 통해 대륙문명의 우수성을 인식하고 국가발전을 위해 대륙 문화와 제도가 필수불가결하다고 여기게 되었다. 그는 일본 역사상 처음으로 공식 외교사절단과 유학생을 중국에 파견해 선진문화를 직접 수용하고자 하였다. 또한 중국과 일본의 항로 중앙에 위치한 백제와의 교류도 활성화하여 일본에서의 대륙문화를 꽃피우는 데 주력하였다.

쇼토쿠 태자는 일본을 선진문명인 중국의 수준까지 끌어올리려고 노력하였으나 중국 것이라면 무엇이든지 받아들인다는 태도는 갖지 않았다. 이를테면 헌법 2조에서는 불교를 숭상할 것을 명백히 역설하고 있지만 전체 구조에서는 예禮, 충忠, 인仁, 신信, 의義와 같은 유교적 덕목이 함께 반영되었으며, 백성은 모두 천황의 명령에 무조건 복종해야 되지만, 정치적 결정은 민주적이어야 한다고 강조한 것이다. 이는 불교와 유교를 혼종화한 이데올로기로 쇼토쿠 태자는 중국의 사고와 정신이 일본인에게 합당한지의 여부를 매우 신중히 검토하였다. 유교와 불교, 도교 등 중국 철학의 어떠한 요소라도 부적당하다거나 바람직하지 못하면 그것들을 전적으로 부정하거나 또는 과감하게 수정하였다. '화'의 가치관을 중시 여기던 쇼토쿠 태자는 중국의 재능을 일본의 정신에다 접붙이려고 했던 것이다.[19]

혼종화를 추진할 경우 문화적 창조와 해체가 동시에 전개되어 새로운 변화에 긴장하게 된다. 기존 질서에 집착하는 이들은 문화변동에 저항하는 반면 개혁을 꿈꾸는 이들은 혼종성의 새로운 변화를 적극 지지하게 된다. 쇼토쿠 태자 또한 당시 지배계층 내부의 심각한 대립을 완화하려는 의도를 갖고 변화를 적극 모색한 것이 혼종문화의 성공요인이었다.

경제학자 모리시마 미치오森嶋通夫의 표현대로라면 쇼토쿠 태자가 불교를 국가이념으로 수용한 이유 역시 아시아에 널리 퍼진 불교의 발전양상을 통해 각국 문화수준을 비교하던 당시 국제상황과 맞물려 있다는 것이다. 불교를 이용해 일본의 문화지위 향상과 국가적 번영을 과시하려는 강한 집념이 불교융성의 과를 낳았다는 것이다.[20] 결국 쇼토쿠 태자는 하이브리드를 통해 초래되는 창조의 과정을 국

가발전을 위해 적극 이용한 셈이다.[21]

이와 같은 대륙문화의 혼종화는 섬나라 일본이 대륙의 침략으로부터는 멀리 떨어져 있지만 교류를 위해 대륙을 오가기에는 그다지 먼 거리가 아니기 때문에 가능한 것이었다. 규슈를 거쳐 쓰시마에서 백제로 가는 길은 불과 200km로 선진문화의 이득을 얻을 수 있는 충분한 거리였다. 외부의 침략을 걱정할 필요가 없었던 일본은 대륙문물을 자신들의 환경에 적합한 부분만 취사선택하여 혼종화하는데 그 누구의 간섭도 없이 더 없이 자유로웠다. 문화는 본질적으로 끊임없이 전파, 교류함으로써 문화적 변용을 초래하는 잡종적 성격을 강하게 지니지만 일본만큼 우수한 하이브리드의 지형적 여건을 갖춘 민족은 없었던 것이다.

일본인들은 한반도와 중국의 철학과 과학, 예술과 기술, 제도를 더욱 깊이 연구했으며 7세기 중엽에는 쇼토쿠 태자가 중국에 파견하였던 유학생들이 돌아와 '다이카 개신大化改新'을 주도하여 중국 당나라 율령제를 모방한 천황제 중심의 중앙집권적 정치제제를 구축하였다. 한반도와 중국의 선진문명은 일본의 사상, 문화, 관습에 깊은 영향을 미쳤으며 일본은 문명수준 향상을 위해 대륙 문화를 수용, 수정, 혼합, 창조하는 하이브리드 과정을 반복하였다. 16세기 이후 일본은 대륙의 선진문명을 그들만의 방식으로 흡수한 문화의 진보를 앞세워 국제무대인 동아시아로 서서히 진입해 나아갔다.

화혼양재, 일본의 정신과 서구문명의 결합

일본의 발달이 조선과 중국을 통한 대륙문물에 크게 영향을 받았다
는 사실은 의심의 여지가 없다. 고대이후 근대이전까지 일본 문화의
수용과정은 외형은 한반도와 중국의 대륙문명을 지향하지만 내부는
일본의 삶과 자연관이 투영된 혼종문화였다. 이에 대해 헤이안 시대
학자인 스가와라노 미치자네菅原道眞는 '일본의 정신에 중국 전래의
학문과 기예를 구사한다'하여 '화혼한재和魂漢才'로 일컬었다. 중국과
의 사이에 존재하던 압도적인 문화적 격차를 언제나 의식할 수 밖에
없던 일본의 열등의식은 16세기에 이르러 또 한번 자국의 문화적 낙
후를 깨닫기에 이른다.[22]

영국과 스페인, 포르투칼과, 네덜란드 등 유럽과의 활발한 교역을
통해 선교사들이 들어와 일본열도에 70만 명의 기독교 신자가 생겨
났다. 신도神道에 대한 종교적 위협과 지방 영주들의 교역을 통한 경
제적 축적의 봉기를 염려한 도쿠가와 막부幕府는 기독교를 금지하고
포교와 무관한 네덜란드에게만 정기적 통상을 허가했다. 네덜란드와
의 유일한 통상창구였던 나가사키長崎는 서구문화의 교량지로 서서
히 변모해갔다.

이후 200여 년 간 쇄국정책을 실시하였지만 이미 1543년 포르투
칼 상선을 통해 입수된 총포와 대포 등 신무기의 위력은 군웅할거를
제압하는데 잊을 수 없는 경험이었다. 또한 기독교 사상은 극단적인
위화감으로 배척되었음에도 불구하고 그것이 가르쳐준 합리적 세계
관의 소산인 기술문명과 의·식·주 양식에 강하게 매료되었다. 마음
은 일본풍和風이나 생활양식과 사상은 이미 서양풍洋風으로 서서히

이상화되었다.

19세기에 이르러 미국의 동인도 함대에 의한 개항요청으로 미국과 영국, 러시아, 프랑스와 통상조약을 체결했던 막번체제幕藩體制가 무너지고 메이지 유신이 단행되어 근대 통일국가가 형성되었다. 개항 과정에서 대면하게 된 서구의 진보된 과학과 신무기의 위협에 경외심을 갖지 않을 수 없었던 일본은 서양과의 기술적 격차를 각성하고 '화혼양재和魂洋才', 즉 '일본의 정신을 토대로 서양의 기술문명을 수용'하는데 박차를 가하였다.

서구모델에 입각해 모든 국민들에게 우유와 고기를 먹도록 장려하는 육식肉食정책을 펼쳤으며 계급철폐와 철도개통 등 근대 국가건설을 실현하였다. 또한 부국강병책을 위해 신식무기와 과학, 기술에 흥미를 갖고 유럽과 미국에 많은 사절단을 파견하였다.

서구문명을 처음 접하였을 때의 경이로움과 감탄으로 가능한 모든 기술을 적극 수용하였지만 이 역시 그들의 풍토에 맞는 하이브리드 문화로의 변모를 시도하였다. 산업혁명의 발상지인 영국의 과학기술을 중심으로 독일식 국가관과 부국강병의 정신, 프랑스의 법제도, 미국의 상업기술을 일본 문화에 조금씩 차용하여 뒤섞은 것이다. 해군은 영국군을 모방하였으나 육군은 프랑스군 체제를 수용하였으며 우편제도와 철도는 영국 제도를 복제하였다. 학제는 프랑스를, 대학은 미국 스타일을 추종하였다. 또한 헌법과 민법은 독일계통이었으나 형법은 프랑스를 모방함으로써 영국과 미국, 프랑스, 독일의 혼종성이 한꺼번에 반영되었다. 그러나 프랑스식 육군과 해군의 영국식이 사이좋게 공존할 리 없었다. 여러 형식과 제도가 이리저리 뒤섞여 갈등과 대립의 문제가 제기되자 서구방식이 일본식으로 수정되는 또 다른 혼종성이 불가피하게 되었다.

'화혼양재'는 물질문명의 서구화를 의미한 까닭에 과학, 기술, 교육, 경제, 군사, 정치 형태 등 외형적 서구화가 이루어진 반면 정신적 측면에서는 서구사상을 거부하였다. 의·식·주의 생활방식은 서양풍을 추종한 반면 전통적 일본사상은 계승하는 이중적인 하이브리드 양식을 지향한 것이다. 양복과 기모노, 양식洋食과 일식日食 그릇, 서양식과 일본식 가구 등의 일상생활에 필요한 도구가 늘어나 비좁은 방이 더욱 비좁아갔다.

그럼에도 불구하고 일본인들은 이러한 중첩된 생활이야말로 '화혼양재'의 정신을 실천한다는 자부심으로 가득하였다.

경이적인 속도의 근대화는 1905년 러·일 전쟁에서 일본이 승리하면서 세계에 큰 충격을 안기었다. 서구열강의 막강한 군사력에 밀려 신문물을 수용하기에 급급했던 '동양의 작은 섬나라'가 단기간에 근대국가로 변신했다는 사실이 만천하에 알려졌기 때문이다. 일본은 아시아에서 가장 먼저 산업국가의 지위를 구축하였다.

일본은 스스로를 아시아를 뛰어 넘는 아시아로 자각하여 '아시아를 탈피해 서구로 진입하겠다'는 '탈아입구脫亞入歐'의 야심과 함께 그동안 대륙문명에 대한 깊은 열등의식의 반작용으로 제국주의의 야욕을 노골적으로 드러냈다. 혼종화의 진보적 발전을 통해 서구로 도약하는 것이 정당하다는 인식은 선진문명을 배타적으로 보지 않고 오히려 자신들의 후진성을 위기로 받아들여 변화를 도모하겠다는 전향적 사고와 호기심이 뒷받침되지 않으면 결코 형성되지 않는 정서이다.

지금까지 살펴본바와 같이 일본문화 형성의 보편적 이념이었던 하이브리드 정신은 고대에는 국가체계와 사상을 구축하는 문화적 토대로, 근대 이후에는 서양문명의 수용을 실현시킨 근대국가의 원동력으로, 전후에는 경제부흥과 기술혁신의 근간을 마련하였다. 문화교류를 통한 개방성과 다양성의 혼종성이야말로 국가 번영의 토대라는 사실은 동서고금의 진리인 것이다.

3. 세계를 향한 하이브리드의 희망과 좌절

일본의 하이브리드 문화는 외래문물과 전통문화가 뒤섞여 생활 속에 침투되어 변화된 혼종의 문화이다. 외부문화의 일본화가 된 하이브리드 문화는 일본 내부에 완전히 토착화된 '전통형'과 해외로 발산된 '글로벌형', 해외 현지문화와의 접목을 시도한 '현지화형'의 3가지 유형으로 분류할 수 있다.

일본에 토착화된 '전통형' 하이브리드 문화는 낙후된 일본문화가 대륙문명을 통해 일구어낸 문자와 종교, 사상 등 고유의 전통문화와 관련되며 '글로벌형' 하이브리드 문화는 16세기 이후 혼종화된 서구 문화가 역행하여 해외로 발산한 형태를 일컫는다. '현지화형'은 21세기 글로컬리제이션glocalization에 의한 일본 하이브리드 문화의 현지 토착화를 의미한다. 이에 본고에서는 혼종성에 의해 새롭게 탄생된 일본 하이브리드 문화의 3가지 유형을 각각 종교, 음식, 다국적 기업에 초점을 맞추어 살펴보기로 한다.

'전통형' 하이브리드 문화

'전통형' 하이브리드 문화의 대표적인 사례는 일본의 문자이다. 일본은 원래 고유의 문자를 가지고 있지 않았다. 대륙으로부터 한자가 도래하자 그 음音을 빌려 일본어를 표기하는 방법을 고안한 것이 '만요가나萬葉假名'이다. 한자의 음과 뜻과는 상관없이 그저 한자의 흘림체를 모방해 일본어 음절에 맞춘 것이다.

8세기 중반에 이르러 한자의 획수가 많아 필사하는데 오랜 시간이 걸리자 한자를 간략화하기 시작하였다. 한자 '안安'의 초서체는 '아あ'로 축약하고 '아阿'는 한자 획의 일부를 취해 '아ア'로 표기하여 표음문자인 '히라가나'와 '카타카나'를 만들어냈다. 16세기에 서구와의 접촉을 통해 한자에 없던 시제時題를 도입하였으며 19세기 메이지 유신 때에는 언문일치의 과거시제를 구축했다. 독창성을 뽐내는 일본 문자가 실은 중국의 한자와 서구의 시제가 혼용되어 그들만의 문자로 탈바꿈한 것이다.

한편 일본이 중국문화와 사상을 처음 접하게 된 것은 백제인과 귀화 중국인의 구전口傳 덕분이었으며 점진적으로 문자와 서적에 전적으로 의존하였다.[23] 따라서 중국의 한자로 쓰여진 유교의 형이상학적인 철학과 사상은 일본인의 관념에 의해 유추된 의미로 재해석되거나 왜곡되어 중국 서적을 읽고도 표면적인 지식수준에 머물 수 밖에 없었다. 예컨대 유교의 정치 이데올로기와 관련해 왕실 교체의 혁명을 의미하는 '역성易姓'의 관념을 '천황'을 모시는 일본인들은 도저히 이해할 수 없었던 것이다.

일본의 낙후된 당시 문화수준으로 유교의 심오한 의미를 깊이 고찰하거나 사유할 능력이 부족하였던 까닭에 일본의 유교는 유학자들에게 전파, 계승되어 가는 과정에서 필요한 부분만을 차용하는 방식으로 혼종화되었다. 가령 일본의 사무라이武士를 중국 사대부의 사士와 동일시하여 도덕적 책임과 의무를 무사에게 요구하였다. 충忠 보다는 유교에서 사용되지 않는 충의忠義를 비롯해 군신君臣보다 주종主從이라는 용어가 더욱 보편화되었다.[24]

또한 6세기 이후 전래된 불교의 사유방식에 대한 경전이 너무나 치밀하고 섬세해 경전을 표피적으로 받아들인 일본의 불교는 민중에게 전파되는 과정에서 민간신앙과 결합된 혼종성을 띄게 된다. 오랜 세월 고립되었던 일본에서 대륙의 불교가 변형되지 않고 유포된다는 것은 처음부터 불가능한 일이었다. 대륙으로부터 바다를 가로질러 들어오는 배안에서 혹은 일본 내륙에서 불교 경전은 그들의 지식에 걸맞게 해석되어 서서히 '숲의 문명'인 신도와 뒤섞이면서 변질되어 갔던 것이다. 결국 일본 땅에서 불교는 중생을 제도하기 위해 부처 본지 가 신도의 신으로 나타났다는 '본지수적설本地垂迹說'로 뒤바뀌어 신도에 포섭되었다. 신도의 정령신앙과 불교가 결합한 '신불습합神佛習合'의 혼종문화로 거듭난 것이다. 그리하여 신과 부처가 하나가 됨으로써 신사 안에 불단과 사찰을 세우고 일본 신들에게 제사를 지내게 된 것이다.[25]

'신불습합'은 현실적인 신도에 극락정토를 바탕으로 한 불교의 사후死後 내세관이 뒤섞여 만들어진 하이브리드 문화의 전형이라 할 수 있다. 이로 인해 일본인들은 탄생과 성장은 신사에서 축복을 받으며, 결혼식은 교회에서 치루고, 죽음과 관련된 장례식은 사찰에서 기원을 드리는 독특한 혼종성의 전통을 이어오고 있다.

한국, 중국과 다른 일본 정원의 독특한 형태 또한 신도와 불교, 도교의 가치관이 뒤섞여 만들어진 것이다. 신과 인간의 세계를 연결한다는 정원의 기본발상은 최대한 자연을 모방한 풍경을 뜰 안으로 끌어들이는 '숲의 문명'으로서의 신도를 재현한 것이다. 정원은 돌, 나무, 물로 재구성하여 돌로 둘러싸인 곳에 신이 살고 있다하여 '천상의 경계'로 불렀으며 울창한 소나무 숲은 '신성한 울타리', 신비로운 땅을 둘러 싼 호수와 강줄기는 '물의 울타리'로 일컬었다. 또한 연못 한가운데 높은 봉우리를 만들어 극락정토의 수미산을 표현함으로써 불교의 이상향을 상징화하였다.

유네스코 세계문화유산인 교토의 료안지龍安寺처럼 물을 일체 사용하지 않고 마치 추상화를 연상하듯 정원의 흰 모래바닥에 다양한 크기의 15개 암석을 배치해 선종사상을 암묵적으로 표현한 정원도 있다. 절제미와 여백의 미, 단순미로 대표되는 일본 문화의 걸작인 료안지의 정원은 바다를 상징하는 흰모래와 산 혹은 섬을 뜻하는 암석이 일본인의 숲에 대한 자연관을 그대로 옮겨놓고 있다. 각각의 크기가 다른 바위들은 보는 시각에 따라 독특한 차이를 그려내며 모래와 바위가 조화를 이루어 다양한 관점으로 보여 지게 된다.

일본의 정원에서 우리는 특수한 차이에서 비롯되는 다양성의 창조력과 다양성을 통해 전체의 조화를 추구하려는 일본의 하이브리드 정신을 만날 수 있다.

그림 4_ (좌) 신도와 불교가 결합한 '신불습합神佛習合'으로 인해 일본 신사 안에는 불단과 사찰이 세워져 일본 신에게 기원하는 혼종성이 나타난다. (우) 유네스코 세계 문화유산인 교토의 료안지龍安寺에서는 특수한 차이에서 비롯되는 다양성의 창조력과 전체의 조화를 추구하려는 일본의 하이브리드 정신을 만날 수 있다.

'글로벌형' 하이브리드 문화

일본인들은 수박과 토마토 등에 소금을 뿌려먹는 습관이 있다. 단맛에 짠맛을 첨가하여 맛을 중화시키기 위함이다. '화和'의 가치관이 반영된 이러한 행위는 일상적 삶에도 영향을 미친다. 일본 음식은 '와쇼쿠和食'이며 일본식 소스는 '와후和風', 전통의상은 '와후쿠和服'이고 다다미로 된 방은 '와시츠和室'이다. 일본은 외부의 음식문화를 끊임없이 수정, 변용하여 다양한 하이브리드 성향의 독창적인 맛을 일구어냈다.

일본인들의 식탁에 빠지지 않는 매실 짱아찌인 '우메보시'는 중국 당나라 문물을 배우러간 견당사遺唐使들이 '우바이烏梅'라는 약용으로 보급한 것이다. 우바이가 사찰에서 차를 마실 때 곁들이는 간식으로 애용되면서 점차 짱아지로 바뀐 것이다. 사학자인 히구치 기요

유키는 『우메보시와 일본도』를 통해 일본에는 모방문화만 있는 것이 아니라 우메보시처럼 나름대로의 지혜와 독창성을 가진 문화가 있다는 점을 강조하고 있다.[26] 중국에서는 우메보시가 이미 오래 전에 자취를 감추어 일본인들은 우메보시가 자신들의 독자적인 음식이라는 자부심이 대단하다. 하지만 실질적으로 이 역시 중국에서 건너온 매실을 일본 토양에 맞게 변형시킨 사실은 의심의 여지가 없다.

메이지 유신을 기점으로 일본인들은 시각을 보다 확대하여 서구의 음식문화에 눈을 돌리기 시작하였다. 서구와 일본 토양의 혼종으로 생겨난 덴푸라와 카스테라, 돈가스는 일반 서민들의 입맛을 사로잡았다.

16세기 포르투칼 무역선을 통해 '까스텔라castela'라는 이색적인 요리를 받아들인 나가사키의 일본인들은 당시 희귀했던 밀가루와 설탕에 그들이 즐겨 마시는 녹차가루를 섞어 맛의 혼종화를 시도하였다. 서구의 기술들은 일본의 손을 거쳐 늘 새롭게 혼종화되어 가는 마술을 발휘한다. 카스테라에 이어 포르투칼과 일본의 혼종을 통해 세계적 명성을 얻게 된 요리로는 덴푸라를 들 수 있다.

나가사키 항구에 정박한 포르투칼 선원들로부터 전수된 덴푸라는 원래 유럽의 사순절 요리이다. '사순절'을 뜻하는 'tempora'가 일본식 '덴푸라天婦羅'로 변용된 것이다. 서양식 튀김요리가 완전한 덮개나 봉투같이 두터운 반면 일본식 덴푸라는 '천상에 사는 선녀의 얇은 옷天婦羅'처럼 무거움이 배제되어 있다. '흐트러진 꽃송이' 같은 노란 금빛의 덴푸라가 작은 대바구니에 담겨 나오면 기름은 종이 냅킨에 즉각 흡수되어 버린다. 생선과 야채의 맛을 감싼 신선한 밀가루레이스로 덮힌 덴푸라는 간장과 사케 등을 넣어 만든 양념소스 덴츠유에 다진 실파와 무즙을 넣어 살짝 찍어먹는데 이 역시 일본만의 방식이다.

프랑스 기호학자 롤랑 바르트Roland Barthes는 덴푸라의 매혹적인 모습에 '해체와 면제免除라는 기술로 세련된 이 요리는 이제 또 다른 시간을 위한 음식이 되었다. 그러니 이 요리의 진정한 이름은 특정한 테두리가 없는 틈, 다시 말해서 텅 빈 기호"라고 찬양하였다.[27]

서구에서 유래된 덴푸라와 카스테라는 본연의 모습을 상실한 채 오늘 날 가장 일본적인 음식으로 세계인을 매료시키고 있다. 또한 우리나라에서도 인기 있는 돈가스는 소고기에 빵가루를 입혀 튀기는 오스트리아의 '슈니첼Schnitzel' 요리방식과 미국의 '비프 커틀릿beef cutlet'의 이름을 일본식으로 혼용한 것이다. 소고기를 돼지고기로 바꾸어 요리한 까닭에 '포크 커틀릿pork cutlet'으로 불러야 되나 일본식으로 돼지고기의 '돈豚'과 커틀릿의 '가쓰레쓰ヵッレッ'가 합하여져 '돈가스'가 된 것이다.

외래문화의 대중성은 인간의 기본적 욕구의 하나인 음식문화에서부터 비롯되는 특성이 있다. 이국적인 달콤하고 신선한 새로운 맛의 충격은 대중들의 입맛을 자극하여 가장 빠른 속도로 전파되어 토착화된다. 이 과정에서 기호에 맞는 맛이 뒤섞이고 혼합되어 하이브리드의 강한 성격을 드러낸다. 잡종강세를 지니는 일부 음식문화는 일본 땅을 벗어나 원래의 발상지였던 본토로 회귀하거나 또 다른 지역으로 확산되는 '글로벌형'의 하이브리드 문화를 재생산해내게 된다.

세계 곳곳에서 고급 별미로 인식되는 '스시' 또한 동남아에서 민물고기에 소금을 뿌려 밥에 버무린 자연 발효식에 기원을 두고 있다. 일본인들은 소금채운 생선을 밥과 엇갈려 켜켜이 쌓아 삭혀 먹었으나 15~16세기에 식초가 사용되면서 즉석 음식으로 변화하였다. 19세기에 신선한 생선조각을 밥 위에 올리면서 비로소 오늘날 스시 형태를 갖추게 되었다. 1970년 일본 주재원들에 의해 미국에 소개된 스시는 건강식 열풍과 함께 미국인들을 매료시켰다. 특히 가자미위에 뜨거운 기름을 부은 '뉴 스타일 사시미'는 겉은 뜨겁게 익히고 속은 차고 쫄깃한 퓨전 요리로 날것을 못 먹는 미국인들을 열광시켰다.

스시가 손님상에 차려지기 위해서는 원양어선에서 고급 일식집으로 이어지는 거대한 네트워크가 작동한다. 원양조업과 냉장기술, 항공운송의 발달이 없었다면 스시의 세계화는 애초 불가능한 일이다. 스시는 자본과 권력, 사람과 문화가 자유자재로 흘러 다니는 20세기 후반 세계화의 산물이다.[28] 도마 위에서 동남아와 일본, 미국의 전통과 현대 문화가 세계화에 맞물려 거친 칼질로 뒤섞이며 혼종화된 요리이다.

한편 일본은 우리의 비빔밥과 갈비, 잡채를 자극적이지 않은 맛의 '비빈바', '가루비' '차푸채'로 개명해 세계화를 시도하고 있다. 대형자본과 체계적 서비스로 무장한 일본기업이 미국과 인도네시아, 싱가포르, 대만 등지의 세계 주요 도시에서 무섭게 세를 불려가고 있다. 현대적이고 세련된 분위기에 고기 냄새가 전혀 나지 않는 석쇠 서빙과 현지화된 양념조절의 마케팅 방식으로 인해 외국인들은 '전통 한식당' 보다 '일본 한식당'에서 오히려 거부감 없는 한식을 즐긴다는 것이다.

세상의 맛을 보편화시키는 하이브리드 능력을 가진 일본인들은 김치마저 '기무치'로 변경해 '한식의 세계화'에 주력하고 있는 우리를 긴장시키고 있다. 일본에서는 최고의 맛을 구현하려는 장인정신으로 인해 혼종화된 음식의 세계화가 보다 빠르게 진행되고 있다. 세계적인 권위를 인정받는 프랑스 레스토랑 가이드인 미슐랭이 2007년 도쿄를 세계에서 가장 맛집이 많은 도시로 평가한 것이다. 도쿄에는 세계 모든 유명식당과 요리사들이 진출하여 최고의 기량을 보이며 주류와 비주류, 새것과 옛것, 다수와 소수, 외래음식과 전통음식을 조화시키는 혼종성이 유감없이 발휘되고 있기 때문이다.

각각 낱개의 젓가락은 아무 힘도 없다. 그러나 낱개의 젓가락이 서로 결합하여 두 개가 하나로 합하여 질 때여야만 비로소 그 기능을 발휘해 모든 종류의 음식물을 실어 나른다. 젓가락이야말로 '조화의 일체'로서 모방을 통한 새로운 창의력을 발휘하는 일본 특유의 '잡종의 미학'을 그대로 빼닮은 일본 그 자체이다.

그림 5_ 서구에서 유래된 덴푸라와 카스테라는 본연의 모습을 상실한 채 혼종화되어 오늘날 가장 일본적인 음식으로 세계인을 매료시키고 있다.

'현지화형' 하이브리드 문화의 희망과 좌절

세계화는 자본과 인간, 그리고 문화와 기술에 이르기까지 전 지구적 차원에서 상호의존의 복합적 연결을 통해 급속히 밀도 높게 전개되고 있다. 문화가 특정지역에만 귀속하던 시대의 종말이 선언되면서 등장한 '자본의 전지구화'와 '다국적 기업'의 팽창은 경계를 넘어서는 '하이브리드'가 강력한 매체임을 알리는 계기가 되었다. 하이브리드가 우리 삶의 일상적인 존재조건이 되었다고 해도 과언이 아니다. 전 지구적 요소와 지역적 요소의 결합, 전통과 현대의 조화, 친숙한 것과 이질적인 것의 혼합, 혹은 동·서양의 혼합이 확장되고 있는 것이다. 다국적 기업들은 문화적 특수성과 보편성을 살린 제품들을 만들어 세계시장을 공략하고 있다. 일본의 다국적 기업들 또한 오랜 전통의 하이브리드 경험을 글로컬리제이션glocalization 전략을 통해 새로운 혼종성을 확산하고 있다.

글로컬리제이션은 세계화globalization와 현지화Localization의 합성어로 세계화를 추구하는 동시에 현지 국가 풍토를 존중하는 경영방식으로 소니의 창업자 모리타 아키오盛田昭夫가 만들어 낸 신조어이다. 세계화와 현지화의 시너지 효과를 극대화하려는 일본의 전략은 하이브리드 경영방식의 또 다른 표현이다.

일본 기업들은 똑 같은 나뭇잎과 꽃, 돌은 하나도 없다는 '숲의 문명'에 의한 자연관을 바탕으로 무수히 많은 종류의 규격화되지 않은 제품의 다양성을 통해 제조업과 정보산업의 비약적 발전을 이룩하였다. 외래기술을 수용하여 새로운 기술을 창조하는 뛰어난 모방능력의 중층성은 '혼성기술hybrid technology'로 체화되었다. 칠판과 팩스를 융합해 전자복사기를 만드는 방식으로 둘 이상의 기술을 각각의 본질적 특성에 변화 없이 서로 융합하는 것이다. 2000년 전기 자동차의 베터리 엔진과 가솔린 엔진을 동시에 장착한 세계 최초의 하이브리드 자동차의 성공은 '혼성기술'의 저력이다.

일본 기업의 전통적인 경영방식은 결국 각기 다른 것이 모여 조화로운 전체를 이루는 '화'의 가치관이 반영된 것이다. 또한 은혜를 입으면 반드시 의리로 갚는 사무라이 문화는 조직에 대한 자발적 복종과 충성심에 기반한 '종신고용제'와 '연공 서열제'라는 일본만의 독특한 기업문화를 형성하였다.

특히 일본 제조업의 체질화된 장인정신은 '혼신의 힘을 다해 최고의 물건을 만든다'는 '모노쓰쿠리物作り' 정신으로 승화되어 패전국 일본을 경제대국으로 일으켜 세운 원동력이 되었다. '낡은 것과 새로운 것을 조합하는 독특한 방식'을 표방하는 제조업의 기본개념인 모노쓰쿠리는 '화혼양재和魂洋才'의 하이브리드 정신이 바탕에 깔려 있다.[29] 장인을 존중하고 인재양성을 중시하며 조직의 팀워크를 통해 세계최고의 제품생산을 추구한다는 경영철학은 '화'의 가치관과 다를바 없다.

혼성기술과 하이브리드 정신을 바탕으로 세계시장을 주도하던 일본은 1992~2003년까지 이른바 '버블 붕괴'로 경제성장률 0%라는 극심한 경제침체기를 겪었다. 이른바 '잃어버린 10년'으로 불리는 장기불황을 겪은 일본은 또 다시 '하이브리드'에서 새로운 돌파구를 모색하였다.

도요타와 NTT 도코모, 캐논, 야마하, 히다치, 미츠비시 등 대기업들이 일본식 기업문화에 서구의 성과주의를 접목한 '하이브리드 경영' 방식인 '재팽글로-색슨 자본주의JapAnglo-Saxon capitalism'를 선보인 것이다. 전통 가치관을 유지하면서 서구 자본주의의 장점을 적절히 조화시킨 '하이브리드 경영'이 성공하자 세계의 많은 기업들이 일본식 하이브리드 경영을 벤치마킹하는데 주력하였다. 결국 '잃어버린 10년'은 '이것이냐' '저것이냐'의 극단적인 선택이 아닌 일본적 가치와 서구의 장점을 양립시킨 '하이브리드' 정신의 쾌거였다.

하지만 하이브리드 경영이 일본의 발목을 잡으리라고는 아무도 예측하지 못하였다. 일본적 가치관이 내재된 '하이브리드' 경영은 일본 내부에서만 그 효력을 발휘할 뿐 초국적 형태의 글로컬라이제이션 전략을 수행하기에는 미숙하기 이를 데 없었던 것이다. 2010년 일본항JAL의 추락에 이어 세계최대 자동차 기업인 도요타가 가속페달의 결함으로 1,000만대를 리콜한데 이어 혼다도 65만대를 리콜한 것이다. 하이브리드 경영으로 자신감에 넘쳐 있던 일본열도는 충격과 허탈감에 휩싸였다. 왜 이런 사태가 발생하였으며 무엇이 문제인가?

경제학자들은 '노모쓰쿠리' 정신의 퇴색과 리더십의 부재, 종신고용제와 연공서열제의 기업문화, 지나친 비용절감으로 인한 인력감축과 비정규직 노동자의 과다사용, 숙련된 장인의 부족, 장시간 노동에 의한 품질 결함 등의 다양한 문제점을 지적하였다.

하지만 하이브리드 경영방식을 도입한 도요타의 실질적인 문제는 일본적 가치관에 의해 만들어진 품질관리시스템인 TPStoyota production system가 해외 현지공장에서 제대로 작동하지 않은데 그 원인이 있다. TPS의 핵심은 모든 종업원이 동일한 문제의 해결을 위한 자발적 지혜와 노력을 모아 비용절감 운동인 '카이젠改善'을 수행하는 것이다. 원가절감과 생산효율성의 향상, 고품질의 경쟁우위를 지키기 위해 '나사를 조일 때 10번을 돌려야 되는데 어떻게 5번으로 시간을 단축할 수 있을까?', '수많은 부품들을 어떻게 하면 쉽게 찾을 수 있을까' 등의 문제를 함께 해결하는 것이다.[30] 수많은 꽃과 나무, 풀이 모여 아름다운 숲을 이루듯이 개개인의 제안이 모여 전체 조직이 개선되어 경쟁력을 강화하는 것이다.

치열한 글로벌 생산체제의 가속화로 해외생산기지를 과도하게 확장하면서 도요타의 '카이젠 시스템'이 작동하지 않는 문제가 발생하였다. 철저히 개인주의적이며 이기주의적 성향을 지닌 현지의 외국 부품업체와 종업원에게 일본적 '화'의 가치관인 팀워크와 '카이젠 시스템'을 요구하는 자체가 무리였던 것이다.

개인주의적 성향의 미국은 각각의 특성을 살려 제품을 만드는 '모듈형 생산'방식에 익숙한 반면 일본은 협력과 개선을 통해 최고의 제품을 만드는 '통합형 생산'방식의 문화적 차이가 존재한 때문이다. 특히 도요타는 한 조직에서 생각해낸 개선점을 다른 조직으로 확산하는 '요코텐橫展'을 중시하는데 이 역시 해외 현지에서 받아들여지지 않았다. 결국 형식적인 생산 방식의 '메뉴얼화'는 가능하지만 '화'와 '노모쓰쿠리'의 정신적 가치관은 전달할 수 없는 내재된 문화경험인 것이다.

일본적 가치관과 서구의 경영방식을 혼합한 하이브리드 경영방식은 결국 해외 현지에서의 생산, 품질, 인력 관리의 총체적 문제점을 야기하면서 일본 제조업의 경쟁력을 약화시키고 있다. 이는 일본적 가치에 근거한 하이브리드 경영방식은 결코 세계의 표준이 될 수 없다는 사실을 반증하고 있는 사례이기도 하다. 음식과 패션, 가구, 전자제품, 자동차 등의 물질적 하이브리드 문화는 세계를 넘어서지만 정신적 측면의 하이브리드 문화는 결코 넘어설 수 없는 장벽이었던 것이다.

그러나 일본은 일단 문제가 드러나면 반드시 이를 극복하기 위한 저력을 발휘하는 민족이다. 하이브리드 경영 방식에 희망을 걸던 일본 기업들은 글로컬라이제이션 전략의 현지화에 깊은 좌절을 느끼며 '가이젠'을 통한 또 다른 방식의 하이브리드를 꿈꾸고 있다. 창조적 하이브리드를 지향하였던 일본이 향후 어떠한 방식의 하이브리드로 거듭날 것 인지 세계인의 시선이 모아지고 있다.

에필로그, 하이브리드의 미래를 위한 도약

오늘날과 같이 다양한 문화가 자유롭게 경쟁하는 세계화 시대에는 다양성과 개방성, 창의성의 하이브리드 문화를 지속적으로 이룩하지 못하면 문화적으로 도태되어 버린다. 문화적 하이브리드는 미래 국가 창의력의 토대이다.

아시아에서 가장 먼저 근대화를 이룩한 '가깝고도 먼 나라' 일본의 거대한 힘은 잡종강세에 의한 문화적 하이브리드를 시종일관 매우 적극적으로 활용했다는 점이다. 섬나라 일본인의 가슴 속에는 결코 식지 않는 거대한 용광로 같은 '화'와 '화혼양재' 사상의 독특한 하이브리드 문화 유전자가 그들 속에 내재되어 있다. 일본은 그야말로 하이브리드 문화의 표징이다.

대륙문화와 유럽문화, 미국문화를 받아들여 버릴 것은 버리고 취할 것은 취한 뒤 적당히 섞고 추려냄으로써 가장 강력한 잡종강세의 하이브리드 문화를 일구어냈다.

하이브리드를 통한 일본문화의 발전은 현실에 바탕을 둔 문화적 개방성과 다원성에 기인한다. 이 모든 것은 타협과 절충을 적절히 조정한 실용주의적인 '화'의 가치관과 세계관이 '숲의 문명'을 통해 일찍이 그들의 심성 깊이 형성되었기에 가능한 것이었다.

최근에는 외부 변수에 의한 일본 하이브리드 문화의 노력이 다소 주춤하며 위협받고 있지만 그들은 내부 문제점에 주목해 가이젠을 통해 위기를 기회로 전환할 확신을 갖고 있다. 이 또한 새로운 하이브리드 문화의 변화와 개혁을 통해 모색되어질 것이다. 그것이 일본 사회가 추구해온 일본의 저력이며 일본을 움직이는 힘인 것이다.

외부문화를 뛰어넘어 일본의 정신과 기술, 문명을 접목시켜 새로운 문화 발상지로 견고한 위치를 구축하자는 일본의 국가전략은 'Cool Japan'으로 더욱 가속화되고 있다. 'Cool Japan'은 만화, 애니메이션, 게임, 패션 등 대중문화 산업을 전 세계에 알려 국가 브랜드 강화와 경제 이익을 창출하겠다는 일본의 21세기 국가 전략이다.

일본은 최근 미래성장 동력 전략을 위해 로봇 산업과 우주항공 산업 등 통신과학과 에너지 환경공학, 분자 생물학, 의학 분야 등 다양한 첨단 분야의 하이브리드 기술에 국가의 명운을 건 초대형 프로젝트를 실행하고 있다. 하이브리드 기술과 문화를 통해 미래 성장의 원동력을 추진하고자 하는 것이다.

우리들 또한 순혈주의에서 탈각하여 창조적 하이브리드의 힘이야말로 정보지식사회를 이끌어가는 강력한 추진력이라는 사실을 깨닫고 융합과 잡종의 진화를 추진하는데 주력해야 할 것이다.

과학과 공상의 즐거운 동거
- SF, 테크놀로지 시대의 문화콘텐츠

:: 안상원

프롤로그

테크놀로지와 미디어의 발전이 우리 삶에 절대적 영향력을 행사하는 과학의 시대에 SF는 문화콘텐츠에서 매우 큰 비중을 차지하고 있다. 과거에는 SF가 비현실적 내용을 다룬 킬링타임용 오락물로 간주되었으나 오늘날 SF에 대한 인식은 현저히 달라졌다. 물론 단순한 오락물로 소비되는 SF도 여전히 많지만 잘 만들어진 작품 하나는 여러 매체를 거쳐 재생산되어 고수익을 창출할 뿐 아니라, 함축된 사회문화적 코드로 인해 오늘의 삶을 해명하는 텍스트로 진지하게 해독되기도 한다. SF는 과학적 상상력을 기반으로 한 소설과 영화를 포함한다. 하지만 두 매체가 문화 시장에 수용되는 양상에는 상당한 차이가 있다. 거액의 제작비가 투입되는 블록버스터가 천문학적 수익과 부가가치를 창출하는 데 반해서 SF 소설은 아직까지도 특수한 장르로 취급되어 일부 열성 독자층에서만 소비되는 실정이다. 이런 현상은 대중문화의 커뮤니케이션에서 확실히 영상 매체가 문자 매체보다 호소력이 더 크다는 것을 입증한다.

테크놀로지 시대에 걸맞게 SF가 대중의 사랑을 받고 있지만, SF는 지금 현재 일어나는 사건과 문제를 사실적으로 표현하지 않는다. SF는 항상 현실에서 인간이 체험할 수 있는 영역 바깥에 있는 것에 관심을 가졌다. 광활한 우주에서 이루어지는 성간星間 여행, 인조인간, 외계 생물과의 만남(긍정적이든 부정적이든), 먼 미래에 예측되는 세계, 혹은 재앙으로 인해 인류가 파멸한 후의 세상 이야기 등 SF는 현실이 아닌 가상의 내러티브를 우리에게 전해주는 것이다. 그런 점에서 공상적 성격이 강한 SF는 가상의 2차 세계를 배경으로 하는 '판타지' 장르와 가깝고, 판타지와 함께 '환상문학'이라는 커다란 범주에 포함된다. 하지만 SF의 가상현실이 실제 현실과 아무런 연관성 없이 마냥 자의적인 상상으로 꾸며지는 것은 아니다. SF 작가들은 현재의 문명 단계 혹은 과학발전의 현단계로부터 외삽법外揷法을 통해 아직 경험하지 못한 어떤 상태를 추론하고, 이를 근거로 가상의 상황을 창조해내기 때문이다.

SF와 판타지가 현실과 다른 시공간의 이야기를 다루는 비현실의 문학이라는 점에서는 공통점을 찾을 수 있지만, SF가 자연적이고 합리적이고 과학적인 외양을 지니는 반면, 판타지의 세계는 비과학적이고 초자연적이라는 점에서 분명한 차이가 있다.[1] SF에서 이루어지는 모든 사건과 인과성은 현실 세계의 법칙을 따른다. 판타지에서처럼 마법에 의해 진행되는 사건이란 존재하지 않는다. 오슨 스콧 카드는 "만약 이야기가 우리 세계의 법칙을 따르고 우주에서 일어나는 것이라면 SF, 반대로 우리 세계의 법칙을 따르지 않고 우주에서 일어난다면 판타지"[2]라고 둘 사이의 경계를 설정하였다. 그의 정의대로라면 사건이 진행되는 시공간적 배경보다 사건이 진행되는 법칙의 '현실성'이 SF를 판타지와 구별 짓는 잣대이다. 개연성의 측면에서, SF는 일어날 수'도' 있지만 일어나지 않은 일에 대한 이야기, 판타지는 '절대로' 일어날 수 없는 일에 대한 이야기라는 구분도 가능하다.

하지만 SF와 판타지의 경계는 그다지 확고하지 않다. 두 영역의 요소들이 서로 섞이는 양상은 종종 발견된다. 일어날 수 없는 일과 절대로 일어날 수 없는 일이 어떻게 섞일 수 있을까? 마법적 공상과 과학적 합리가 어떻게 공존할 수 있을까? 본질적으로 불가능한 모순적 요소의 공존은 원칙의 시스템에서 벗어난 자유로운 상상력에서 비롯된다. 이는 주변부 문화로서 SF나 판타지의 유연성을 의미하는 것이다. 통속적 대중문화로 취급되는 이들은 제도화 된 비평이나 미학적 잣대의 시야에서 벗어나 있다. 재미로써 독자와 관객의 욕구를 충족시키면 되지 군이 원칙을 의식하여 장르의 문예학을 추종할 필요가 없는 것이다. 이러한 주변부 문화에는 창작자의 상상력이 마음껏 발휘될 여지가 충분하다.

SF는 자신의 경계를 넘나들며 판타지나 호러 등 다른 장르와 여러 형태로 결합하면서 SF의 하위범주를 다양하게 분화시켰다. 필자는 이 글에서 SF가 장르의 경계를 넘어서 혼합 발전하는 양상을 살펴보고, SF의 상상력이 당대 현실에 던지는 의미를 짚어보고자 한다. SF의 범위가 무척 넓기 때문에, SF의 변종 혹은 잡종형식이면서도 일반인에게는 대표적 SF로 인식되고 있는 '스페이스오페라'와, 오컬트 판타지가 SF와 결합된 흡혈귀-좀비 콘텐츠에 초점을 맞추고자 한다.

1. 경계의 내부

먼저 SF의 개념에 접근하기 위하여 인터넷에서 제공하는 백과사전을 검색해 보자. 네이버에서는 '과학소설'을 "과학을 주제로 한 소설"이라고 짤막하게 정의한다. 엠파스 백과사전의 정의는 조금 더 길다. "20세기에 발달한 문학 장르로 과학적 발견과 과학기술의 발달 및 미래의 사건과 사회변화가 인간에게 어떤 영향을 미치는가를 다루는 소설"이라고 되어있다. 매우 간소하긴 하지만 이 정의들에서 분명한 것은 '과학'이 개념의 중심에 있다는 것이다.

SF는 말 그대로 '과학을 주제로 한 허구'이다. 그러나 과학적 이론을 입증하거나 설명하기 위하여 내러티브가 이용되는 것은 아니다. 작품에서 중요한 것은 어디까지나 내러티브 자체이며, 이야기에 과학의 요소가 차지하는 비중이 어느 정도인가에 따라서 SF의 스펙트럼은 다양해진다. 이를 테면 과학의 정설에 바탕을 두고 과학과 기술이론에 초점을 맞춘, 이른바 'Hard-SF'의 경우 과학은 내러티브의 핵심에 자리한다. 작가는 당대의 첨단 과학기술이론에서 출발하여 논리적으로 자신의 아이디어를 전개시킨다. 과학 이론은 사건 전개와 불가분의 관계에 있다. 따라서 Hard-SF의 작가는 꽤 까다로운 과학 지식에도 상당한 소양을 가져야 하며 독자 역시 어느 정도는 과학이론을 이해할 준비가 되어 있어야 한다. 이와 달리 과학기술 이론이 단지 이야기를 펼치기 위한 보조수단의 역할에 그치는 작품도 있는데, 이런 작품은 'Soft-SF'로 분류된다. Soft-SF에서는 과학이론의 엄밀성 같은 것은 크게 문제되지 않는다. 이론이 등장할 경우에도 그 내용이 얼마나 타당하고 개연적인지 하는 문제는 주된 관심사가 아니다. Soft-SF는 과학적 '태도'와 '분위기' 속에서 내러티브의 전개 그 자체에 집중하며, 때로는 이야기 속에 철학적 사유나 정치·사회적 함의를 내비치기도 한다.

이렇게 크게 양분하는 것 외에도 SF에는 저마다 독특한 개성을 가진 작품들이 존재한다. 그렇기 때문에 SF에 대한 정의도 "이 세상에 존재하는 모든 작가들의 수만큼이나 존재한다는 비아냥거림"[3]이 나올 정도로 제각각이다. 그래서 오늘날에는 'Science Fiction' 대신 'Speculative Fiction(사변소설)'이라는 용어를 사용하기도 한다. 1948년 로버트 A. 하인라인이 최초로 사용한 이 용어는 Science Fiction이 엄격하게 과학기술 영역에 제한되는 것을 피하여 좀 더 포괄적인 가능성을 허용하는 개념으로 정착했고, 이 개념으로 인해 SF의 범위는 훨씬 넓고 유연해졌다. 오늘날에는 이 개념의 영역이 더 넓어져서 SF뿐 아니라 '현실 저편'의 상상력에 기반을 둔 판타지와 호러 등 환상문학 전체를 이 명칭으로 아우르기도 한다.

SF는 언제 처음 출현했을까. 현대의 모든 문화 형태들이 신화 및 고대의 전승에 뿌리를 내리는 것처럼 SF 또한 신화시대에 이미 원형적 모티브를 품고 있다. 대장장이 신 헤파이스토스가 크레타의 미노스 왕에게 선물했다는 청동 거인 탈로스는 로봇의 원형이고, 건축가 다이달로스가 새털을 밀랍으로 붙여 아들 이카로스에게 만들어 준 날개는 비행에 대한 인류의 소망을 투사한 이야기다. 하늘에서 온 괴물 황소와 싸운 고대 메소포타미아의 영웅 길가메시의 모험이 SF에서는 외계 생물체와의 투쟁으로 재현된다. 그리고 오늘날 SF의 하위 범주로 편입된 유토피아 문학 역시 오랜 전통을 이루고 있다. 그 맥은 이상세계를 그린 캄파넬라의 『태양의 나라』(1602), 토마스 모어의 『유토피아』(1516), 그리고 플라톤의 『국가』로까지 거슬러 올라간다.

근대적 의미의 SF는 18세기에 과학과 기술이 발전하면서 태동하였다. 과학의 발견과 발명은 신 중심의 절대적 역사관을 해체하였다. 보흐메이어와 쯔메각은 "과학소설이 발달한 데에는 영원한 미래에 대한 상상이 기독교의 수난사란 관점은 점점 줄어든 반면 진화론에서처럼 과학과 기술의 발전에 대한 기대는 점점 더 강하게 자리 잡게 된 이 시기의 상황이 상당한 영향을 주고 있다"[4]고 언급하였다. 신기하기만 했던 기적의 사건은 이제 하늘에서 온 것이 아니라 과학적 이치로 해명되었다. 종교적 신비의 내러티브가 과학적 경이의 내러티브로 교체된 것이다.

그런데 SF의 걸작으로 남아 오래토록 독자의 사랑을 받고 있는 작품들은 대체로 과학시대의 맹신에 대해 회의적 태도를 보이고 있다. SF의 효시로 간주되는 메리 셸리의 고딕소설 『프랑켄슈타인 또는 현대의 프로메테우스』(1818)는 인간 창조라는 신의 영역에 도전한 과학자의 비극을 다루었다. 로버트 루이스 스티븐슨 역시 『지킬 박사와 하이드 씨』(1886)에서 인간의 양면성을 추리 기법으로 탐구하면서 과학만능주의에 대한 경고의 메시지를 내비쳤다. 허버트 조지 웰스의 『투명 인간』(1897)도 같은 입장에 서 있다. 과학의 힘에 의해 몸이 보이지 않게 된 주인공은 도덕적으로 타락하여 절도, 방화, 살인 등 악행을 거쳐 비참한 말로에 이른다.

19세기는 탐험의 시대였다. 기차, 기선, 전신기 등 교통·통신수단의 발달은 탐험의 열기를 부추겼다. 『80일간의 세계일주』(1872), 『15소년 표류기』(1887)를 쓴 프랑스의 모험소설 작가 쥘 베른의 탐험의 상상력은 『지구에서 달까지』(1865) 『해저 2만리』(1869) 등 인류의 자취가 닿지 못했던 영역으로까지 확장되었다. 허버트 조지 웰스는 오늘날 SF에서 즐겨 다루어지는 소재를 제공함으로써 현대 SF의 선구적 역할을 했다. 『타임머신』(1895)으로 '시간여행'이라는 새로운 내러티브를 고안했고, 『세계들 간의 전쟁(우주전쟁)』(1898)에서는 처음으로 외계 지성체 침입의 테마를 제시하였다.

20세기에 들어서자 자본주의의 모순이 확인되고 정치적 사회적 혼란이 거듭되면서 계몽시대에 확고했던 사회적 진보에 대한 믿음이 약해지게 된다. 그에 따라 진보의 추동력이었던 과학과 기술, 그 영향력에 대한 회의가 심화되었다. 전체주의와 파시즘, 그리고 스탈린주의는 중앙권력이 기술을 지배하게 되었을 때 얼마나 끔찍하게 인간을 억압할 수 있는지를 자각하게 했다. 미래에 대한 비관적 전망 하에 디스토피아를 경고하는 작품들이 속속 등장하였다. 러시아 작가 예프게니 자먀찐의 『우리들』(1920)은 디스토피아 소설의 대표작이다. '은혜로운 분the Benefactor'의 독재 아래 획일화된 가치관이 지배하는 세계에서 인간은 개성을 잃은 채 번호로만 존재한다. 유리로

된 집에서 살면서 모든 사생활, 심지어 성생활까지 통제를 당하는 끔찍한 디스토피아를 통해 자먀찐은 스탈린 시대의 전체주의를 신랄하게 풍자하였다. 올더스 헉슬리의 『멋진 신세계』(1932)는 테크놀로지에 의해 철저히 조직화 된 세계다. 종교, 예술, 철학 등 모든 정신문화가 배제된 이 세계의 인간은 육체의 향락을 누리며 젊음을 마음껏 탕진할 수 있다. 자연적 생식은 야만의 것으로 취급되며 인간은 마치 공장에서 물건을 찍어내듯 실험실에서 대량 생산된다. 태어날 때부터 계급이 정해져 있지만 사람들은 철저한 세뇌에 의해 자신이 속한 계급에 전혀 불만 없이 살아간다. 프리섹스와 소마(마약)가 인류의 행복을 담보해 주는 이 사회의 인간에게 개성과 자유의지는 허락되지 않으며 그런 것을 원하는 이도 없다. 평화롭고 쾌락 충만한 헉슬리의 신세계가 오히려 매력적인 유토피아로 보일 만큼 모호한 것이었던 반면, 조지 오웰은 『1984년』(1949)에서 자먀찐의 전체주의 비판을 계승한다. 오웰은 신격화 된 지도자 빅 브라더Big Brother의 지배하에 자유와 사상을 통제하고 역사를 왜곡하는 감시 국가를 박진감 넘치게 묘사하였다.

유럽의 SF가 오랜 소설문학 전통과의 연관 속에서 발전해 온 반면, 미국의 SF는 대중소설로 출발하여 진정한 대중성을 확보하였다. 영화가 대중문화의 중심부로 들어서기 전 미국에서는 저질 펄프지를 사용한 싸구려 잡지들이 유행했다. 잡지들은 주제나 영역 별로, 예를 들면 카우보이, 사설탐정, 경찰, 스파이, 바다 등에 관한 이야기 등으로 전문화되어 있었다.[5] 1920년에는 딱히 그러한 분류에 따르지 않고 장·단편 이야기들을 실은 〈Argosy All-Story Weekly〉가 발행되었

그림 1_ <Amazing Stories> 표지

다. 여기에는 물론 SF 소설도 실렸는데 이 잡지가 크게 성공을 거두고 SF 소설이 호응을 얻자, 보다 전문적인 SF 잡지가 필요해졌다. 마침내 1926년 휴고 건즈백은 미국 SF의 발전에 결정적 역할을 하게 될 <Amazing Stories>를 창간한다.

유럽과 달리 미국의 SF 소설은 단행본으로 출간되기 보다는 주로 대중 잡지를 통해 발표되었다. <Amazing Stories>를 비롯한 이들 잡지는 수많은 작가들의 등용문 역할을 했다. 펄프잡지들은 한편으로 SF의 대중 수요를 확장하였고 다양한 소재와 형식을 창출하는 데 기여하였지만, 펄프픽션의 속성상 대부분의 이야기가 대중의 말초적 취향에 호소하는 극히 통속적 내용을 담고 있었다. 자끄 베르지에는 1925년부터 10년간의 미국 SF에 대하여, 허술한 등장인물과 대부분 질이 낮은 작품들, 독자들이 잡지를 구입하고 숨겨야만 할 정도로 조잡한 표지, 그리고 표지보다 더욱 질이 떨어지는 삽화 등 부정적인 면을 지적하였다.[6] 미국 SF의 통속적 출발은 SF는 곧 싸구려 통속문학이라는 등식을 성립시키는 결과를 낳았다. 작품의 수준은 낮았지만 SF에 표현된 창조적 상상력과 낙관주의는 당시 경제공황의 여파로 힘겹게 살아가던 젊은이들에게 희망의 근거를 제공하였다.

미국의 SF는 30년대 후반 들어
양적으로나 질적으로 도약하게 된
다. 1937년 존 캠벨이 〈Astounding
Science Fiction〉의 편집을 맡은 것
은 SF 역사에서 하나의 전환점이었
다. 작품을 보는 안목이 탁월했던
캠벨은 뛰어난 SF 작가들을 발굴해
냈다. SF 계에서 고전적 '빅 쓰리'
로 꼽히는 아이작 아시모프, 로버트
A. 하인라인, 아서 C. 클라크 등이
〈Astounding〉을 중심으로 활발히

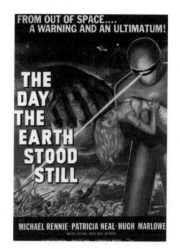

그림 2_
영화 〈지구가 멈추는 날〉 포스터

작품을 발표했다. 30년대 후반부터 제2차 세계대전이 발발하게 되는
40년대 전반까지는 '〈Astounding〉의 황금시대'로 불리는데, 이는 동
시에 'SF의 황금시대'이기도 했다. 이 시기에 발표된 SF는 전 세계적
으로 영향을 미쳤으며, 오늘날 SF에서 애용되는 주제나 스타일은 이
시기의 작품들에서 그 틀이 마련된 것이다.

제 2차 세계대전이 끝나고 미국에서 SF의 독서시장은 더욱 확산
되었다. 특히 현대 사회에서 과학과 기술의 중요성이 증가하고 핵전
쟁의 위협과 불안이 고조되는 분위기에서 SF의 위상은 더욱 높아졌
다. 덕분에 SF 작가들은 펄프잡지들 의존했던 과거 위치에서 벗어나
작가로서 높은 평가와 대우를 받을 수 있었다. 과학과 기술의 부정적
영향과 문명의 부정적 측면이 논의되는 추세에서 이전에 흥미와 오
락 위주였던 SF 소설은 사회 문제들과 관련성을 갖는 분야로 점점 많

은 주목을 받았다. 특히 50년대에 할리우드의 영화제작 기술이 진보하면서 상당히 수준 높은 SF 영화들이 제작되었는데 〈지구가 멈추는 날〉(1951), 〈신체강탈자들의 침입〉(1956), 〈금지된 행성〉(1956) 등, 50년대는 말 그대로 SF 영화의 전성기였다. 영화가 히트하면서 소설 독자는 더욱 늘어났고 영화는 소설로부터 아이디어와 스토리를 공급받았다. 소설과 영화의 공조를 통해 SF는 한층 더 발전할 수 있었다.

　SF소설은 미국에서 대중문화에 뿌리내렸고 영화와 상호매체적 관계 속에서 미국적 색채를 띤 미국적 장르로 발전하였다. 1977년 조지 루카스가 오리지널 시나리오를 쓰고 제작·감독한 영화 〈스타워즈〉는 세계적으로 엄청난 성공을 거두었다. 〈스타워즈〉로 인해 SF는 세계적 장르로 확산될 수 있었다. 이 작품은 1983년까지 3부작으로 제작되었으며, 1999년부터 2005년까지는 그 이전의 이야기를 다룬 프리퀄 3부작이 추가로 제작되었다. 〈스타워즈〉는 영화로서의 성공에 그치지 않고 오늘날 대중문화의 한 현상이 되었다. 영화의 성공 이후 소설로도 출간되었으며, 만화, 비디오 게임, 롤플레잉 게임, TV 시리즈, 캐릭터 등 각종 매체로 이식되었다. 2005년에 경제 매거진 〈포브스〉의 보고에 따르면 〈스타워즈〉 프로젝트가 1977년 이래 28년 동안 거두어들인 수익은 무려 200억 달러에 달했다.[7] 〈스타워즈〉는 이른바 '원 소스 멀티 유즈'의 전무후무한 성공사례가 되었으며, 이후 양질의 SF 영화들이 크고 작은 성공을 거두면서, SF는 영상 시대 문화콘텐츠의 핵심으로 자리매김했다. 이 같은 눈부신 경제적 효과만 중요한 것이 아니다. 〈스타워즈〉는 또한 세계의 대중에게 SF라는 장르가 어떤 것인지 확실하게 각인시키는 계기가 되었다. SF가 "소설이란 좁은 범주를 넘어서서 일반 대중의 본격적인 주목을 받기 시작한 것은 조지 루카스 감독의 '스페이스오페라' 영화 〈스타워즈〉가 1970년대 말 전대미문의 흥행 성공을 거두면서부터이다."[8]

　　하지만 바로 그 점에 있어서는 논란이 분분했다. 비판하는 입장에서는 〈스타워즈〉는 공상적인 판타지이지 SF는 아니라는 것이다. 〈스타워즈〉는 "우리 세계의 법칙을 따르지 않고 우주에서 일어난" 이야기이며 과학의 요소와 미래에 대한 비전이 없기 때문이다. 미국의 SF는 20년대의 통속적인 장르로부터 과학과 사회에 대한 문제의식과 탄탄한 내러티브를 갖춘 '작품'으로 꾸준히 성장해왔다. 그러나 〈스타워즈〉의 폭발적 성공과 그 여파는 20년대의 허황된 스페이스오페라의 재래를 의미했다. 게다가 영화의 성공으로 등장한 아류작들이 SF의 격을 떨어뜨렸기 때문에, 미국에서조차 〈스타워즈〉가 SF의 역사를 반세기 뒤로 돌려놓았다는 비난이 일 정도였다. Hard-SF의 관점에서 보면 〈스타워즈〉는 과학보다는 공상에 가까운 이야기인 것이 맞다. 하지만 정작 콘텐츠를 향유하는 대중은 그러한 논란에는 관심이 없다. 공상이든 과학이든 재미만 있으면 되기 때문이다. SF가 대중으로부터 자양을 공급받는 한, 이러한 대중의 욕구를 피해갈 수는 없었다. 또 굳이 SF의 '상아탑'을 고집하며 대중과 유리될 필요도 없었다. SF는 자연스럽게 '생존본능'에 따라 다양한 모습으로 분화하였다. 한편에서는 Hard-SF가 '과학소설'로서의 진지함을 고수하는 동안, 다양한 변종과 하이브리드적 혼성 형태가 SF의 영역을 확대한 것이다. 결과적으로 SF의 경계는 상당히 모호해졌다. 그러나 동시에 콘텐츠는 한층 풍부해졌다.

2. 스페이스오페라: SF의 옷을 입은 판타지

우리가 흔히 SF로 알고 있는 작품 중에는 과학의 요소보다는 허구적
인 면이 더 강한 것들이 있다. '스페이스오페라Space Opera'는 Soft-
SF의 대표적 하위 장르이며, 이는 20년대 미국 SF 시장에서 가장 인
기를 끌었다. 이 형식을 반대하는 사람이나 찬성하는 사람이나 스페
이스오페라를 SF의 "가장 전형적인 비현실적 형식"[9]으로 간주하는
데에 동의한다. 우주를 여행하고 우주의 '영토'를 놓고 싸움을 벌이
는 스페이스오페라는 '프론티어 정신'을 함축하는, 대단히 미국적인
장르이기도 하다.[10]

　　'스페이스오페라'라는 명칭은 작가 윌슨 터커가 1930년대 SF의
특징을 나타내기 위하여 처음 사용하였다. 당시 유행했던 서부영화
나 TV 드라마를 지칭했던 '호스오페라Horse Opera'에서 유추해 온
용어이며(물론 이 용어 역시 주부들을 겨냥하여 광고를 목적으로 제작된 통속
드라마를 지칭하는 '소프 오페라Soap Opera'에서 왔다.), 여기에는 통속적이
고 뻔한 내용의 SF를 폄하하는 의도가 담겨있다. 스페이스오페라에
속하는 작품들의 내러티브 구성을 보면, 성간여행, 은하계에서 벌어
지는 전투, 선과 악을 대표하는 지구인과 외계인의 싸움 등 천편일률
적이다. 스페이스오페라는 과학이론을 바탕으로 과학적 발전에 근거
한 미래 세계를 상상한 것이 아니라 단순히 서부극에서 흔히 사용된
도식을 SF의 옷을 입혀 확대시킨 것에 불과하다. 광활한 서부 공간은
무한한 은하계 공간으로 확장되고, 서부극의 주인공인 카우보이는
우주선의 승무원으로, 권총은 광선총으로, 카우보이들이 맞서 싸우는

북미원주민들은 외계인으로 대치되었다. 말하자면 전형적인 서부극의 구조와 구성을 지니고 있으면서 배경과 장식으로 SF가 이용된 것이다. 물론 이 서부극의 상투적인 플롯 또한 문명 이전의 신화나 영웅전설의 그것을 서부 개척시대로 옮겨 알맹이만 바꾼 것이었다.

스페이스오페라에서는 과학적 서사보다 신화적 서사가 더 우세하다. 논리적 근거도 희박한 과학의 설정은 SF의 분위기를 위하여 사용된 수단일 뿐, 과학은 오히려 마법에 가깝다. 〈스타워즈〉 시리즈에서 가장 눈에 띄는 요소가 '포스force'라는 것이다. 포스는 세계의 어디에나 존재하는 신비한 힘을 뜻한다. 포스에는 밝은 면과 어두운 면의 양 측면이 대립하는데 이는 선과 악의 영원한 투쟁을 반영하는 것이다. 표현만 되지 않았을 뿐 포스는 마법과 거의 비슷하다고 할 수 있다. 포스의 밝은 면은 백마법을, 어두운 면은 흑마법을 의미하는 것이다. 포스를 컨트롤하고 구현할 수 있는 능력을 가진 존재인 '제다이'는 중세 시대처럼 '기사단'을 형성하고 있다. 제다이는 레벨에 따라서 견습생, 기사, 마스터로 구분된다. 제다이가 다룰 수 있는 초강력무기인 광선검은 과학기술의 메커니즘과 별 상관이 없으며 오히려 신화와 전설에 자주 등장하는 '마검'에 가깝다. 이처럼 〈스타워즈〉에서는 중세적 세계관과 마법적 요소가 중요한 역할을 하고 있다. SF로 보이지만 그 안에는 판타지가 녹아져 있는 것이다.

스페이스오페라는 SF와 판타지와 결합된 혼종 장르이며, SF로서의 과학성보다는 판타지의 환상적 성격이 우월하다. 하지만 영화와 TV시리즈를 통해 대중에게 가장 많이 애호되는 SF의 하위 장르이기도 하다. 스페이스오페라는 그야말로 '공상과학'이지만 의미 없는 값

싼 오락물에 그치는 것은 아니다. 스페이스오페라의 판타지 무용담은 소박한 대중이 동일시 할 수 있는 강력한 영웅상을 제공하였다. 특히 30년대 미국에서는 여의치 못한 경제·사회적 상황과 맞물려 스페이스오페라가 갑갑한 일상을 보완하는 보충제 역할을 했으며 도피적 성격을 띠었다. 독자들은 영웅의 성장과 최후 승리에서 대리만족을 느끼면서 고단한 현실로부터 위안을 얻을 수 있었다. 그러나 제2차 세계대전을 경험한 후 스페이스오페라는 특유의 단순한 매력을 상실하고 만다. SF에서 그려진 상상의 전쟁보다 더 끔찍하고 참혹한 전쟁이 현실에서 벌어졌기 때문이다. 개다가 동서 냉전 상황에서 SF의 초강력무기를 능가하는 핵폭탄에 대한 공포가 증폭되면서 50년대에는 스페이스오페라의 고전적 형식들이 거의 종말을 고하게 된다. 물론 아시모프의 『파운데이션』 시리즈와 같이 기존의 상투적 틀에서 벗어난 스페이스오페라는 계속 쓰여 왔다.

그리고 70년대 말엽에 스페이스오페라는 조지 루카스의 영화 〈스타워즈〉의 성공과 함께 화려하게 부활했다. 특히 우주의 경이로움을 비주얼로 표현할 수 있는 장점을 가진 영상 매체에서 스페이스오페라는 SF영화의 새로운 붐을 일으켰다. 〈스타워즈〉 이후 성공한 스페이스오페라 영화로는 뤽 베송 감독의 〈제5원소〉(1997), 롤란드 에머리히 감독의 〈스타게이트〉(1994) 등을 들 수 있다. TV시리즈에서는 무엇보다도 1966년부터 40년 가까이 진화해 온 〈스타트랙〉이 대표적이다.

그림 3_ 〈스타워즈〉 이미지로 구성한 월페이퍼

    Hard-SF의 입장에서 보면 스페이스오페라는 과학적 기반이 결여된, 그래서 SF라고 할 수 없는 판타지일 뿐이다. 미래 사회에 대한 예견이나 과학이 미래 인간에게 끼칠 영향에 대한 사유 같은 것도 들어있지 않다. 하지만 스페이스오페라는 과학이론에 기대어 심각한 주제를 다루는 까다로운 SF보다 대중에게 환영을 받고 있다. 그 이유는 오히려 스페이스오페라의 비과학적이고 판타지적인 성격 때문이라 할 수 있다. 신기한 우주 공간에서 펼쳐지는 영웅들의 모험 이야기는 언제나 박진감 넘치는 즐거움을 제공한다. 집단 무의식에 내재한 영웅의 '원형'이 먼 미래에 우주 공간을 비행하는 주인공의 형상으로 새롭게 투사되어 인간의 근원적 욕망을 어루만지는 것이다.

한편 볼프강 노이하우스는 스페이스오페라의 매력을 사건이 벌어지는 우주 시공간 그 자체에서 보았다. 존 클루트가 말했던, "스페이스오페라는 미래의 대성당"이라는 명제를 인용하면서 노이하우스는 스페이스오페라가 SF의 본질에 속하는 '경이감sense of wonder'을 가장 잘 표현한다고 말한다.[11] 스페이스오페라를 통해 우리는 우주 저 멀리로 날아가서 우리가 살고 있는 푸른 별 지구를 바라볼 수 있으며, 무한히 펼쳐진 우주 공간은 우리의 경탄을 자아낸다. 우주에 대한 비전과 동경심, 그리고 지구 영역을 넘어 선 광대한 세계의 삶을 상상으로 열어주는 것이야말로 스페이스오페라의 독특한 매력인 것이다. 실제로 SF의 열렬한 팬들 중 많은 이들이 〈스타워즈〉로 인해 SF에 입문하게 되었다고 한다.[12] 그러므로 스페이스오페라에 대한 대중의 열광을 단순히 공상적 판타지 세계로의 유치하고 퇴행적인 도피로만 볼 것이 아니다. 대중의 환호에는 경이로운 '다른 세계'에 대한 유토피아적 동경이 은연중에 표출되고 있기 때문에.

3. 호러와 SF의 교배

본격소설과 대비되어 장르소설이라고 불리는 범주의 작품들은 그 목적이 본격소설과 구분된다. 무엇보다도 장르소설은 판매 수익이라는 상업적 측면을 고려하여 출판된다. 판타지, 무협, 호러, 추리, 로맨스, 그리고 SF 등 장르소설은 장르의 고유한 형식과 내용을 가지며 이러한 독자적 특질을 확실하게 전면에 내세운다. 이는 소비적인 통속문

학의 특성상 독자의 접근을 용이하
게 하기 위한 전략이다. 장르 문학
은 장르의 관습과 전형적인 요소들
을 반복하는 습성이 있다. 물론 전
형적인 요소의 반복이 장르의 발전
을 저해하는 원인으로 작용하기도
한다.

그림 4_
영화 〈나는 전설이다〉(2007)의
포스터

　　장르소설을 접하는 독자들은 자
기 앞에 놓인 책이 어떤 장르에 속하
는지 이미 알고 있으며 그 장르의 특
성을 기대하며 독서를 시작하기 때
문에 관습에서 어긋나는 작품은 독
자의 비난을 면하기 어렵다. 그러나 잘 만들어진 콘텐츠는 예외이다.
훌륭한 작품은 장르의 내재적 규칙과 전형성을 슬그머니 깨트림으로
써 오히려 장르의 새로운 가능성을 열고 영역을 확장시키는 역할을
한다. 그 하나의 사례로 리처드 매드슨의 소설 『나는 전설이다』(1954)
를 들 수 있다.매드슨은 흡혈귀라는 고딕 공포문학의 전통적 소재를
SF의 아이디어와 결합시켰다.

　　소설은 집필 당시로부터 20여년이 흐른 미래를 배경으로 한다.
그다지 먼 미래의 이야기가 아니다. 어쩌면 당시 독자의 자식 세대가
겪을 수도 있는 미래다. 사건은 1976년 1월부터 1979년 1월까지 3년
간 진행된다. 핵전쟁을 겪은 후 인류는 정체불명의 혈액병에 감염되
어 모두 흡혈귀가 되었고, 주인공 네빌은 지구상에 유일하게 남은 생

존자이다. 흡혈귀들은 낮에는 빛을 피해 어둠 속에 누워 있다가 밤이 되면 네빌의 집 근처에서 서성거린다. 네빌의 하루는 텅 빈 슈퍼마켓들을 전전하며 남아있는 생필품을 챙기는 것과, 잠든 흡혈귀들을 찾아내 그 심장에 말뚝을 박는 끔찍한 행위로 채워진다. 날이 저물기 전에는 반드시 집에 돌아와 있어야 한다. 네빌의 집은 세상으로부터 완전히 격리된 공간이고 소통부재의 감옥이다. 그러한 격리상태에서 오는 불안과 고독감이 해소될 수 없는 공포감을 자아낸다.

매드슨은 호러와 판타지, 영화 대본과 소설 분야에서 두루 인정받은 작가이다. 그는 장르 구분과 상관없이 작품을 썼는데 그가 주안점을 둔 것은 편집증, 망상증이었다. 그는 1950년대에 자신이 쓴 작품들의 주제가 "세상 모든 것들로부터 공격을 당하며, 고독하고 소외된 채 살아가는 남성"[13]이라고 말했다. 소설을 우리말로 옮긴 이에 의하면, 이 소설은 "1950년대 미국의 중산층 남성이 겪는 일상의 공포를 패러디"[14] 한 것이다. 인류가 멸망하고 흡혈귀들이 날뛰는 세상이 되었어도 반복적이고 평범한 일상을 반복하는 주인공은 보수적이고 정해진 준칙에 따라 어쩔 수 없이 살아가는 이 세계의 축소판이다.

소설의 결말은 가히 충격적이다. 홀로 불안하고 지루한 일상을 꾸려가던 네빌은 어느 날 루스라는 여자를 만난다. 그는 다른 생존자가 있다고 믿었고 그녀에게 사랑의 감정까지 느끼지만, 루스 역시 흡혈귀였다. 다만 돌연변이 변종이기에 빛에 의해 파괴되지 않은 것이다. 변종 흡혈귀들은 번식하여 이미 다수 집단이 되었고 그들은 폐허로 변한 이 세상에 새로운 사회를 건설하려 한다. 그들이 치를 떨며 가장 두려워하는 존재는 바로 유일하게 남은 인간 네빌이었다.

"그들은 그를 두려워하고 있었다. 그들에게 그는 한 번도 경험하지 못한 천벌이었다. (…) 스스로의 존재를 증거하기 위해 그들이 사랑하는 사람들의 생명 아닌 생명을 앗아간 보이지 않는 유령이었다."[15]

작가는 작품의 마지막 부분에서 선과 악, 정상과 비정상의 모든 가치를 뒤집는다. 흡혈귀의 입장에서 보면 흡혈귀 사냥꾼 네빌이야말로 악마와 다름없는 끔찍한 존재였던 것이다. 네빌은 "문득 자신이야말로 비정상이라는 생각이 들었다. 정상이란 다수의 개념이자 다수를 위한 개념이다. 단 하나의 존재를 위한 개념이 될 수는 없다."[16] 그리하여 자신의 비정상을 인정한 최후의 인간은 스스로 목숨을 끊고 전설로 남는다.

매드슨의 소설은 이후 소설과 영화 등 SF와 호러 콘텐츠에 적지 않은 영향을 남겼다. 핵전쟁 후 전염병이 발생했다는 매드슨의 설정에 의해 환상 공포문학에서 다루어졌던 흡혈귀 는 호러의 경계를 넘어 SF의 영역으로 진입하게 되었다. 네빌은 도서관에서 자료를 뒤지고 연구한 끝에 마침내 사람들이 흡혈귀로 변한 원인이 박테리아에 의한 질병이라는 사실을 밝혀낸다. 현실에서 결코 일어날 수 없는 판타지가 어쩌면 그렇게 될 수도 있는 과학적 가능성으로 바뀐 것이다. 한편 매드슨은 전통적인 흡혈귀 이미지의 관습을 해체하였다. 흡혈귀 중에서 가장 유명한 것은 드라큘라 백작일 것이다. 드라큘라는 주로 혼자 행동하고, 명석한 지능에다가 성적 매력까지 지닌 존재로 희생자를 압도하는 카리스마를 가졌다. 그러나 매드슨의 작품에서 묘사된 흡혈귀는 무리를 지어 움직이며 무의식 상태에서 본능적으로 공격을 반복하는 얼빠진 존재들이다. 이 새로운 형태의 흡혈귀는 흡혈귀라기보다는 오늘날 여러 영상 콘텐츠를 통해 우리에게 친숙해진(?) 좀비와 매우 흡사하다. 실제로 좀비 영화의 대가 조지 A. 로메로 감독은 매드슨의 소설로부터 좀비 이미지를 얻어왔다고 술회한 바 있다. 매드슨의 흡혈귀가 좀비로 계승된 것이다.

현대적 의미에서 좀비의 전형을 제시한 기념비적 작품은 조지 로메로 감독의 '산 시체the Living Dead' 시리즈 1탄인 〈살아있는 시체들의 밤〉(1968)이다. 매드슨이 흡혈귀 병의 과학적 원인을 모색했던 것처럼 로메로 역시 오컬트의 소재였던 좀비를 SF적인 상상력과 결합시켰다. 원래 '부활한 시체'를 뜻하는 '좀비zombie'는 서인도 제도, 특히 아이티 섬의 부두교 신앙에서 비롯된 것이다. 좀비는 아이티로 끌려온 아프리카의 노예들이 고향에서 가져온 여러 토속 신앙과 주술을 합쳐 만들었다고 전해지며, 부두교의 사악한 주술사가 마약을 이용해 사람을 가사 상태에 빠지게 한 뒤 매장했다가 다시 무덤에서 꺼내어 노예상인에게 팔아넘기는 일도 있었다고 한다.

1932년 작 〈화이트 좀비〉는 좀비를 소재로 한 최초의 영화로 간주된다. 이 영화는 오컬트적인 좀비의 원래 이미지를 그대로 사용하면서 주술사의 행위에 초점을 맞추어 인간의 사악함을 묘사하였다. 그러나 로메로의 영화에서 좀비는 어떤 과학적 원인으로 인해서 발생한다. 정부의 군사적 실험이 문제를 일으켜 멀쩡한 사람을 좀비로 변하게 한 것이다. 로메로는 좀비의 거주지를 주술의 영역에서 과학의 영역으로 이주시켰다. 이후 좀비가 등장하는 콘텐츠에서는 좀비로 변하는 이유가 핵전쟁, 외계생명체, 바이러스 등으로 설정된다.

그림 5_ 영화 〈살아있는 시체들의 밤〉의 한 장면

〈살아있는 시체들의 밤〉은 선친의 묘소를 찾아 온 바바라와 조니 남매가 낯선 남자로부터 공격을 당하는 장면으로 시작된다. 조니는 첫 번째 희생자가 되고 간신히 외딴 집으로 숨어든 바바라는 흑인 벤과 마주친다. 이 집에는 좀비를 피해 몇 사람이 더 있었다. 고립된 공간에 갇힌 사람들은 불안으로 인해 우왕좌왕하며 극한 상황에서 그들끼리 갈등을 빚는다. 결국 그들은 차례로 좀비의 희생물이 된다. 유일하게 벤만 살아남지만, 날이 밝자 괴물 소탕에 나선 민병대가 벤을 괴물로 오인하여 사살하고 만다.

공포 영화 특유의 재미를 추구하면서도 사회적 은유를 함축한 〈살아있는 시체들의 밤〉은 로메로 감독에 의해 〈살아있는 시체들의 새벽〉, 〈살아있는 시체들의 날〉의 시리즈로 제작되었으며, 이후 수많은 아류작을 탄생시켰다. 〈살아있는 시체들의 밤〉은 1968년 당시의 냉전 상황에 대한 은유로 읽히기도 한다. 60년대는 2차 세계대전 후 동서양 냉전 체제가 극대화 되었던 시기다. 그리고 60년대 말에는 권위와 보수주의 적 사회에 대한 반발로 유럽과 미국, 일본 등 세계 각 지역에서 학생운 동이 일어났다. 상대편과의 소통이 아예 불가능하며 무조건 상대를 처 치해야 살아남을 수 있었던 시대의 적, 그것은 좀비와 다름 없었다.

4. 현실로 다가오는 '재앙 후 세계'

2003년 개봉한 데니 보일의 영화 〈28일 후〉는 로메로의 영화나 매드 슨의 소설과 맥을 같은 맥락에 있다. 〈28일 후〉에서는 '분노 바이러스' 에 감염된 사람들이 괴물로 변하여 정상인을 공격하는 사태가 발생한 다. 이 바이러스는 감염되자마자 20초 만에 증상이 나타날 정도로 전 염성이 빨라서 28일 만에 대도시 런던은 멀쩡한 생존자가 존재하지 않는 황량한 폐허로 변해버렸다. 〈28일 후〉에서 공포는 그 이전의 좀 비물과 비할 바 없이 빠른 속도로 엄습한다. 감염자의 혈액이나 타액 에 노출된 자는 그가 친구든 가족이든 간에 망설일 틈도 없이 즉각 처 단해야 한다. 당연히 잔혹한 표현의 수위도 높아질 수밖에 없다.

매드슨, 로메로, 보일의 작품들은 폭력과 서스펜스의 효과를 노리 는 전형적인 호러물이다. 그와 동시에 이 작품들은 재앙의 원인을 과 학적으로 설명함으로써 SF의 성격도 갖는다. 또한 미래의 세계를 암 울한 상상으로 그려냈다는 점에서 '재앙 후 세계'라는 SF의 주제 영 역에 속하기도 한다. 호러물에서 그 재앙의 원인을 과학적으로 규명하는 것은 오락을 치장하기 위한 일종의 방편으로 볼 수도 있다. 그 것도 이젠 빤한 관습으로 굳어져서 설정 자체가 주는 신선함도 거의 희석되고 말았다. 그럼에도 그 같은 설정을 과학을 빙자한 허무맹랑한 것이라고 몰가치화 할 수는 없다. 어떤 요인의 귀결로 사람들이 흡혈귀나 좀비 같은 괴물로 변하고, 그것이 퍼져서 전 인류가 파멸하게 되는 과정은 어쩌면 '자연스러운' 현상일 수 있으며, 겪어보지 않은 일일 뿐 절대로 일어날 리 없다고 단언할 수는 없기 때문이다.

이는 기술문명의 진보와 함께 찾아온 미증유의 집단적 공포와 관련이 있다. 테크놀로지가 급속도로 발전하면서 인류는 최상의 안락을 누리고 생명도 연장되었지만, 다른 한편으로 현대인의 의식 저변에는 문명이 순식간에 파국을 맞을 수 있다는 위기감도 깔려 있다. 의학이 아무리 발전해도 새로운 질병은 계속 발견되고 더욱 강력한 돌연변이 바이러스가 속출한다. 교통 통신의 발달로 전지구가 망조직으로 연결되고 교류와 이주가 확산된 오늘날 아직 알려지지 않은 질병 및 바이러스가 언제 나타나서 순식간에 온 세상에 전파될지 모를 일이다. 〈28일 후〉의 개봉 당시 마침 사스 바이러스가 세계 곳곳에서 문제를 일으키고 있었던 터였기에 영화의 암울한 이미지는 극히 현실적 공포로 관객에게 다가왔었다.

종말론적 공포를 야기하는 또 다른 요인은 환경 파괴로 인한 생태계 질서의 붕괴이다. 지구온난화로 인해 예고 없이 발생하는 자연재해의 위기감은 끊임없이 우리의 의식 하부에 침전되고 있다. 파국이 닥친다면, 현재의 세계경제의 상황이 그렇듯이, 그것은 과거처럼 지구의 어느 한 지역에서 발생하지 않고 전지구적 현상이 될 것이다.

이러한 미래에 대한 불안과 언제 닥칠지 모르는 파국에 대한 위기감으로 인해 SF에서 재앙 후 세계의 주제는 날이 갈수록 비중 있게 다루어지고 있다. 그러므로 이미 반세기 전에 등장했던 매드슨의 소설과 로메로 영화 역시 현실적 불안과 맞닿아 지금까지도 여전히 호소력을 지니는 것이다.

에필로그

메리 셸리의 소설로부터 그 역사가 거의 200년에 이르는 SF는 시대의 변화에 발맞추어 현실의 문제들을 가상의 상황에 담아내면서 발전하였으며, 장르의 경계를 넘나들면서 영역을 확장해 왔다. 작품마다 나타나는 다양한 특성 때문에 SF의 통일된 개념을 확립하기도 어려운데, SF는 스스로 고정된 개념을 허물고 계속해서 새로운 변종을 만들어냈다. 이는 장르물로서 SF의 생존전략이라 할 수 있다. 장르물은 시장 논리에 따라 소비자의 취향에 신속하게 부응하고 대중이 원할 때 참신한 설정과 아이디어를 제공해야 한다. 그렇다고 대중의 기호를 무조건 추수하는 것이 아니라 때로는 실험적 스타일로 대중을 이끌어야 할 필요도 있다. 무엇보다도 SF는 시대의 급변하는 문제들을 '말하기' 위해서 자신의 내러티브와 스타일을 바꾼다.

　SF는 작가의 의도와 상상력에 따라서 판타지와 호러와, 또 코미디와 결합할 수 있다. 이는 규칙에 의해 체계화 된 주류 문화와 달리 주변부 문화가 가지는 유연성의 '능력'이다. 그리고 주변부에서 경계를 넘나드는 섞임과 잡종화를 통해 발생하는 창조적 동력은 차츰 중심부 문화에도 영향을 끼치게 된다. SF뿐 아니라 판타지나 호러나 코미디 등 모든 주변부 장르에서의 탈경계화는 다양한 양상으로 전개되며, 잡종적 진화를 통해 발전하고 에너지를 얻게 될 것이다. 그리고 콘텐츠는 단순한 소비를 위한 것만이 아니라, 오늘의 시대를 빗대어 말하고, 현실을 풍자하고, 또한 미래에 대한 기대와 경각심을 동시에 불러일으킬 것이다. 그리하여 장르의 경계를 넘나드는 새로운 교류와 혼합 형식 속에서 어떤 콘텐츠가 우리에게 색다른 즐거움을 줄 것인지, 늘 기대하게 된다.

주

집필진 소개

| 1장 |

1) 이 글은 정보통신정책연구원(KISDI)의 지원으로 2010년에 연구 작성된 『디지털 컨버전스 기반 미래연구—디지털 문화산업의 융합기술에 대한 철학적 성찰』 중 일부 내용에 기초한 것이다.

2) 고든 벨·짐 겜멜, 홍성준 옮김, 『디지털 혁명의 미래』, 청림출판, 2009, 19쪽.

3) 같은 책, 18쪽.

4) 마샬 맥루한, 임상원 옮김, 『구텐베르그의 은하계』, 커뮤니케이션북스, 2001, 20쪽.

5) 고든 벨·짐 겜멜, 앞의 책, 35쪽.

6) 제이 데이비드 볼터, 김익현 옮김, 『글쓰기의 공간』, 커뮤니케이션북스, 2010, 38쪽.

7) 같은 곳 참조.

8) 근대가 시각 중심 문화였다는 맥루한 류의 주장에 대한 반론은 물론 있다. 마크 스미스는 시각 이외의 다른 감각들에 대한 역사적 조사를 통해 근대사회를 시각 문화 중심 사회로 규정한 맥루한의 입장이 지나치게 편협하다고 말한다. 이에 대한 상세한 논의는, 마크 스미스, 김상훈 옮김, 『감각의 역사』, 사람의무늬, 2010 참조.

9) 맥루한, 앞의 책, 77쪽 이하 참조.

10) 같은 책, 79쪽.

11) 이런 점에서 보드리야르가 시뮬라크르로 채워진 세계를 예언한 것은 디지털 문화에 대한 가장 적절한 분석이었는지 모른다. 물론 그의 극단적인 회의주의를 어떻게 받아들여야 하는가는 아직 유예되어 있다. 보드리야르, 하태환 옮김, 『시뮬라시옹』, 민음사, 2001 참조.

12) 볼터, 앞의 책, 51쪽 참조.

13) 같은 곳.

14) 같은 책, 64쪽.

15) 같은 곳.

| 2장 |

1) 이 글은 성균관대학교 인문과학연구소의 『인문과학』 제47집에 실린 논문, 「혼성적 실재의 원리적 고찰로서 혼성화의 자기조직화」를 수정 · 보완한 것임.

2) 브루스 매즐리시, 김희복 옮김, 『네 번째 불연속. 인간과 기계의 공진화』, 사이언스

북스, 2001, 18쪽.

3) 일리아 프리고진·이자벨라 슈텐저스, 신국조 옮김, 『혼돈으로부터의 질서: 인간과 자연의 새로운 대화』, 정음사, 1988, 56쪽.

4) 앨빈 토플러, 「과학과 변화」, 신국조 옮김, 『혼돈으로부터의 질서』, 10쪽.

5) Vgl. Irmela Schneider: Einleitung, in: Irmela Schneider/Christian W. Thomse(Hg.): *Hybridkultur*, (Köln, 1997), S. 20.

6) Irmela Schneider, 같은 책, S. 43.

7) 윤영수·채승병, 『복잡계 개론』, 삼성경제연구소, 2009, 57쪽.

8) 김연순, 「하이브리드와 현대문화」, 『하이브리드컬처』, 커뮤니케이션북스, 2008, 18쪽.

9) 같은 곳.

10) 같은 곳.

11) 일리아 프리고진·이자벨라 슈텐저스, 앞의 책 24쪽 참조.

|3장|

1) "시뮬레이션이라는 말은 모의실험을 뜻한다. 현실과 닮은 조건을 만들어 실제 일어날 수 있는 일들을 실험하는 방법에서 유래했다. 그러므로 시뮬레이션에서 '실제와 닮은 가상의 세계, 현실의 모델이라 할 수 있는 가상현실의 창조'는 핵심적인 작업이다." 이에 대해서는, 박동숙, 『디지털·미디어·문화』, 한나래, 2005, 223쪽.

2) Irmlea Schneider, Von der Vielsprachigkeit zur Kunst der Hybridation. Diskurse des Hzbriden. In: *Hybridkultur*. Hrsg. v. Irmela Schneider/Christian Thomsen. Wienand Verlag, Köln, 2007, 43쪽.

3) 김연순, 「현대문화와 하이브리드」, 『하이브리드컬처』, 커뮤니케이션북스, 2008, 10쪽.

4) 장 보드리야르, 하태완 옮김, 『시뮬라시옹』, 민음사, 2001, 25쪽.

5) Manfred Fassler, Handlungen ohne Ende? Simulation, elektronisch verteiltes Wissen und programmierte Hybride. In: *Hybridkultur*. 301쪽.

6) 최유찬, 『컴퓨터 게임과 문학』, 연세대학교 출판부, 2004, 8쪽.

7) 셰리 터클, 최유식 옮김, 「스크린 위의 삶」, 『인터넷과 컴퓨터 시대의 인간』, 민음사, 2003, 70쪽.

8) Markus Breuer, *Second Life und Business in virtuellen Welte*, Hamburg, 2007. 2007년 1월 현재 적극적으로 참여하는 유저는 약 60만 명이며, 연간 성장률은 600 퍼센트에 이른다. 성별로는 남성과 여성의 비율이 59대 41이며, 월평균 21시간 세컨 드 라이프에 체류한다. 대륙별로는 북아메리카 지역이 34%, 유럽 52%, 아시아 7%, 라틴아메리카 4%이지만, 독일은 10.5%, 프랑스는 12.5%의 사용률을 보이고 있다. 사용자의 평균 연령은 32세이며, 18-24세가 27%, 25-35세가 39%, 35-44세가 21%, 45세 이상이 11%이다.

9) 마이클 리마제스키 외, 『세컨드 라이프 공식 가이드』, 3mecca, 2007, 9쪽.

10) 같은 책, 14쪽.

11) 질 들뢰즈·펠릭스 가타리, 김재인 옮김, 『천 개의 고원』, 새물결, 2001, 52쪽.

12) 마이클 리마제스키 외, 앞의 책, 16쪽.

13) 김웅준, 「UCC, 생산과 소비의 인터랙티브와 하이브리드」, 『하이브리드컬처』, 커뮤 니케이션북스, 2008, 249쪽.

14) 마이클 리마제스키 외, 앞의 책, 4쪽.

15) Corinna Bath, *Wie Menschlichkeit gemacht wird, Geschlechterdarstellung in Agenten und Avataren*. Köln, 2002, S. 1.

16) 『브리태니커 백과사전』 참조.

17) 위정현, 『세컨드 라이프 비즈니스 전략』, 중앙북스, 2007, 27쪽.

18) 질 들뢰즈·펠릭스 가타리, 앞의 책, 21쪽.

19) 진중권·정재승, '혁명의 공간 세컨드 라이프', 『한겨레 21』, 2009년 4월 1일 자(제 754호).

20) 마이클 리마제스키 외, 앞의 책, 208쪽.

21) 장 보드리야르, 앞의 책, 25쪽.

22) "온라인 게임이 오락의 수단이라는 점에서는 비디오 게임이나 PC 게임과 다르지 않다. 그러나 온라인 게임은 사이버 경제 행위가 이루어지는 장이라는 점에서 기존 게임과 획을 긋고 있다. 만일 온라인 게임이 단순히 게임 산업만의 의미라면 그것 이 현실 경제에 미치는 파급력은 제한적일 것이다. 그러나 사이버 경제 행위가 이 루어지는 장이라면 그것은 현실 경제와 다른 또 하나의 경제세계를 창조할 수 있 는 잠재력을 가지게 된다. 사이버 경제는 현실 경제와 연관되어 현실 경제의 발전 을 촉진하고 견인한다. 이 점에서 온라인 게임은 새로운 산업의 패러다임을 창조할 수 있는 가능성을 가지고 있다." 이에 대해서는, 위정현, 『온라인 게임과 비즈니스

전략』, 제우미디어, 2006, 250쪽.

23) "환전수수료는 살 때 0,35달러, 팔 때는 3,5%이다. 환전규모는 하루 7,000만 린든 달러 (미국 달러로 26만 달러, 월간 800만 달러)에 이르며 린든랩사의 환전 수수료 수입은 월 31,5만 달러 (2007년 2월 현재)에 이른다." 같은 책, 33쪽.

24) 같은 책, 50쪽

25) Linda Klemme, *LearnLab Note, Game-Based-Lesrning*, Paderborn, 2007. S. 1.

26) 마이클 리마제스키 외, 앞의 책, 320쪽.

27) R. L.러츠키, 김상민 외 옮김, 『하이테크네 - 포스트휴먼시대의 예술』, 시공사, 2004, 8쪽

28) 마이클 하임, 여명숙 옮김, 『가상철학의 철학적 의미』, 책세상, 1997, 213쪽.

29) R. L.러츠키, 앞의 책, 31쪽.

30) Hans Ulrich Reck, Entgrenzung und Vermischung, Hybridkultur als Kunst der Philosophie, In: Irmela Schneider: *Hybridkultur*, Medien, Netze, Künste, Köln, 1997. 112쪽.

31) 정기도, 『나, 아바타 그리고 가상세계』, 책세상, 2000, 23쪽.

32) 셰리 터클, 스크린 위의 삶. 403쪽.

33) R. L. 러츠키, 앞의 책, 31쪽.

| 4장 |

1) E. Cassirer, *Essay on Man*, New Haven: Yale University Press, 1947, p.111.

2) 같은 책, 77쪽.; E. Cassirer, *Idee und Gestalt: Goethe, Schiller, Hölderin, Kleist*, Darmstadt: Wissenschaftliche Buchgesellschaft, 1971. S.70.; *Philosophie der symbolischen Formen, dritter Teil, Phänomenologie der Erkenntnis*, Darmstadt: Wissenschaftliche Buchgesellschaft, 1977. S.107 참조.

3) E. Cassirer, *Philosophie der symbolischen Formen, zweiter Teil, Das mythische Denken*, Darmstadt: Wissenschaftliche Buchgesellschaft, 1977. S.106.

4) 같은 책, S.65, 137.

5) E. Cassirer, *Essay on Man*. New Haven: Yale University Press, 1947, p.26.

6) 김한, 「인간성 회복 전략으로서의 디지털 시대의 신화와 드라마 읽기」, 『고전 르네

상스 영문학』 제 17권 1호, 82쪽.

7) 이은봉, 「성과 속은 무엇인가? M. 엘리아데의 『성과 속』」, 『성과 속』, 엘리아데, 이은 봉 옮김, 한길사 1998, 22쪽; 이민용, 「인문학의 치유적 활용과 스토리텔링」, 『독일언 어문학』 제41집, 145쪽 참조.

8) 캐롤린 핸들러 밀러, 이연숙·변민주·김명신·이봉희·김윤경·박정희·김기현 옮김, 『디지털미디어 스토리텔링』, 커뮤니케이션북스, 2006 참조.

9) E. Cassirer, *The myth of the state*, DOUBLEDDAY & COMPANY, INC., GARDEN CITY, N.Y. 1955, p. 45. 참조.

10) 바츠 해방전쟁 과정에 대한 자세한 설명은, 이인화, 『한국형 디지털 스토리텔링』, 살림, 2005 참조.

|5장|

1) 브뤼노 블라셀, 권명희 옮김, 『책의 역사. 문자에서 텍스트로』, 시공사, 2009(1999). 14쪽.

2) 부길만, 『책의 역사』, 일진사, 2008. 20쪽 참조.

3) 알베르토 망구엘, 정명진 옮김, 『독서의 역사』, 세종서적, 2000. 189쪽 이하 참조. 또 한 브뤼노 블라셀, 『책의 역사』, 17쪽 이하.

4) 알베르토 망구엘, 앞의 책, 191쪽 참조.

5) "Buchstabentafel(글씨판)". 위키페디아 백과사전 독일어판. http://de.wikipedia. org/wiki/Buchstabentafel 참조.

6) H. Heines sämtliche Werke(하이네 전집). Bd.15-16. Verlag Hoffmann und Campe, 1868. 15쪽. "Dort, wo man Bücher verbrennt, verbrennt man am Ende auch Mensch."

7) Einführung in die Erziehungsberatung(교육상담 개설). W. Kohlhammer Verlag, 2007. 208쪽.

8) 제러미 리프킨, 이희재 옮김. 『소유의 종말』, 민음사, 2001. 11쪽 이하 참조.

9) 두루마리는 라틴어로 권卷을 뜻하는 volumen이라고 불리었다. 그런데 두루마리를 영어로는 scroll이라고 하며, 컴퓨터 용어로 "두루말다"라는 동사로도 사용된다.

10) 브뤼노 블라셀, 앞의 책, 17쪽.

11) 위의 책, 29쪽.

12) 위의 책, 223쪽 이하 참조.

13) 이하 위의 책, 228쪽 이하 참조.

|6장|

1) 김원제, 『미디어 스포츠 사회학』, 커뮤니케이션북스, 2005; D. Rowe, *Sport, Culture, and the Media*(2nd ed.), Maidenhead: Open University Press, 2004 참조.

2) Wenner(1999)는 매체를 통해 전달되는 다양한 형태의 스포츠들이 생산 및 소비형태 그리고 이의 사회적 영향력 등에서 실제로 경기장에서 진행되는 스포츠와 분명한 차이점이 있다는 사실을 강조하기 위해 '미디어스포츠'라는 새로운 용어 사용의 필요성을 강조한 바 있다.

3) D.J.Leonard, New media and global sporting cultures: moving beyond the cliches and binaries. *Sociology of Sport Journal*, 26, 2004, 1-16.

4) 임번장, 『스포츠사회학개론』, 레인보우북스, 2010; B. D. McPherson, J. E. Curtis, J. W. Loy, *The social significance of sport: An introduction to the sociology of sport*. Champaign, IL: Human Kinetics., 1989 참조.

5) Deloitte, *Turn on to digital: getting prepared for digital content creation and distribution in 2012*. London: Deloitte & Touche LLP, 2006

6) 김원제, 「하이브리드 콘텐츠, 콘텐츠 하이브리드」, 하이브리드컬쳐 연구소(편), 『하이브리드컬쳐』, 커뮤니케이션북스, 2008

7) 김연순, 「현대문화와 하이브리드」, 하이브리드컬쳐 연구소(편), 『하이브리드컬쳐』, 커뮤니케이션북스, 2009.

8) 김원제, 앞의 글 참조.

9) 송해룡, 『디지털 커뮤니케이션과 스포츠 콘텐츠』, 커뮤니케이션북스, 2001.

10) 김문화, 「뉴 스포츠 콘텐츠의 개발 방향」, 『디지털시대와 스포츠』, 체육과학연구원 세미나자료, 2000.

11) e-스포츠와 동의어로 사이버 스포츠라는 용어가 사용되기도 한다.

12) 전경란, 『디지털 게임, 게이머, 게임문화』, 커뮤니케이션북스, 2009.

13) M. G. Wagner, On the scientific relevance of eSport, *Proceedings of the*

2006 International Conference on Internet Computing and Computer Game Development, CSREA Press, Las Vegas, NV, 2006, p.439.

14) e-스포츠를 정식 스포츠로 볼 것인가에 대해서는 아직 논란의 여지가 많다. 하지만 대한체육회가 지난 2009년 한국 e-스포츠 협회를 정식 가맹단체의 전단계인 인정 단체로 승인했다는 점은 e-스포츠를 스포츠의 한 형태로 봐야한다는 주장에 무게 를 실리게 한다.

15) 이 두 게임 모두 한국 e-스포츠 협회의 공식종목이다. 이와 더불어 팡야(골프), 프 리스타일(농구), 피파온라인(축구), 샷 온라인(골프) 등이 협회가 공식종목으로 지 정한 스포츠 장르 게임이다. 하지만 이러한 공식종목만이 e-스포츠로 간주되는 것 은 아니며, 앞선 e-스포츠의 정의에서처럼 타 사용자와 경쟁성을 띄고 있는 모든 게임을 e-스포츠의 범주에 포함시킬 수 있다.

16) 이러한 체감형 스포츠게임의 등장은 디지털 스포츠 또는 e-스포츠를 정식 스포츠 로 인정할 수 있을 것인가에 대한 논쟁을 한층 복잡하게 만들었다. 왜냐하면 사이 버 스포츠에서 보이는 운동형식 및 신체적 활동의 결여로 인해 컴퓨터 기반 스포 츠는 정식 스포츠와는 괴리가 있다는 주장이 일부 학자들에게 제기되고 있지만(김 정효, 2007), 체감형 스포츠게임은 이러한 취약점을 보완하는 사례로 비춰질 수 있 기 때문이다.

17) 나영일, 『탈 육체성과 스포츠: 스포츠와 반문화』, 무지개사, 2005; 임번장, 앞의 책; J. Coakley, *Sport and society: Issues and controversies* (9th Ed.), New York, NY: McGraw-Hill, 2007 참조.

18) R. E. Rinehart, & S. Syndor, Proem. In R. E. Rinehart, & S. Syndor (eds.) To the extreme: Alternative sports, inside and out, Albany, NY: State University of New York Press, 2003; B. Wheatson, Inroduction: Mapping the lifestyle sport-scape. In B. Wheatson (ed.) Understanding lifestyle sports: Consumption, Identity and difference, Abingdon: Routledge, 2004 참조.

19) Coakley, 앞의 책.

20) 신체적 경쟁보다는 정신적 경쟁의 측면이 두드러지는 바둑을 두고 이것이 기예인 가 스포츠인가에 대한 논란이 아직까지도 지속되고 있기는 하나 현재 아시안게임 의 정식종목이고 이의 참가를 위한 국가대표 선수를 선발하는 등 그 제도적인 측 면에서는 바둑은 분명히 스포츠의 모습을 지니고 있다.

21) 월드 마인드 스포츠 게임의 종목은 바둑, 체스, 브릿지, 체커 등의 보드게임이다.

국제 마인드 스포츠 협회 홈페이지 (www.imsaworld.com) 참조.

22) 김연순, 앞의 글.

23) 이창섭·남상우, 『스포츠사회학(개정판)』, 궁미디어, 2010; 유사한 맥락에서 캐나다
의 스포츠사회학자 Rail(1998)은 전통적 개념의 스포츠를 뛰어넘는 포스트모던 스
포츠라는 개념의 도입이 필요하다고 주장한다.

24) 물론 게임의 데모모드에서는 컴퓨터가 스스로 경기를 진행하기도 하지만, 엄밀히
말해 사용자가 참여하지 않은 기계적인 데모플레이는 게임이 진행되고 있는 상황
은 아니다.

25) 김영용, 『인터랙티브 미디어와 놀이』, 커뮤니케이션북스, 2007.

26) 전경란, 앞의 글.

27) M. Schlimme, Video game addiction: Do we need a video gamers anonymous?
Neurology and Behavior, 2, 2002, http://serendip.brynmawr.edu/exchange/
node/1719.

28) 최남도, 「게임의 정치학: 몰입으로서의 게임, 중독으로서의 게임」, 강지웅 외 (편),
『게임과 문화연구』, 커뮤니케이션북스, 2008.

29) 김상우, 「가상사회의 단초들」, 같은 책.

30) 이정준, 「우리 삶 속의 하이퍼리얼리티」, 하이브리드컬처 연구소 (편), 『하이브리
드컬처』, 커뮤니케이션 북스, 2008.

31) D. Tapscott & A. D. Williams, *Wikinomics: how mass collaboration changes
everything*. London: Atlantic Books, 2008.

32) 김양은, 『새로운 세대의 등장: 게임 제너레이션』, 커뮤니케이션북스, 2009.

33) 임정수, 『영상미디어산업의 이해: 디지털, 네트워크, 모바일, 컨버전스』(개정판), 한
울아카데미, 2007.

34) 김원제(2008), 앞의 글.

35) S. Egenfeldt-Nielson, J. H. Smith, S. P. Tosca, *Understanding Video Games: The
essential introduction*. Abingdon: Routledge, 2008.

36) 모든 하드웨어 제작사들이 상이한 게임을 유통시키는 것은 아니다. 스포츠 비디오
게임을 전문적으로 개발하는 EA 스포츠와 같은 대형 게임제작사들은 각각의 게임
콘솔회사 뿐만 아니라 PC시장에도 프로그램을 공급하고 있다. 그럼에도 불구하고
동일한 스포츠 게임타이틀이 모든 하드웨어에서 실행되지는 않는다. 예컨대 플레
이스테이션 용으로 제작된 FIFA 10은 X박스나 Wii에서 사용할 수 없다. 즉, 같은

게임이라도 각각의 콘솔을 위해 제작된 상이한 버전을 구입해야만 한다.

37) 김원제(2005), 앞의 글.

38) 김원제(2008), 앞의 글.

39) 전경란, 앞의 글; 비디오게임이 갖는 놀이적 요소에 대한 자세한 내용에 대해서는, 박근서, 『게임하기』, 커뮤니케이션북스, 2009 참조.

40) 사이버스포츠들이 경기대회의 형식을 갖게 되면 그 조직 및 운영방식에 있어 현실세계의 스포츠 이벤트 와 매우 유사한 모습을 보인다. 예를 들어 e-스포츠의 종합대회인 월드사이버게임을 보면 마치 올림픽경기대회를 관람하는 듯한 느낌을 준다. 이러한 부분에 대한 자세한 논의로는, Hutchins, B. (2008). *Signs of meta changes in second modernity: The growth of e-sports and the World Cyber Games.* New Media and Society, 10(6), 851-869. 참조.

41) 네트워크와 연결된 시스템만 있으면 전 세계 각 지역에 있는 누구에게나 기회가 주어지는 벌어지는 인터렉티브 월드컵의 지역예선 구조는 디지털 미디어가 문화의 세계화를 급속도로 촉진한다는 관점의 한 사례로 볼 수 있다. 이에 대해서는, Creeber. G. (2009). Digital theory: Theorizing new media. In G. Creeber, & R. Martin (eds), *Digital cultures* (pp. 11-22). Maidenhead: Open University Press 참조.

42) J. Maguire, *Power and global sport: Zones of prestige, emulation, and resistance.* Abingdon: Routledge., 2005.

43) 이동연, 「스포츠, 스팩터클, 그리고 지배효과」, 이동연 외, 『스포츠 어떻게 읽을 것인가』, 삼인, 1998.

44) M. Hills, Participatory culture: Mobility, interactivity, and identity. In G. Creeber, & R. Martin (eds), *Digital cultures* (pp. 11-22). Maidenhead: Open University Press, 2009.

45) 이종구·조형제·정준영, 『정보사회의 이해』, 미래인, 2005; Sassi, S. (2005). *Cultural differentiation or social segregation: four approaches to the digital divide.* New Media & Society, 7(5), 684-700 참조.

46) Messner, M. A. (2007). *Out of play: Critical essays on gender and sport.* New York: State University of New York Press.

47) Williams, D. Martins, N., Consalvo, M., & Ivory, J. D. (2009). *The virtual census: representations of gender, race and age in video games.* New Media & Society, 11(5), 815-834.

48) Egenfeldt-Nielson, S., Smith, J. H., & Tosca, S. P. (2008). *Understanding Video Games: The essential introduction*. Abingdon: Routledge.

49) 송해룡, 앞의 글.

50) 김원제(2005, 2008), 앞의 글.

|7장|

1) 지역에 따라 마을굿, 부락제, 도당제, 서낭제, 산신제, 거리제, 동신제, 당제, 당산제, 본향당제, 촌제 등으로 불리기도 한다. 동제는 제의양식에 따라 크게 네 가지로 나뉘는데, 제관들이 조용한 밤중에 당에 올라 지내는 정숙형, 무당의 굿놀이와 풍물굿, 탈놀이 등 갖가지 놀이가 병행되어 축제처럼 치러지는 가무사제형, 무당이 가무사제하면서 제사와 굿이 결합되어 의례성과 연희성을 동시에 띠고 있는 무당굿형, 마을의 풍물패들이 주재자가 되어 가무사제하는 풍물굿형이 그것이다.

2) S. Freud, Totem und Tabu, in *Studienausgabe*, Bd. IX, Frankfurt a. M. 1974, 425쪽.

3) 미하일 바흐친, 이덕형·최건영 옮김, 『프랑수아 라블레의 작품과 중세 및 르네상스의 민중문화』, 아카넷2001, 125쪽.

4) 같은 곳.

5) 같은 곳.

6) 진인혜, 「축제와 혁명」, 『한국 프랑스학논집』제47집, 2004, 504쪽.

7) Michail M. Bachtin, *Literatur und Karneval*, Frankfurt am Main 1990, 49쪽.

8) 최문규, 「'축제의 일상화'와 '일상의 축제화' -축제에 대한 (포스트)모더니즘적 접근」, 『축제와 문화』, 연세대학교 출판부, 2003, 130쪽.

9) 같은 책, 133쪽.

10) 여기에서 U는 독일어의 Unterhaltug(오락), E는 Ernst(진지, 엄숙)를 줄인 것이다.

11) Schulze, Gerhard, Die *Erlebnisgesellschaft. Kultursoziologe der Gegenwart*, Frankfurt/Main, New York 2000(8.Aufl.), 65쪽.

8장

1) 이성훈·김창민,「세계화 시대 문화적 혼종성의 가능성」,『이베로아메리카연구』19권 2호, 2008, 99쪽.

2) 1950년대 말 프랑스에서 유행하던 20대 미만의 어린 여성들의 '팝 뮤직 스타일을 통칭하여 부르던 용어이다.

3) 이와부치 고이치·히라타 유키에, 전오경 옮김,『아시아를 잇는 대중문화』, 또 하나 의 문화, 2004, 73쪽.

4) Kosaku Yoshino, *Cultural Nationalism in Contemporary Japan*, London: Routledge, 1992, p.114.

5) 이와부치 고이치, 앞의 책, 78쪽.

6) W. Rowe and V. Schelling, *Memory and Modernity: Popular Culture in Latin America*, London: Verso, 1991, p.231.

7) J. N. Pieterse, "Globalization as Hybridization" in M. Featherstone, S. lash, and R. Robertson eds., *Global Modernities*, London: Sage, 1995. p.45.

8) C. Hoskins and R. Mirus, "Reasons for the US Dominance of the International Trade in Television Programmes", *Media, Culture & Society* 10, 1988, pp. 499~515.

9) 김용규,「문화연구의 전환과 잡종문화론」,『영미문화』Vol.5, No.2, 2005,182쪽.

10) Jean Baudrillard, America, London: Verso, 1988, p.76.

11) Roland Robertson, *Globalization: Social Theory and Global Culture*, London: Sage, 1992, pp.90~96.

12) 신정록, "노벨화학상만 지금까지 7명, 日 화학분야 왜 강한가", 조선일보, 2010.10.08.

13) 영화 '피아노의 숲'을 비롯하여 '나이스의 숲', '미요리의 숲', '잠자는 숲', '숲의 학 교'의 등장 인물들은 소외와 고통으로 상처받은 영혼을 자연의 일부인 숲으로 돌 아가 치유되는 내용을 담고 있다. 미야자키 하야오 감독 또한'모노노케 히메 원령 공주 '와'이웃집 토토로'등을 통해 인간의 구원은 숲의 복원을 통해 이루어진다는 메시지를 꾸준히 발산하고 있다.

14) 조몬시대는 일본의 직접적 조상이라 할 수 있는 신석기인들이 토기를 만들어 생활
하던 BC 1만3천 년경~BC 300년까지의 기간을 일컫는다. 출토된 토기 표면에 새
끼줄 문양이 새겨져 '조몬 토기'라하며 그 시기를 조몬시대 繩文時代 라 한다.

15) 최봉영,「문화적 정체성의 준거로서 순종 , 별종 , 잡종 의식」, 『사회과학연구』
Vol.8, 1999, 84쪽.

16) 정혜선, 『일본인의 한국사』, 현암사, 2008, 31쪽.

17) 최봉영, 앞의 글, 95쪽.

18) 쩐웬세, 『한국인·중국인·일본인』, 우석, 2002, 275~278쪽.

19) 모리시마 미치오, 이기준 옮김, 『왜 일본은 성공하였는가?』, 일조각, 2000, 52~55
쪽.

20) 위의 책, 252쪽.

21) 최봉영, 앞의 글, 93쪽.

22) 모리시마 미치오, 앞의 책, 251쪽.

23) 쓰다 소키치, 남기학옮김, 『중국사상과 일본사상』, 소화, 2001, 33쪽.

24) 위의 책, 139쪽.

25) 정혜선, 앞의 책, 353쪽, 424쪽.

26) 쩐웬세, 앞의 책, p.144.

27) 롤랑 바르트, 김주환·한은경 옮김, 『기호의 제국』, 민음사, 1997, 33~34쪽.

28) 김수혜, "일본이 세계에 날 생선을 먹이기까지", 조선일보, 2008.01.25.

29) 이진우, "日, 노쓰쿠리 신일본경영 제조魂", 파이낸셜뉴스, 2006.12.31.

30) http://wesmb.tistory.com/13

| 9장 |

1) 조성면, 『대중문학과 정전에 대한 반역』, 소명출판, 2002, 186쪽 참조.

2) 오슨 스콧 카드, 송경아 옮김, 『당신도 해리 포터를 쓸 수 있다』, 북하우스, 2007, 51
쪽.

3) 고장원, 『SF의 법칙』, 살림, 2008, 22쪽.

4) 보호메이어·쯔메각, 진상범 옮김, 「과학소설」, 『과학소설이란 무엇인가』, 국학자료
원, 2000, 27쪽.

5) 자끄 베르지에, 김성곤 옮김, 「과학소설」, 『과학소설이란 무엇인가』, 국학자료원, 2000, 36쪽.

6) 같은 책, 38쪽 참조.

7) http://de.wikipedia.org/wiki/Star_Wars 참조.

8) 고장원, 앞의 책, 4쪽.

9) 로버트 스콜즈 외, 김정수 외 옮김, 『SF의 이해』, 평민사, 1993, 225쪽.

10) Wolfgang Neuhaus, Die Geburt der Space Opera aus dem Geiste des Imperialismus; http://www.heise.de/tp/r4/artikel/14/14985/1.html 참조.

11) 같은 곳.

12) http://venator.egloos.com/3724032 참조.

13) 리처드 매드슨, 조영학 옮김, 『나는 전설이다』, 서울: 황금가지, 2005, 448쪽.

14) 같은 책, 449쪽.

15) 같은 책, 221쪽

16) 같은 곳.

- 1부 여는 글_**이종관**(성균관대학교 철학과 교수)
- 2부 여는 글_**황주성**(정보통신정책연구원 미래융합연구실 미래전략그룹장)
- 3부 여는 글_**김창현**(공주교육대학교 국어교육과 교수)

01_박승억

성균관대학교에서 독일 현상학을 전공하여 박사학위를 받았다. 현재 숙명여자대학교
교양교육원에 재직 중이다. 주요 논문으로는 「세계족과 세계 유전자」「선험적 주관의
순환성과 후설 현상학」「총체적 디지털화와 인문학의 미래」등이 있고, 주요 저서로는
『찰리의 철학공장』『계몽의 시대와 연금술사 칼리오스트로 백작』등이 있으며, 옮긴
책으로는『두려움 없는 미래』(공역) 등이 있다.

02_김연순

독일 베를린자유대학에서 독문학 전공으로 박사학위를 받았다. 현재 성균관대학교 하
이브리드미래문화연구소 수석연구원으로 재직 중이다. 주요 논문으로는 「혼성적 실재
의 원리적 고찰로서 혼성화의 자기조직화」「통섭의 인문학으로서 문화학」등이 있고,
주요 저서로는『기계인간에서 사이버휴먼으로』『하이브리드컬처』(공저) 등이 있으며,
옮긴 책으로는『문화학의 이해』가 있다.

03_김응준

독일 에어랑겐-뉘른베르크대학에서 문학과 역사학 그리고 정치학의 상호 비교연구로
박사학위를 받았다. 현재 대전대학교 교양학부대학 융합인문학 교수로 재직 중이다.
주요 논문으로는 「과거와 현재 그리고 그 체험 가능성에 대하여」「인류문명의 몰락에
관한 보고서」「추방된 예술 또는 예술의 저항」「인류문명의 사라짐 또는 그 이후」등이
있으며, 주요 저서로는『Literatur als Historie』『리얼리즘』『하이브리드컬처』(공저)『디
지털 콘텐츠 표현양식과 다중정체성의 양상』등이 있다.

04_김종규

성균관대학교에서 서양철학(독일 현대철학·문화철학) 전공으로 박사학위를 받았다. 현재 성균관대학교 하이브리드미래문화연구소 선임연구원으로 재직 중이다. 주요 논문으로는 「E. Cassirer의 철학에 있어 상징형식들의 관계와 위상에 관하여」「E. Cassirer 신화관의 일반적 해석에 대한 비판적 고찰」「디지털 미디어에 대한 문화철학적 고찰」 등이 있다.

05_이정준

독일 뮌헨대학에서 독문학으로 석·박사학위를 받았다. 현재 성균관대학교 문과대학 독어독문학과 교수로 재직 중이다. 주요 논문으로는 「연작 드라마로서 교육극」「독일 드라마의 첫 거장 안드레아스 그뤼피우스」「삶의 공포와 죽음의 공포」「문학 속의 인조인간과 계몽주의 비판」「휴대폰 소설 - 새 매체 속의 새로운 문학 장르」 등 다수가 있고, 『독일현대희곡선 1』(20권)과 『독일현대희곡선2』(19권)를 기획·출간했다. 베르톨트 브레히트, 마리루이제 플라이써와 프란츠 크사버 크뢰츠의 작품들을 우리말로 옮겼다.

06_이정우

영국 러프버러대학에서 스포츠사회학 전공으로 박사학위를 받았다. 문화연대 체육문화위원회 운영위원, 한국스포츠외교포럼 정회원을 지냈으며, 현재 영국 에딘버러대학 체육학부 교수로 재직 중이다. 주요논문으로는 「Red Feminism and Propaganda in Communist Media」「The Olympic Games in the post-Soviet era: the case of the two Koreas」「사회적 커뮤니케이션의 관점에서 본 올림픽 관련 신문광고의 기호학적 분석」「TV 광고 속 김연아와 그 명사성: 국가주의 이데올로기와 성 정체성의 재현」 등이 있다.

07_김화임

독일 베를린자유대학에서 극장 연구로 박사학위를 받았다. 현재 성균관대학교 하이브리드미래문화 연구소 책임연구원으로 재직 중이다. 주요 논문으로는 「문화경영의 대상영역에 관한 소고」「독일 공공 극장 운영의 향방-경영과 마케팅의 도입」「베를린 민중극장에서의 예술적, 세계관적 논쟁」「제2차 세계대전 이후 독일의 '문화'개념과 문화정책」「문화경영의 문화학적 전환」「프로이트와 지젝의 반유대주의-인종주의-인식과 그 극복 방안」「구성주의 시각에서의 환경교육」등이 있고, 주요 저서로는『독일문화와 예술(상)』(공저)『하이브리드 컬처』(공저)가 있으며, 옮긴 책으로는『컬처 매니지먼트』『식인종들』『서푼짜리 오페라』등이 있다.

08_이노미

성균관대학교에서 비교문화학 전공으로 박사학위를 받았다. 현재 성균관대학교 비교문화연구소 선임연구원으로 재직 중이다. 주요 논문으로는「비교문화연구의 이론과 실제」「한·일 가치관을 통해 본 문화 간 커뮤니케이션 갈등양상」「비교문화적 관점에서 본 조선과 서구의 문화 간 커뮤니케이션」「외국인 텍스트에 나타난 서울의 도시표상에 관한 연구」「손짓언어에 관한 문화 간 커뮤니케이션 인지능력 평가연구」등이 있고, 주요 저서로는『손짓, 그 상식을 뒤엎는 이야기』『말하는 문화』『시티 컬처노믹스』(공저)『동아시아의 문화표상』(공저)『헬로 호주』『헬로 중국』등이 있다.

09_안상원

성균관대학교에서 독문학·독일시 전공으로 박사학위를 받았다. 현재 성균관대학교 하이브리드미래문화연구소 책임연구원으로 재직 중이다. 주요 논문으로는「책 미디어의 발전과 독서문화의 변화」「성스러운 밤의 표상」「종교적 상징과 예술사물」등이 있고, 주요 저서로는『시티컬처노믹스』(공저)『하이브리드컬처』(공저) 등이 있으며, 옮긴 책으로는『어떻게 이해할까, 로코코』『어떻게 이해할까, 로마네스크』등이 있다.

하이브리드 스펙트럼
진화하는 문화의 속성들

1판 1쇄 인쇄 2012년 2월 10일
1판 1쇄 발행 2012년 2월 20일

지은이 | 하이브리드미래문화연구소
펴낸이 | 김준영
출판부장 | 박광민
편집 | 신철호 · 현상철 · 구남희
디자인 | 김숙희
마케팅 | 유인근 · 송지혜
관리 | 조승현 · 김지현
외주디자인 | 김상보
용지 | 화인페이퍼
출력 | 아이앤지프로세스
인쇄제책 | 영신사

펴낸곳 | 성균관대학교 출판부
110-745 서울특별시 종로구 성균관로 25-2
등록 | 1975년 5월 21일 제1975-9호
전화 | 02)760-1252~4 팩스 | 02)762-7452
홈페이지 | http://press.skku.edu

ISBN 978-89-7986-901-9 93000
값 18,000원
잘못된 책은 구입한 곳에서 교환해 드립니다.